ミクロ経済学

江副憲昭・是枝正啓 ◆ 編

はしがき

　本書は，ミクロ経済学を学ぶ標準的なテキストとして編集されたものである．ミクロ経済学は，市場経済の基本原理を解説するものであり，いわば経済の文法のようなものと考えられる．したがって，現代の経済を知るためには，このミクロ理論をその基礎として学ぶ重要性はいうまでもないが，最近になって一層その重要性が増していると思われる状況が生じている．

　われわれは，市場経済に住んでいる．だが現在の市場経済は大きく変わりつつある．労働市場では終身雇用・年功賃金の仕組みが崩れはじめ，労働の流動化が起こっている．土地や建物などの不動産の市場では，土地を証券化する流動化が起こってきている．金融市場では，いろいろな金融サービスを専門的に提供するという，市場取引型の金融制度に変わってきている．さらに，政府のあり方にも改革が進んでいる．

　こうした構造変化の背景には多くの要因があるが，とくに注目されるものに，IT（情報技術）革命がある．IT産業では急速な技術革新が起きて性能の高度化と低価格化が生じている．それとともにITによるデジタル化が急激に進んできた．多くの情報がデジタル信号に変えられると，容易に複製され，多くの人が同時に共通の情報を交換・加工できる．インターネットの発展はこれを加速する．これらは，経済活動の情報コストを大きく低減させた．情報はあらゆる経済活動の基本であるから，このインパクトは大きい．そしてその影響を受けるのは，生産・流通・消費・金融などの伝統的な分野から先端分野まで，社会のあらゆる経済活動である．さらに，この動きは経済ビジネスのルールにも大きな影響を与えつつある．

　いま起こっているこのような現象は，世界全体を呑み込むような，いわゆる

市場型経済の高度化，あるいは市場型経済のより一層の深化と解釈される．これはIT（情報技術）革命を引き金として，情報の効率が飛躍的に高まり，それが経済活動への参加者の範囲を急速に拡大し，完全情報と多数の参加という市場が機能する条件を整備したため，市場メカニズムの作用が世界的に一層広がり，展開していく過程なのである．また，この新しい時代は，市場メカニズムの領域の拡大とともに，市場の制度や組織あるいは公共部門のシステムも変革が必要とされるようになっている．

こうした時代に，「市場メカニズムの本質」を理解することは現在の経済に生きる者にとって重要な課題である．この意味で，ミクロ経済学を学ぶ意義はきわめて大きいといえるであろう．

本書は，『現代経済学のコア』シリーズの中級編に位置している．はじめてミクロ経済学を学ぶ人から，ある程度知っているが，もう少しグレードアップしたい人にも役立つであろう．

ミクロ経済学の基本的な内容は，第1章から第6章にまとめられている．第7章から第10章は，基礎理論をさらに展開した重要なトピックを取り上げている．

本書は標準的テキストとして，基本的なミクロ経済学の内容を含むだけでなく，新しい理論の動向を盛り込んだ．さらにテキストとしていくつかの工夫を加えている．

第1に，ミクロの理論で使う分析手法として数式は基本的なものに止め，容易な具体的数値例や図を多く示すことで理解の手助けとしている．第2に，最近の新しい課題は積極的に取り入れてわかりやすく解説している．たとえば，新しいテーマである，不確実性，ゲームの理論，国際貿易，規制の理論などは，それぞれ1つの章としてコンパクトに解説している．第3に，章末に練習問題を課している．それを活用することで本文の理解が深まるようになるであろう．

さらに，上級の水準に進むには，このシリーズの『現代ミクロ経済学』を推奨する．本書の各章に対応した形で，学べるように工夫されている．本書では本格的に取り扱わなかった数式モデルも学べるようになっている．是非チャレンジしてほしい．

なお，本書を刊行するにあたり，勁草書房編集部の宮本詳三氏に対して並々ならぬご助力を頂いたことに感謝申し上げる次第である．

平成13年3月

編者　江副　憲昭
　　　是枝　正啓

執筆者紹介

江副 憲昭（西南学院大学経済学部教授）（序章，第10章）
是枝 正啓（長崎大学経済学部教授）（序章，第1章）
岡島 慶知（福岡国際大学経済学部講師）（第2章）
石塚 孔信（鹿児島大学法文学部助教授）（第3章）
山下 純一（久留米大学経済学部教授）（第4章）
佐藤 秀樹（九州産業大学経済学部助教授）（第5章）
渡辺 淳一（福岡大学経済学部助教授）（第6章）
都築 治彦（佐賀大学経済学部助教授）（第7章）
有定 愛展（広島修道大学経済科学部教授）（第8章）
朱 乙文（北九州市立大学経済学部助教授）（第9章）

目次

はしがき

序　章　経済学の視点 …………………………………………………… 3
　0.1　はじめに　3
　0.2　市場経済システム　10
　0.3　市場と政府　15
　0.4　経済学の方法　18
　0.5　本書の構成　22

第1章　消費者の行動 …………………………………………………… 24
　1.1　はじめに　24
　1.2　効用と無差別曲線　24
　1.3　消費の最適点と所得・価格の変化の影響　34
　1.4　需要曲線の弾力性　44
　1.5　労働の供給　50

第2章　生産者の行動 …………………………………………………… 56
　2.1　はじめに　56
　2.2　生産と費用　57
　2.3　複数の投入物　67
　2.4　短期費用曲線と長期費用曲線　72
　2.5　利潤最大化の基本条件　75
　2.6　供給曲線　77

第3章　市場均衡と効率性 …… 81
- 3.1　はじめに　81
- 3.2　市場の均衡と調整　82
- 3.3　完全競争市場の効率性　96
- 3.4　政府の介入と社会的厚生　103

第4章　不完全競争 …… 110
- 4.1　はじめに　110
- 4.2　独　　占　111
- 4.3　価格戦略　118
- 4.4　独占的競争　125
- 4.5　寡　　占　127
- 4.6　協調と競争：ゲーム理論への架橋　133

第5章　厚生経済学 …… 138
- 5.1　はじめに　138
- 5.2　交換経済　138
- 5.3　市場経済　146
- 5.4　生産経済　152
- 5.5　生産経済と交換経済　154

第6章　市場の失敗 …… 157
- 6.1　はじめに　157
- 6.2　市場の失敗　158
- 6.3　外　部　性　163
- 6.4　公　共　財　173

第7章　不確実性と情報 …… 179
- 7.1　はじめに　179
- 7.2　不確実性と経済行動　180
- 7.3　不確実性に対する評価　182

- 7.4 期待効用　183
- 7.5 リスクに対する態度とリスク・プレミアム　185
- 7.6 期待効用の無差別曲線　189
- 7.7 保険の理論　192
- 7.8 逆選択　194
- 7.9 モラルハザード　197

第8章　ゲームの理論　200
- 8.1 はじめに　200
- 8.2 ゲームの概念　200
- 8.3 標準型ゲーム　202
- 8.4 展開型ゲーム　211
- 8.5 ゲーム理論の応用　221

第9章　国際貿易　229
- 9.1 はじめに　229
- 9.2 国際貿易とは？　229
- 9.3 国際貿易の純粋理論：貿易パターンの決定要因　238
- 9.4 貿易政策の厚生分析：関税と輸出補助金　249

第10章　市場と規制　261
- 10.1 はじめに　261
- 10.2 政府の役割　262
- 10.3 経済的規制の理論　270
- 10.4 社会的規制の理論　279
- 10.5 規制改革に向けて　285
- 10.6 結論　288

練習問題の解答　291
索引　301

ミクロ経済学

序章 経済学の視点

0.1 はじめに

　この章では，ミクロ経済学を学ぶ意義や基礎的概念の説明をする．まず経済学の最も基本的な考え方である希少性と選択の概念を解説する．さらに，機会費用や分業などの基礎概念を学ぶ．また，現代の経済で重要な役割を演ずる市場システムについて概説する．この市場システムの理解はミクロ経済学の中心的な課題である．これは続く各章の分析のイントロダクションとなっている．さらに経済学の方法について必要ないくつかの概念を解説する．最後に本書の構成について紹介する．

0.1.1 希少性
　経済問題といえば，ショッピングや就職などの身近な問題から不景気，リストラ，貿易摩擦などの社会の問題などを思い浮かべるであろう．だが経済学は，それらの問題はすべて，より普遍的な問題の特定の形態にすぎないと考える．基本的な経済問題は希少性と選択の関係なのである．そこで，経済学の出発点として，希少性の意味を考えることからはじめる．

　まず，われわれのモノに対する欲求には際限がないという事実がある．われわれの生活では，衣・食・住をはじめさまざまなモノに対する欲求から開放されることがない．格好良い自動車，多くの所得，良質の医療，リッチな余暇時間，快適な生活環境など，欲しいモノは次々生まれ，増えていく．これらのモノは財・サービスとよばれるが，ここでは簡単に財とよぶ．この財に対する人々の欲求には際限がないため，きわめて多様な財の調達が必要となる．

　だが，それらの財を作り出す資源の量には限界があるというもう1つの事実

がある．社会で利用できる資源は生産過程の基本的要素として使われるので生産要素といわれる．これは，次のように分類される．①土地：これは土地に関連する資源をすべて含む．農地，森林，水資源，地下資源，自然環境などである．②労働：あらゆる財の生産には必ず人的労働が必要とされる．これには単純な筋肉労働から高度な知的思考までいろいろなタイプの労働が含まれる．③資本：道具，機械，建物，設備などの加工物を資本という．いうまでもなく，これらの資源の量は，われわれが欲求する財をすべて生産できるほどは存在しない．

これらの現実より，欲求には際限がないのに対し，社会で利用できる資源が欲求のすべてを満たすのに十分でないという事実を認めざるをえない．この事実を希少性という．われわれが問題とするほとんどの財は，欲する量より少ないので，この意味で希少である．これらの希少な財を経済財という．もっとも，特定の財を取り上げると，量が十分あり，希少性はないという場合がある．これは自由財という．だが，多くの財を含む一般的な認識としては，欲求の無限性と資源の有限性より，希少性を否定できないのである．この希少性は，われわれの経済生活の基本的な事実である．

0.1.2 基本的経済問題

この資源や財の希少性は，どの社会にも見出される普遍的なものであるから，次の経済の基本問題が生じてくる．「希少な財や資源を，さまざまな重要性をもつ多様な欲求の間にどのように配分すればよいか」という問題である．この問題は，多数の財・サービスのうち，①何をどれだけ作るか，②どのような方法で作るか，③生産された財をどのように分配するか，という3つの選択問題に分けられる．

①と②の問題は，限られた資源をどの財の生産にどのように配分するかという選択であるので資源配分の問題といわれる．③の問題は，経済で生産された財を社会の構成メンバーの間にどのように帰属させ，消費させるかという問題である．これを所得分配の問題という．

経済学は，このような基本問題をどのように解決するかを考える．そのとき2つの基準がある．「効率性の基準」と「公平性の基準」である．すなわち，希少な資源をいかに効率的に利用するか，そして，所得や資産の分配が公平な

社会をいかに実現するかという問題である.

0.1.3 生産技術と生産可能性曲線

　資源の効率的利用の1つの問題として，いかに効率的に財を生産するかということがある．この効率的生産を考える場合には，財とその生産量を規定する生産技術との関係が重要である．なぜなら同じ財を生産する場合，高い技術のもとでの生産の方が低い技術のときよりもより多くの生産がもたらされるからである．そこで次に，生産量と生産技術との関係を考えてみよう．

　資源が一定であれば，財の生産量はそのときの生産技術に関係して決まる．この関係を簡単な数値例によってみてみよう．いま，ある農業の生産技術のもとで，ある一軒の農家（したがって労働力も限られている）が1haの農地で小麦と野菜を生産する場合を考える．農地1haすべてを小麦の生産にあてその技術のもとで最も効率よく生産したとき小麦1tの収穫があり，一方農地1haすべてを野菜の生産にあて最も効率よく生産したとき野菜3tの収穫があるとしよう．さらに最も効率よい生産のもとで，小麦と野菜の作付け面積が半分ずつすなわち0.5haずつであるとき，小麦が0.6t，野菜が1.7t生産され，また，それぞれの作付け面積が0.3haと0.7haのときの収穫が0.4t，2.5tとしよう．

　以上の1haの農地から生産可能な小麦と野菜の収穫量の組み（1, 0）をA，(0, 3)をB，(0.6, 1.7)をC，(0.4, 2.5)をDとし，これらの点A，B，C，Dを図に表せば図0.1のようになる．作付け面積が変われば収穫量の組み合わせは変わるので，それらの組みをプロットしていけば，B，D，C，Aを結ぶ凹状の曲線が得られる[1]．この曲線上の点は最も効率良い生産が行われた場合の農地1haから得られる小麦と野菜の収穫量の組みを表しており，生産可能性曲線といわれる．生産可能性曲線内の点，たとえば小麦0.4tと野菜1.5tの組み(0.4, 1.5)は生産可能である．なぜなら小麦と野菜の作付け面積を0.3haと

---

1) 図0.1のように生産可能性曲線が原点に対して凹であるのは，作付け面積に比例して収穫が増加しないからである．一般にある作物の作付け面積を2倍して収穫を2倍にするには，労働力は2倍以上必要である．なぜなら労働力が限られたもとでは，農作物の管理・育成は作付け面積が大きくなると，手が行き届かなくなり，面積が大きくなった程収穫は増加しないのである．
　このように作付け面積が増えれば収穫も増えるが，その収穫の増え方はだんだん小さくなっていくのが普通である．これを収穫逓減の法則という．
　なお収穫逓減の法則については，第2章で詳述する．

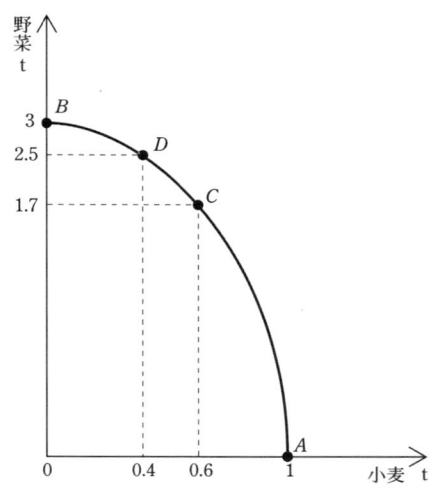

図0.1　生産可能性曲線

0.7haにすれば，それよりもっと好ましい組み（0.4，2.5）が得られるからである．したがって生産可能性曲線内の点は生産の効率が悪い場合の収穫量の組みということができる．

　生産可能性曲線は，生産技術の進歩や資源の増加によって外側にシフトする．生産技術の進歩があると，同じ面積の土地からより多くの収穫をあげることができるし，また資源の増加があると（上の例では耕作面積が1haから2haに増えると），収穫量も増えるからである．この生産技術の進歩や資源の増加は経済全体の生産を増加させるので経済成長の大きな要因ということができる．したがって経済成長の1つの特徴として生産可能性曲線の外側へのシフトがあげられる．

0.1.4　選択と機会費用

　資源や財の希少性は，われわれの欲しいもののすべては手に入らないことを意味している．そのため，われわれは，与えられた可能性のなかから何かを選択する必要に迫られる．そして，ある財を選択すれば，他の何かを犠牲にすることになる．たとえば，ある人がパソコンを買うと，その分だけ旅行にまわす

金が犠牲にされる．また，休日をデイトですごせば，その時間だけ，バイトや勉強ができなくなる．政府が防衛費を増やせば，福祉予算が削られる．

このように，経済財は何かをあきらめたり，何かを犠牲にするとき入手できる．つまり希少な財は，人々に何かを犠牲にさせるあるいは何かを代償として払わせるのである．これがその財のコストすなわち費用と考えることができる．たとえば，4年間の大学教育の費用は，授業料や下宿代だけではない．最大の費用は，大学をやめて就職すれば得られたであろう4年間の給料である．この例のように，ある選択をしたとき生ずる犠牲や費用のうち失われる最大のものを機会費用（opportunity cost）という．経済学で使う費用は，すべてこの意味で使われている．このように考えると，希少な財は必ず機会費用がともなうので，ただの財はありえないことになる．たとえば親からもらった土地には，直接は費用を払っていないが，ただではない．その土地が利用されたときの最大の収益が，その機会費用である．

0.1.5 分業と特化

このような希少な財はどのように作られ，利用されているだろうか．現代社会では，人々は必要なもののほとんどを自分で作らず，よそから入手している．これは，われわれが分業社会にいることを示している．分業（Division of Labor）とは，人々がそれぞれ特定の財の生産やその生産過程の一部に特化（専門化，Specialization）して仕事をすることである．この特化は基本的に2つの方法で経済の生産性を高める．まず，①資源が最も適した仕事，用途に配分される．たとえば，人々は自分の能力に適した仕事を選べる．さらに特化した仕事は熟練度や技術水準を容易に高めることができる．②特化によって，それぞれの生産が大規模にできるようになる．特に，特化した機械の導入によって生産の能率は高まる．

現代の経済においては特化と分業はきわめて高度に発達している．経済の生産力の飛躍的な発展をもたらしたものは，この分業組織の高度な発達にあると考えられる．この理解は重要なので，簡単な数値例を使って特化と分業の利益を示してみよう．

0.1.6 特化と分業の利益

いま，A と B の 2 人の社会を考える．A は，家具作りと靴作りをそれぞれ半日ずつ行い，1 日に家具 2 個と靴 1 足生産できるとしよう．他方，B は，A と同様にそれぞれ半日ずつ仕事をして，靴 3 足と家具 1 個生産できる．これが表 0.1(a) に示されている．お互いに独立して家具と靴をそれぞれ 1 日かけて作ると，2 人合計して家具 3 個，靴 4 足生産できる．しかしお互いに得意な分野（すなわち A が家具，B が靴）に特化して生産すると，合計で家具が 4 個，靴 6 足が生産できる．これは表 0.1 の (c) である．特化することによって，家具も靴も全体の生産量は大きく拡大している．

では，特化を決定するものは何か．それはそれぞれの機会費用である．A が家具を 2 個作るとき，靴を 1 足作る機会を失うわけだから，家具 2 個の機会費用は靴 1 足である．すなわち家具 1 個当たりでは 1/2 足の靴がその機会費用になる．逆に靴 1 足作る機会費用は家具 2 個である．他方 B の場合は，同様に考えて，家具 1 個の機会費用は 3 足の靴，また靴 1 足の機会費用は 1/3 個の家具となる．これをまとめたのが表 0.1(b) である．

表を縦にみると両者の機会費用の違いがわかる．家具を作るのに機会費用が低いのは A，靴を作るのに機会費用が低いのは B である．この違いは，A は家具，B は靴がそれぞれの得意な仕事であることを示す．そして各人が自分にとって最も機会費用の低い，すなわち得意な財の生産に特化するとき，社会的にみて，生産は最大になるのである．

人間の才能や性格は千差万別である．この個人差が，人々の間に仕事の機会費用の差異を生み，それが教員，運転手，医師，農家等の職業として特化させる原因となっている．

表 0.1 特化の利益

(a) 特化前

	家具	靴
A	2	1
B	1	3
計	3	4

(b) 機会費用

	家具	靴
A	1/2	2
B	3	1/3

(c) 特化後

	家具	靴
A	4	0
B	0	6
計	4	6

この考え方は，個人の間だけでなく企業間や地域間，さらに国家間の取引にも適用できる．地域，国家の間では，天然資源の存在量，労働者の性質，機械化の程度などの差が，財の生産における機会費用の差を生じさせる．一般に最も豊富に賦与されている資源は機会費用が低いので，その資源を使う分野に特化し，販売する．他方その地域・国家では機会費用が高く，生産しにくい財は，よそから購入される．たとえば，寒い地方ではりんごを出荷し，暖地からみかんを入手する．一方，暖地の人はみかんと交換にりんごが得られる．両地域ともに豊かになれる．国際貿易の原理もまったく同じである．石油を豊富に産出する産油国では，石油を輸出し，食料や機械を輸入する．一方，技術をもつ日本では，工業製品を輸出して，原材料を輸入する．このように，個人，地域，国家はお互いに特化し，交換（貿易）によって大きな利益を受けているのである．

0.1.7 市場システムの重要性

現代の経済社会は高度に発達した分業社会である．人々や地域が分業によってある分野に特化することは，必要な他のあらゆる財を交換によって得なければならないことを意味する．財が交換される「場」を市場（しじょう）という．われわれが日々利用している市場（いちば）も市場の1つであり，そこでは取引は相対して行われるのが普通である．また生鮮食料品の中央卸売市場のように需要者（買い手）と供給者（売り手）が一同に会して行われることもあるし，外国為替市場のように電話で行われることもある．最近ではインターネットによる取引も増えている．したがって市場とは需要者と供給者の取引によって財の価格と取引量が決定される抽象的な「場」を指すのである．さまざまな財の市場を通して，特化したいろいろな経済活動が調整される．人々は分業の中で特化した仕事をして，所得を得る．そして，それを使って必要なあらゆる財を市場で購入する．一方，このような交換が成立するから，各人は特化することが可能になる．すなわち交換は人々が特化できる前提条件なのである．このような特化と交換を実現する市場の機能を市場メカニズム（market mechanism）あるいは市場システムという．

他方，分業と交換の市場システムの進展は社会の相互依存関係を深めていくことである．そのため，もし戦争やパニックなどによって，市場の交換機能の

障害が生ずると，たちまちすべての経済活動は麻痺する．また石油危機や貿易摩擦のように取引相手側からの経済的圧力を受けやすくなる．このため経済的交流の進展とともに，相互に国際的理解を深めていく必要がある．はたして，この市場システムはどのように機能しているのだろうか．この市場システムの理解は現代経済にとって決定的に重要である．またミクロ経済学もこの市場システムを分析対象にしている．そこで，次節でさらに詳しく検討しよう．

0.2 市場経済システム

0.2.1 市場経済の制度的枠組み

　経済問題がうまく解決されるには社会の制度的枠組みが必要である．この制度的枠組みの1つとして市場経済システムがある．現代の市場経済システムにおける構成員は経済主体である．ここで経済主体とは，自らの意思で行動する（たとえば，ものを買ったり，売ったりする，何かを生産する等の）個人，グループあるいは組織をいう．この経済主体の行動を特徴づけるものとして2つ要素をあげることができる．1つは，資産の私有財産制である．労働を含む生産要素も私有されるから，その報酬は持ち主の所得になる．それは人々の経済活動を発展させる原動力となる一方で，資産や所得の格差を拡大させるおそれがある．もう1つは，分権的意思決定システムである．経済主体は非常に多く存在し，それぞれが自分の権利や権限内で意思決定を行うので，権利や権限が1つに集中することなく，分散している．この状態を分権的意思決定システムという．この分権的意思決定システムのもとで，消費者や企業は，自由な意思決定により，各自の目的を利己的に追求する．ここでは，何を作り，何を売るか，どんな仕事をするかなどの意思決定が個別の主体に分散されて実行される．すなわち，外からの強制や全体計画なしに，経済の資源配分・所得分配が実行されていくということになる．

　このような市場経済のもとでは，社会全体としての統一的な生産や消費計画なしに，各主体が自分の好きなように行動しながら，しかも全体としては，すべての主体が満足するような仕方で，複雑な分業と交換が行われるということになる．すなわち，現代の巨大な分業システムが何らの大きな破綻もみせずにうまく自動的に調整されるというのは，どのようにして可能なのだろうか．

その仕組みは，市場の価格メカニズムが解決するのである．次に，この価格メカニズムを検討しよう．

0.2.2　価格の機能

　市場経済における複雑な分業と交換は，価格メカニズムによって自動的に調整されている．市場では，消費者は価格をみながら，何をどれだけ消費し，どのような仕事につくかを決定している．他方，企業は同じく価格をみながら，何をどのような方法でどれだけ生産するかを決定している．このそれぞれの別々の意思決定の調整を図るものが，市場の価格である．財の価格は買い手の需要と売り手の供給の相対的関係を反映して変化する．価格の変化に対応して，それぞれ需要量と供給量は調整される．その結果として希少資源の効率利用が実現する．しかも，それは政府が人為的に誘導してやらなくても，自由な市場活動によって自然に達成されていくのである．この仕組みを価格メカニズムという．このことを説明するため具体的なパンの例で考えてみよう．

0.2.3　需要と供給

　われわれがパンを購入するとき，まずその価格が問題になる．この財の価格と購入量との関係を表した曲線を需要曲線という．値上がりすると人々はその財を減らすか，あるいは他の財でまにあわせようとする．したがって価格が高くなるほど財の需要量は減る．逆に値下がりすると，人々はその財を多く買えるようになるし，また新しく買いはじめる人もいる．そのため，価格は下がるほど，その需要量は大きくなる．ここで需要量とは，単に欲しいと思うだけでなく，それに対する支払能力がともなっていなければならない．つまり，それを買うために機会費用（他の財を買う可能性を犠牲にする用意）を支払うことが前提となっている．

　需要曲線をグラフに描くと，図0.2の曲線 DD のように右下がりになる．ただし，縦軸に価格，横軸に数量をとるのが慣例である．いま，縦軸上の300の価格のとき，その財の需要量は500である．200に下がると1,500になる．このように需要曲線は縦軸の価格と横軸の数量との対応関係を表したものである．

　一方，パンの売り手は価格をみてその供給量を決める．価格が高いとき生産を増やし，供給量を拡大する．また新たな売り手も参加してくるから，価格が

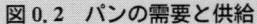
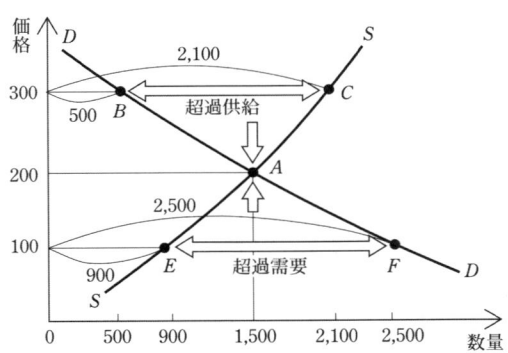

高いほど全体の供給量は大きくなる．一方，価格が下がると，各売り手は生産を減らす．また，採算のとれない売り手は転業するから，価格が低いほど供給量は小さくなる．この価格と供給量の関係を供給曲線という．供給曲線を図で表すと，図0.2の曲線 SS のように右上がりになる．価格が100のとき，供給量は900であるが，200，300と上昇するにつれて供給量は1,500，2,100と大きくなる．

0.2.4 市場均衡

　消費者である買い手と生産者である売り手は，お互いに独立に行動している．売り手は，はじめから，相手がどれだけ買ってくれるかわからないし，買い手も売り手がどう対応するか知らない．しかし，市場において両者の行動は，調整され，需要量と供給量とはバランスする．このとき，市場価格が調整役をする．

　この市場のメカニズムを前述のパンの需要と供給の例を用いて詳しく検討しよう．図0.2には，ある地域の1日当たりのパンの需要曲線 DD と供給曲線 SS が示されているとする．いま市場の価格が高く，単価300円としよう．このとき，消費者は500個購入しようとする．一方，生産者側は2,100個供給する．このままでは，1,600個もの大量の売れ残りが出るので，多くの生産者は値下げしても売ろうとする．そのため，市場価格は下がる．それとともに，消費者側は曲線 DD に沿って需要量を増やしていく．しかし，値下げは，生産者の生

産意欲を減退させ，供給量は縮小していく．結局，パンの価格が200円まで下がると，消費者の需要量と生産者の供給量は，ともに1,500個になり，一致する．これは，図の点Aである．

次に，価格が低い100円の場合には，消費者は2,500個購入するのに，供給量は900個にすぎない．1,600個の超過需要が生ずる．その結果，一部の消費者はもっと高い値段でも買おうとするから，価格は上昇する．価格が上がると需要量は減り，供給量は増える．結局，市場価格が200円まで上昇すると，需要量と供給量は同じ1,500個で一致するようになる．これは，図の点Aである．

この例で説明したように，市場価格は超過供給があるとき下方圧力が働き，低下していく．一方，超過需要があれば上方圧力が働いて上昇する．この動きは需要量と供給量が一致して，アンバランスがなくなるまで続く．最終的に，両者が釣り合う状態を「市場均衡」という．これは，需要曲線と供給曲線の交点Aで成立している．矢印が示すように，A以外の状態のときは，均衡点の方向に動かす力が働いて，Aにもどる．そして，均衡が実現すると，それ以上変化する動きはなくなる．

市場均衡から，市場の「配分」機能の特徴が理解できる．パン市場の均衡は価格200円で成立した．その意味は，その値段を払う人はパンを入手できたが，それを払わない人はパンをあきらめるということである．他方，均衡価格以下でパンを供給しようとする売り手は，パンを売ることができたが，その価格に応じられない売り手はパンを売れないということでもある．

すなわち，市場は，このような方法によって，ある財に対する嗜好や支払能力が不足する消費者を排除し，同時にある価格以下では操業できない生産者を締め出している．しかも，この決定は誰の強制や命令なしに，自動的に実行されている．

しかしこのような配分の基準は，人々のもつ所得や資産だけに依存しているから，それ以外の価値判断は無視される．もし人々の間の所得や資産に格差がないなら，市場の配分は理想的である．だが，所得や資産が一部の人に偏っている社会では，市場の配分は金持ちだけが有利になり，貧乏な人は不利な状態におかれる．その場合，市場の配分の結果に対し，何らかの補正が必要となる．

0.2.5 競争の役割

市場均衡を成立させる基本的条件として，競争の果たす役割は重要である．市場内の競争は，売り手と買い手が相互に利益を求めて行動することから生ずる．この市場の競争は二重に行われている．まず買い手と売り手間の競争である．買い手はできるだけ安く買い，売り手は逆にできるだけ高く売りたいと思っている．この利害の異なる両者が妥協点を求める行動が均衡をもたらすのである．

次に買い手同士および売り手同士の競争がある．買い手はできるだけ安く買うことが望ましい．しかし，供給不足のときは，一部の買い手は他のライバルより少し高くても自分だけは入手しようとする．この自己の利益を求める行動が市場価格を引き上げる．これが需要超過の圧力を緩和して，市場均衡をもたらすのである．同様に供給過剰のときは，売り手内部の相互の競争によっても，価格が引き下げられて均衡がもたらされる．このような二重の競争過程が持続的に進行して市場均衡が実現する．

さらに，このような市場均衡をもたらす競争メカニズムは1つの市場だけではなく，あらゆる財や資源に対しても適用される．いま，ピザを食べることがブームになったとする．ピザの市場では需要が増え，その結果，需要曲線は右シフトして均衡価格は上昇する．一方パン市場では需要は減り，結果としてパン価格は下がる．パンを生産する業者は採算が悪化するので，パンの生産を減らし，値上がりしたピザの生産を増やす．さらに新しくピザに参入する企業も出て，ピザの供給量は増加する．このようにして，人々がパンよりピザの消費を増やしたいと希望すれば，社会の限られた資源が，他の財の生産からピザの生産に振り向けられていき，同時に希望の減ったパンの生産資源を節約する．このように，市場は誰の命令なしに，自動的に資源の効率的利用を実現するのである．

このとき，市場メカニズムの重要な役割がわかる．第1に，市場価格は情報を伝達している．買い手がパンよりピザを多く望めば，その需要の変化はピザの価格が上がり，パンは下がるという情報として，生産者に伝えられる．生産者はこの市場価格を観察することによって，消費者の需要動向を知り生産の調整ができる．このように，市場価格が社会の需要に関する情報を広範に伝達する機能をもつからこそ，政府という「見える手」の助けを求めなくても，希少

資源が効率的に利用される．アダム・スミスはそのような市場メカニズムを「見えざる手」と表現したのである．

第2に，消費者も生産者も，利己の利益だけを追求しているのに，社会全体では，希少資源の効率的利用が進んでいる．消費者はピザ屋のために買おうとしたのではないし，一方，生産者は消費者のためを思って行動しているわけではない．それぞれ自分の利益だけを追求しているのに，結果的には，資源は消費者の望みを満たすように配分されていくのである．

このように，市場メカニズムが機能するとき，市場に対する介入は，効率的な資源配分を歪めることになる．たとえば，ピザの需要が増えたとき，政府がピザ屋の出店を規制するとすれば，人々のピザに対する希望は達成されない．不必要な政府の市場介入は国民の利益を損ねることになるのである．

0.3 市場と政府

0.3.1 市場の失敗

これまで説明してきたように，市場システムは経済の基本であり，経済課題の多くを解決する能力をもっている．だが，すべての課題を完全に解決するわけではない．市場メカニズムの機能が十分に発揮されるには，まず完全競争[2]という状態が成立すること，第2に技術的な収穫逓減という条件が満たされること，最後に，市場ですべての財が取引されることの3つの条件が必要である．

実際には，これらの条件が満たされないことは多い．このとき，市場メカニズムは望ましい結果をもたらさなくなる．これを，市場の失敗とよぶ．また，たとえこのような条件が成立し，市場が十分機能しても，市場経済のもたらす所得分配が，社会的に公正や公平という倫理的判断を満たすとは限らない．このように市場だけでは達成できない問題がある．その場合には政府（公共部門）がその役割を補完することになる．政府はそのため，市場システムと区別される重要な特徴をもつ．まず政府は，政治過程によってその行動が裏づけられている．次に，実行において集権的であり強制力をもつ．現実の経済では，市場システムと政府の2つの経済調整機構が同時に機能している．現代の経済は市

---

[2] 完全競争についての詳しい説明は第3章を参照せよ．

場と政府，ともに重要な役割をもつという意味で混合経済とよばれている．

0.3.2 政府の経済的役割

現代の経済では，どの国においても，政府が市場経済に対して介入している．その根拠は，①市場の自由な活動に任せていては，効率的資源配分が実現できない場合，あるいは②社会の重要な目標が存在する場合である．まず市場機能の欠陥の補完として政府は，次のような政策をする．

(1) 市場秩序の維持：これは市場経済が成立するための基本的枠組みを設定し運営することである．政府は，財産権の設定や治安の維持，貨幣制度の整備を行う．これらは従来から政府が果たすべき最も基本的な任務とされている．

(2) 公共財の供給：政府は市場経済が供給できない財・サービスを供給しなければならない．具体的には，道路，公園，上下水道，公衆衛生等がある．

(3) 資源配分の効率化：政府は市場経済がおちいりがちな欠陥を補正する．たとえば，独占やカルテルに対する競争促進政策，公害や環境汚染の規制・防止，さらに不確実性やリスクなどに対する対策である．

さらに，次のような効率以外の目標を実現する．

(4) 所得の再分配：政府は国民の所得の不平等を是正するため，所得の再分配をして，社会の公平をはかる．具体的には，累進課税制や社会保障の充実等である．

(5) 経済の安定化：市場経済では，経済活動水準の変動による失業やインフレの発生が不可避である．政府はこれに対処するため，財政・金融政策を実施する．

これらの多様な政府の役割は相互に関連しており，一方の政策が他方の政策と矛盾したり，対立することがある．実際の政府の政策のあり方も経済学の検討の対象になる．

0.3.3 政府の失敗

以上のように，政府が市場活動に介入すべき場合がある．だが，政府の介入が経済全体の資源配分の見地から望ましい結果をもたらさない場合がある．

政府は国民のためというよりも，むしろ特定の利益集団の既得権益を保護するために，市場介入を行うことがある．参入制限や関税などによる特定産業の

保護や農産物の価格支持政策などがその例である．この場合，政府の規制は，消費者の経済的厚生を減少させるばかりでなく，また当該の業界の効率をも阻害し，その国際的な競争力を著しく弱化させる結果をもたらすのである．

また政府が公的サービスを適正に実施するには，経済状況を正確に把握し，必要な情報をもっていなければならない．だが実際には難しい．消費者や企業の情報は彼らの内部情報であり，外部の政府はこれを正確に知る手段をもたないからである．この場合，政府の政策はうまく機能しないであろう．これは政府の失敗という．

このように，政府の市場介入の場合には，その費用や副作用を配慮して，その目的をいかに合理的に達成するかという問題を解決しなければならない．

0.3.4 市場システムの評価

市場システムはいくつかの欠点を含んでいるが，それは経済調整プロセスの中枢としてその機能を果たしており，それにまさる代替的メカニズムを考えることは困難である．すでにみてきたように，市場メカニズムの意義は，第1にそれが「情報の分散化」を可能にする資源配分方式であることにある．情報の分散化とは，人々が意思決定を行うにあたって，自分に関連した個別的な条件のみを情報として知っていればよいということである．たとえば消費者は自分の欲求と必要な財の価格だけを知って行動すればよく，ほかの人の欲求やその他の状況については知る必要がない．人々はそれぞれ自らの利己心にしたがって行動すれば，あとは価格システムが個別的経済活動の相互調整をするのである．これがいかに優れた仕組みであるかは，中央集権的に経済を運営することと比べるとよい．その場合，中央計画当局が，生産，消費，投資などのすべての情報を正確に把握し，経済活動を実行しなければならない．現在の高度に発達した経済で，あらゆる情報を集中させることがいかに困難であるか，社会主義経済の崩壊という現実を考えれば明らかであろう．

また第2の意義は「経済的自由」を保証し，自由な競争をつうじて人々に大きなインセンティブ（誘因）を与えることである．すなわち，消費や職業の選択の自由や企業活動の自由のもとで，企業に効率的な生産方法を考え出させたり，さまざまな新製品を作らせたりする誘因を与える．市場メカニズムは，資源の効率的利用を進めることによって，結果として消費者主権（consumers' sovereignty) を実現するのである．このインセンティブの賦与という点においても，それが不十分な経済は資源の効率的配分ができないため，豊かになれないことになる．このことはふたたび社会主義経済と比べてみれば容易に理解できよう．

もちろん，以上のことは市場システムがすべてにおいて優れているということをいっているわけではない．ミクロ経済学を学ぶことを通して市場システムのメリットとその限界を理解し，そのことによって，われわれの経済をより良いものにできるという意味である．

0.4 経済学の方法

0.4.1 モデル

経済学を学ぶうえで必要ないくつかの概念を説明しよう．

現実の複雑な経済現象の本質を理解するには，目的に応じて思い切った抽象化を行い，単純化した理論を作って分析する．たとえば，道路地図は，ドライブする目的に役立つ要所だけを示すものであり，複雑な地形をそのまま記述するものではない．このように，経済問題は現実をそのまま描写するのではなく，それを単純化した簡単なモデルを用いて問題を把握する．それにより，複雑な経済を分析可能にできる．たとえば，0.2節のパンやピザの市場も価格と数量だけの単純化したモデルによってわれわれの求める結果を得ている．本書の各章も，そのように現実を抽象化したモデルによる分析がなされている．

またこの単純化されたモデルを使って，現実の経済問題に対して有効な推測や推理ができるようになり，結果としてわれわれの経済に対する理解を深めることが可能になる．

0.4.2 合理性の仮定

モデルにおいて重要な仮定は，人々が合理的に行動するという仮定である．合理的とは，ある目的を達成するために，費用が最小か，あるいはメリットが最大になるように行動する，という意味である．これは，人々がつねに合理的な存在であると主張しているわけではない．希少性のある世界では，経済競争で生き残るために人々は合理的に行動せざるをえないと考えているからである．

この合理性の仮定により，以後の各章の分析は容易になる．たとえば，消費者は実際には多様で複雑な行動をするのであるが，第1章で説明されているように，予算制約下で効用最大化をするものと仮定される．このようにモデルを作ることによって市場の需要の性質がわかり，経済の理解がすすむのである．それ以降の章も同じように，理論が展開されていく．

0.4.3 経済主体と経済循環

経済活動を営む人々や組織などを，その行動の目的や役割により，次の4つのグループに分ける．①家計（消費者）部門，②企業部門，③政府部門，④海外部門．これらは経済主体とよばれ，それぞれ経済で重要な役割を演じる．

家計（消費者）は自己の目的にあわせて，生産要素を販売して，所得を得て，消費を行う．これが市場の需要を作り出す．一方，企業部門は利潤を目的にして，財を生産し市場に供給する．また，生産のための生産要素を購入することにより家計部門に所得を発生させる．この家計と企業の経済活動が国民経済の中心である．

政府部門は家計と企業が営む民間の経済活動に対して，補完的な活動をする．政府の公共サービスの費用は国民からの税と公債によりまかなわれる．また，海外部門は国内の経済活動の対外的取引をひとまとめにしたものであり，輸出・輸入と金融取引の活動が取り扱われる．

これらの経済主体の間に財やお金（貨幣）がどのように流れていくかを考えてみよう．これは経済循環といい，経済活動の全体像を理解するうえで重要である．

分業化された経済社会では，個々の経済活動を営む消費者（家計）と企業の経済主体の活動は市場を通して行われている．ここで，図0.3をみよう．経済に存在する土地，資本，労働などの資源は，消費者によって所有されているから，企業は財の生産に必要な生産要素を消費者から購入する．消費者と企業の間で生産要素の取引が成立する．これが生産要素市場であり図の下部に示している．消費者は生産要素の提供の見返りとして所得を得る．

他方，企業が生産した財は，消費者が購入して消費する．ここで両者の間に生産物の市場が成立する．一方，消費者が支出した財の代金は，企業側の売り上げとなる．これは図の上部に示している．このように，消費者と企業の間で

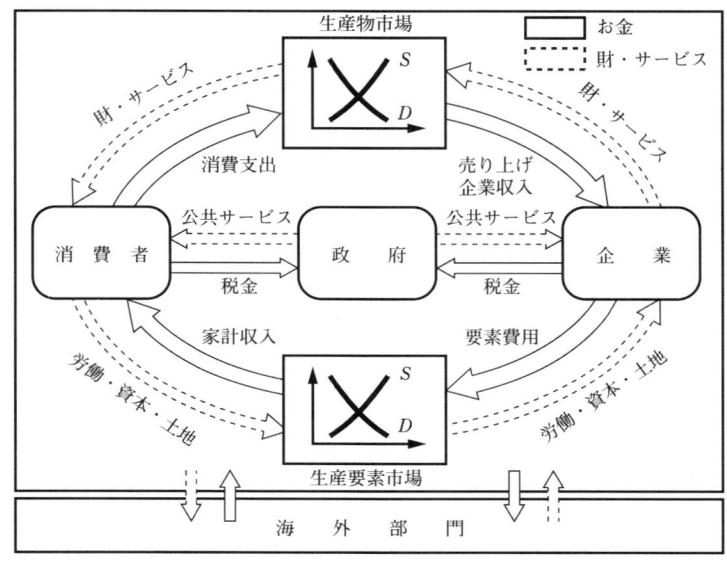

図0.3 経済循環

生産要素と生産物（財）が取引される．その流れに対応して貨幣が反対方向に循環しているのがわかる．

次に政府部門の行動をみる．政府は，消費者と企業から租税を徴収する．それによって一般公共サービス（警察，司法），防衛，社会福祉などのさまざまな公共サービスを社会に提供している．ここでも，財・サービスの流れと反対に，お金が動いている．

国内の経済主体の海外との取引は海外部門に記録される．このとき，日本と外国との貿易の収支や為替レートなどが問題になる．

0.4.4 実証と規範

経済学の研究は論理的な部分と論理では説明できない価値観の部分とからなる．価値判断をさけて論理や事実に基づくものを取り扱う経済学を実証経済学という．現実の経済はどうなっているか，そして論理的な推論によって結果はどうなるかを分析する．実証経済学は基本的に検討可能な関係を扱っている．

たとえば「ガソリンの価格が上がると人々はその消費を減らす」「貨幣の供給量がふえると物価は上昇する」などの理論は，実際に統計データを調べれば検証することができる．

これに対し，ある価値判断を導入して，その規準を使って「どうあるべきか」を検討する経済学を規範的経済学という．「政府は防衛費を増加すべきである」「米価はもっと高くすべきである」，このような理論は主張する人の価値判断が異なれば意見は異なる．そしてその論説を検証することはできない．だが，現実の理論では，実証的な部分と規範的な部分が混在していることが多い．この場合，有益な結果を得るためには，この両者の区別を認識して問題を考えることが必要である．

0.4.5 ミクロとマクロ

本書はミクロ経済学のテキストである．経済学のモデルには経済をとらえる方法によって，ミクロ分析とマクロ分析の2つの研究分野がある．ミクロ分析は，本書を通じて解説されるが，ここでミクロとマクロの分析方法の特徴を説明しよう．

ミクロ分析は個々の家計，企業，政府がどのような動機でどのような行動をするかを考える．個々の市場での財に対する生産と消費の行動を通して経済全体の動きを明らかにしようとする．そこでは，価格が分析の中心的な役割を演ずるので，「価格理論」ともいわれる．個々の経済主体間の配分や分配の問題を詳しく分析するとき，ミクロ分析が有効である．

これに対し，マクロ分析では部門としてとらえられた経済全体の行動が問題とされる．経済全体の集計量である国民所得，総需要といった概念を使って，全体としての経済活動水準の動きを分析する．国民所得が中心的な役割を果たすので「所得理論」とよぶこともある．集計量は実際に観察できるので，現実の経済の動向を表す景気変動，失業，インフレ等の問題にはマクロ分析が適している．最近では，マクロ分析においてもその基礎としてのミクロ経済学の重要性が指摘されている．

0.5　本書の構成

　最後に，以後の各章で取り上げる課題や内容の簡単な紹介をしよう．第1章「消費者の行動」では，経済の主役である消費者の経済行動が詳しく説明される．また経済学の最も基本的な分析道具である，限界分析の丁寧な解説がある．さらに，効用関数，無差別曲線，限界代替率，需要曲線，弾力性など重要な概念を学ぶ．第2章「生産者の行動」では，もう1つの主役である企業の行動が解説される．生産関数，費用曲線，供給曲線などの基本概念が導出される．さらに，平均と限界，短期と長期などの関係の理解も必須課題である．第3章「市場均衡と効率性」では，需要と供給の相互関係が詳しく検討され，また市場メカニズムの意義についても論じられる．第1章から第3章までは市場システムの基礎部分であるから，特に十分な学習が必要である．

　市場システムが機能するには完全競争という条件が必要である．しかし実際の市場ではこの条件は満たされず，不完全競争のもとにある．続く第4章「不完全競争」では不完全競争の分類とその特徴，その市場構造のメカニズムなどが解説される．次の第5章「厚生経済学」では，規範分析の考え方が解説される．パレート最適，厚生経済学の基本定理など経済を評価するときの重要な概念を学ぶ．また，これは続く第6章と第7章の基礎理論にもなっている．第6章「市場の失敗」では，この序章で簡単にしか説明できなかった市場機能の限界について，詳しい検討がなされる．

　市場経済においてリスクや情報が果たす役割はきわめて大きい．だがこの問題が詳しく分析されるようになったのは，比較的最近のことである．第7章「不確実性と情報」では，この課題を取り上げる．具体的なトピックは期待効用理論，保険，逆選択，モラルハザードなどである．第8章「ゲームの理論」で取り上げるゲーム理論はミクロ経済学に新しい分析方法を付け加えたものである．従来の方法では明らかでなかった問題が分析できるようになったことの意義は大きい．そこでは，協力ゲーム，非協力ゲーム，ナッシュ均衡，囚人のジレンマ，参入阻止ゲームなどを学ぶ．第9章「国際貿易」では，グローバルになった現代経済を貿易の視点からとらえる．貿易の利益，その理論的根拠，貿易政策などが詳しく検討される．第10章「市場と規制」では，市場経済の限

界を補正する政府の役割について検討する．政府の市場介入の根拠，望ましい政府規制のあり方，さらに日本の規制の現状とその改善についても論じている．

　本書の目的はミクロ経済学の考え方や，思考方法を理解することである．それによって現在の経済への認識を深め，自己の進路と経済の発展に役立てられるであろう．

練習問題

問題0.1　希少性と貧困との違いを説明しなさい．

問題0.2　「タダのランチはない」ということわざがある．希少性，機会費用の概念を使って説明しなさい．

問題0.3　実際の市場では，消費者と生産者が直接取引するのではなく，両者の間を流通業者が仲介している．流通業の役割を考えなさい．

問題0.4　社会主義経済は市場経済とくらべてどんな特徴があるか．また社会主義経済が崩壊した理由を考えなさい．

参考文献

福岡正夫（2000）『ゼミナール経済学入門　第3版』日本経済新聞社．
森本好則（1992）『ミクロ経済学』有斐閣．
西村和雄（1995）『ミクロ経済学入門』岩波書店．
篠原総一他（1999）『初歩から学ぶ経済入門』有斐閣．

第1章 消費者の行動

1.1 はじめに

　消費や生産などの経済行動を自らの意思で行う個人あるいはグループ，組織を経済主体という．民間経済主体は経済における役割によって消費者と生産者に分けることができる．消費者は労働，土地や家屋などの賃貸物，あるいは資本などの生産要素を企業に提供し，それらの報酬として得た賃金，賃貸料，利子などの所得をもとに，企業が生産した財・サービスを購入することで消費生活を営んでいる．ここでの消費者は1人の個人の場合もあれば，その家族を含む世帯を消費者とよぶこともある．その意味で消費者を家計と同じものとみなすことができる．

　本章の中心的課題は，消費者が合理的行動をとった場合，どのように財・サービスの購入量（または需要量）が決定されるかを分析し，それをもとに消費者の行動を表す需要曲線を導き出すことである．その他需要曲線の弾力性について述べるとともに，また生産要素の1つである労働の供給についても分析する．

1.2 効用と無差別曲線

1.2.1 財・サービスと財空間

　経済学における財・サービス（goods・service）とは，人間が生活を営むために直接，間接に役に立つもので，経済主体間で取引されるさまざまなものをさす．財・サービスをいっしょにして単に財とよぶこともある．具体例として，財は米，野菜，肉などの食料，衣服，靴などの衣料，電化製品，車，宝石などの工業製品，その他さまざまな目にみえる有形の物である．サービスは医療，

教育，交通，情報通信など，無形で目にみえないが，それらを利用するには金銭を支払わなければならないものである．たとえば，ホテルに宿泊する場合，宿泊料は宿泊室の提供，従業員の奉仕などのホテルが提供するサービスに対する支払いと考えることができる．一般に消費者は所得が高くなるほどサービス購入の消費支出に占める割合は大きくなる．

　このように財の種類は非常にたくさんあるが，経済分析で重要なのはそれらの量と価格である．まず量についてであるが，分析の対象となるのは，いろいろな財の量の組みである．いま財の種類が n 個あったとしよう．そしてこの n 種類の財に順番に1，2，3，…，n と番号をつけ，それらを第1財，第2財，第3財，…，第 n 財と名づけよう．さらに第1財，第2財，第3財，…，第 n 財の量を単位を除いた量で $x_1, x_2, x_3, …, x_n$ と書いて，それらの組みを $(x_1, x_2, x_3, …, x_n)$ と表す．たとえば $n=3$ すなわち財の種類が3で，第1財が米，第2財が衣服，第3財が車とし，それらの量が300kg，10着，5台とすれば，$x_1=300, x_2=10, x_3=5$ となり，それらの組みは（300，10，5）となる．これを1つの組みとすれば，それぞれの財の量が変われば組みの数は無数に考

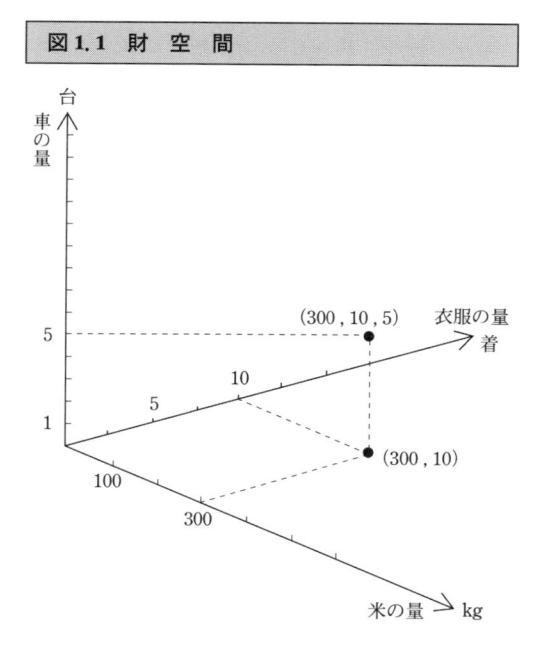

図1.1　財　空　間

えられる．通常，経済分析のために，このような財の組みを空間の1点で表し，財の組み全体を空間として取り扱う方法が用いられる．これを財空間という．たとえば，上の例の財の組み（300, 10, 5）は，3次元の財空間の1点として図1.1のように描ける．本章では，簡単化のため，2次元の財空間が主として取り扱われるであろう．

1.2.2 予算制約と財の購入

消費者が財を購入（需要）するときには，必ず予算（budget）あるいは所得（income）の制約がともなう．つまり，消費者は自分の予算の範囲内で，あれこれと財を購入するのである．そのさい考慮しなければならないのは，財の価格である．財の価格が決まれば，買える財の量も決まる．これを考えるために，いま X，Y の2つの財があり，たとえば X 財をミカン，Y 財をリンゴとしよう．またミカンの価格が50円，リンゴの価格が100円であったとしよう．このときある消費者が1000円の予算のもとでミカンとリンゴを買う場合，ミカン何個とリンゴ何個が買えるであろうか．ミカンを6個買い，リンゴを5個買うと，$50 \times 6 + 100 \times 5 = 800$ となり，ミカン6個とリンゴ5個の組み（6, 5）は1000円以内で買える．またミカン8個とリンゴ6個の組み（8, 6）も，ちょうど1000円となり買えるのである．つまり，ミカンとリンゴの購入個数を x，y とすると，購入金額は $50x + 100y$ となる．この額が1000円以下であればよい．したがって，

$$50x + 100y \leqq 1000 \tag{1.1}$$

をみたす x，y であればよいということになる．(1.1)をみたす組み (x, y) はたくさんある．これらの組みを財空間の点として図で表すと，図1.2において斜線を施した購入可能領域の整数の組みとなる．

以下では，消費者は予算を全部使って財を購入するものとする．この場合は購入する財の組みは

$$50x + 100y = 1000 \tag{1.2}$$

をみたす整数の組み (x, y) になる．(1.2)を予算線（予算制約線）という．さらに，財は非常に細かく分割可能であるとしよう．これによって，整数や分

図1.2 購入可能領域

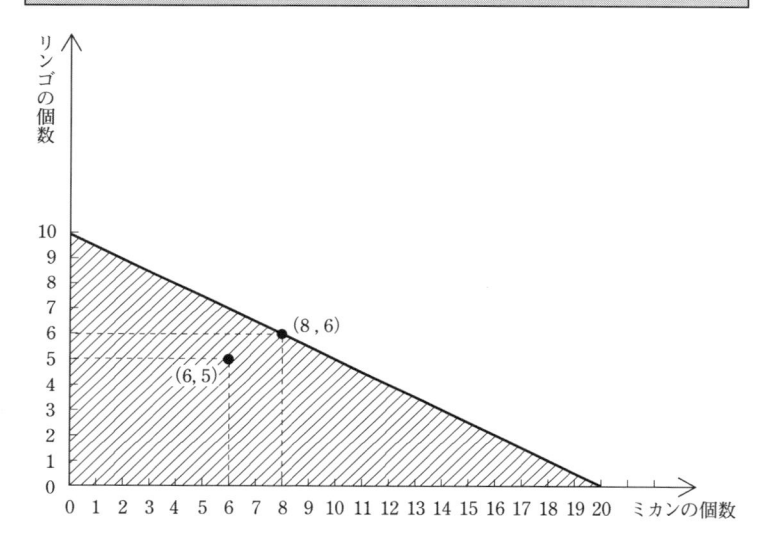

数などの有理数の組みだけでなく，（$4\sqrt{2}$, $10-2\sqrt{2}$）などの（1.2）をみたす無理数の組みも含む予算線上のすべての実数の組みを考慮に入れることができ，分析がしやすくなるのである．

予算線については，一般的に次のように表すことができる．いま2つの財があり，それらをX財，Y財とする．またそれらの購入量をx, y, 価格をp_x, p_yとし，予算をIとするとき，予算線は

$$p_x x + p_y y = I$$

となる．この式は

$$y = -\frac{p_x}{p_y}x + \frac{I}{p_y} \tag{1.3}$$

と書き直すことができる．この式を図示すると図1.3のように，x軸の切片はI/p_xであり，y軸の切片はI/p_yであり，予算線の傾きは2つの財の価格比にマイナスをつけたもの，すなわち$-p_x/p_y$になっていることがわかる．

図1.3 予 算 線

縦軸: Y 財の量、縦軸切片 $\dfrac{I}{p_y}$

横軸: X 財の量、横軸切片 $\dfrac{I}{p_x}$

傾き $-\dfrac{p_x}{p_y}$

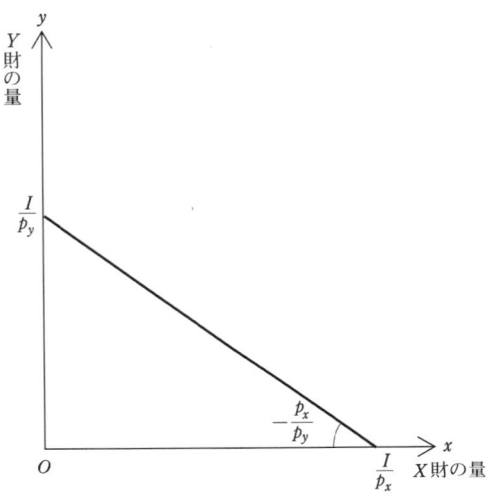

1.2.3 効　用

　消費者の行動を分析するには，予算という制約のほかに財を消費するときに得られる満足度も考慮に入れなければならない．なぜなら消費者は与えられた予算を漫然と支出しているのではなく，自分の好きなものを買ったり，満足いく買い方をしていると考えられるからである．経済学ではこの満足の程度を表す指標として効用（utility）という概念がよく用いられる．効用とは財を所有あるいは消費したときに得られる主観的な満足感を数値で表したものである．この効用の概念を理解するために具体的数値例を用いて考えてみよう．いまある財，たとえばある消費者のミカンの消費量と効用の関係が表1.1のようになっていたとしよう．

　ここで総効用とはミカンの消費量から得られる全体の効用である．表1.1で

表1.1　ミカンの総効用と限界効用（単位：個）

消費量（x）	0	1	2	3	4	5
総効用（U）	0	4	7	9	10	10
限界効用		4	3	2	1	0

は，ミカンの消費量が 1 個のときは総効用（満足度）は 4，消費量が 2 個のときは総効用は 7，……，となっている．また限界効用（marginal utility）とは消費量が 1 単位（個）増加するときの総効用の増加分である．たとえば，上の表でミカンの消費量が 2 単位（個）から 3 単位（個）に 1 単位（個）増加したとき総効用は 7 から 9 に 2 増加するので，限界効用は 2 となる．一般に，消費量が増えれば，新たな総効用の増え方は小さくなっていく，すなわち限界効用は小さくなっていく．これを限界効用逓減の法則という．これは総効用曲線が図 1.4 のように，総効用の増え方がだんだん小さくなっていくような形状すなわち上に凸の形状の曲線となっていることを意味している．

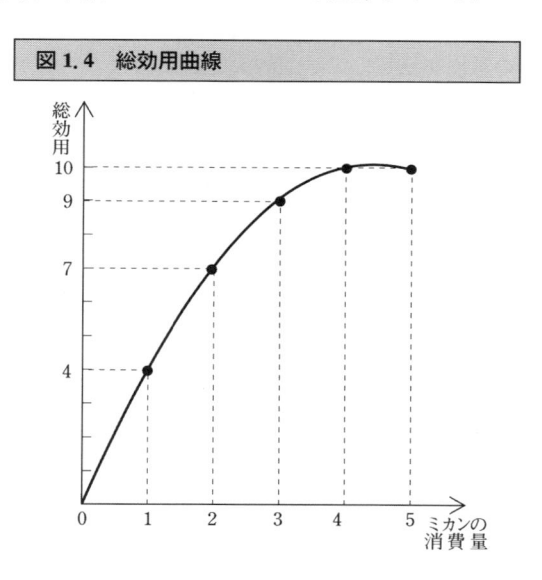

図 1.4　総効用曲線

1.2.4　効用と効用関数

次に，財が 2 つある場合を考えよう．いま財の組みを $z=(x,\ y)$ と表し，この組みに対して，効用の数値を $U(z)=U((x,\ y))$ で表すことにしよう．たとえば，ある消費者 A はミカンとリンゴの財の組み $(5,\ 5)$ に対して 75，$(6,\ 4)$ に対して 80 という効用の数値をつけたとすれば，

$$U((5,\ 5))=75, \quad U((6,\ 4))=80 \tag{1.4}$$

と表される．表1.1のように財が1種類のときは，$U(1)=4$, $U(3)=9$ のようになる．このように財の組みへの効用の数値のつけ方，規則を表したものを効用関数という．効用関数は財が1種類のときは図1.4のように平面上の曲線として表され，財の種類が2つの場合は後の図1.5のような曲面として描かれる．2財の場合の効用関数の例をあげれば，上の（1.4）をみたす1つの効用関数として，ミカン x 個とリンゴ y 個の組み $z=(x, y)$ に対して

$$U(z)=U((x, y))=10x+5y$$

が考えられる．

効用関数には効用の数値の意味づけの違いによって，2種類の効用関数がある．1つは効用の数値を満足度の絶対的大きさととらえ，重さや距離と同じように，効用の数値を加えたり，減じたり等の加減乗除ができ，その加減乗除した値が意味をもつというものである．たとえば，2つの財の組み $z_1=(x_1, y_1)$ と $z_2=(x_2, y_2)$ に対して

$$U(z_1)=U((x_1, y_1))=10, \quad U(z_2)=U((x_2, y_2))=20$$

となるならば，財の組み $z_2=(x_2, y_2)$ は財の組み $z_1=(x_1, y_1)$ の2倍の満足を与えるということを表す．このような効用を基数的効用といい，基数的効用を用いて表された効用関数を基数的効用関数という．これに対して，効用の数値の大きさには意味がなく，単に財の組みの選好順序を示すために用いられる効用を序数的効用という．たとえば序数的効用においては，上の財の組み $z_1=(x_1, y_1)$ と $z_2=(x_2, y_2)$ に対して同じように

$$U(z_1)=U((x_1, y_1))=2, \quad U(z_2)=U((x_2, y_2))=5$$

と表されたとしても，それは単に財の組み $z_2=(x_2, y_2)$ は財の組み $z_1=(x_1, y_1)$ より効用が大きい，あるいは好まれるということを表すだけで，

$$U(z_1)=U((x_1, y_1))=100, \quad U(z_2)=U((x_2, y_2))=150$$

としてもよい．すなわち選好される財の組みにより大きな数値を与えさえすれば，その数値はなんでもよいのである．序数的効用を用いて表された効用関数を序数的効用関数という．

基数的効用を用いて分析を行えば便利な場合が多いが，消費者の行動を考える場合現実味に乏しいという欠点がある．序数的効用は基数的効用のように加減乗除ができないので明確な答えがだせないという点が多々あるが，現実性においてははるかにすぐれている．そして消費者の行動の分析にはほとんどの場合序数的効用で十分である．

1.2.5 効用と無差別曲線

本項では上に述べた効用関数を図を用いて視覚的にとらえ，それから無差別曲線を描き出しその性質を調べてみよう．効用曲面は効用関数を曲面として表したものである．いま2つの財 X, Y がある場合を考え，その財の組み $z=(x, y)$ を2次元平面の点として表そう．効用関数を $U(z)=U((x, y))$ とすれば，効用曲面はその1つの形状として図1.5のように描ける．図1.5では点 $z'=(x', y')$ における曲面上の U の値 $U'=U((x', y'))$ が示されている．

次に，図1.5の効用曲面をある高さの平面で水平に切ってみよう．たとえば，ある効用の高さ，すなわちある効用水準 U' で切ったときの切り口は図1.6の

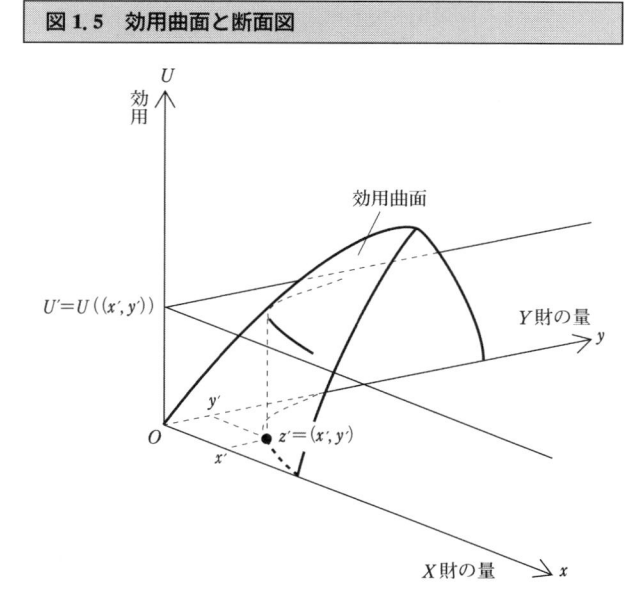

図1.5 効用曲面と断面図

ような曲線になるであろう．この曲線を平面に描いたものを無差別曲線（indifferent curve）という．無差別曲線は効用曲面をある効用水準で切った切り口であるから，無差別曲線上の点はすべて同じ効用水準を表している．したがって無差別曲線上の点はすべて同じ程度に好まれる，すなわち無差別である．また別の効用水準 U'', U''' で切った場合はまた別の無差別曲線が描ける．このように効用水準の大きさに合わせて無差別曲線が描けるのでその数は無数にあり，平面をおおい尽くす．これを無差別曲線群という（図1.6においては $U'<U''<U'''$）．

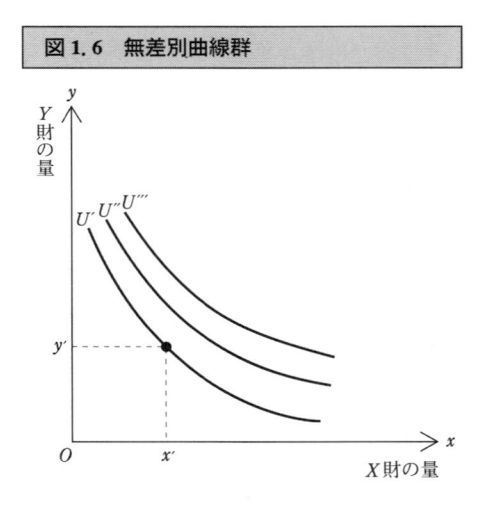

図1.6　無差別曲線群

無差別曲線は次の4つの性質をもっている．

(1) 無差別曲線は右下がりである．
(2) 無差別曲線は互いに交わらない．
(3) 原点から遠い無差別曲線ほど効用水準は高い．
(4) 無差別曲線は原点に対して凸である．

性質(1)から(3)については容易に示すことができる（練習問題1.1）．ここでは，性質(4)について図1.7に沿って考えてみよう．図1.7にはミカンとリンゴの1つの無差別曲線が原点に対して凸に描かれている．まず無差別曲線上の点 $W=(3, 11)$, $Z=(4, 9)$ に注目すると，W と Z は無差別であり，W から Z に移るにはリンゴを2個捨ててミカン1個を得なければならない．すなわちリンゴ

図 1.7 原点に凸の無差別曲線

図 1.8 限界代替率

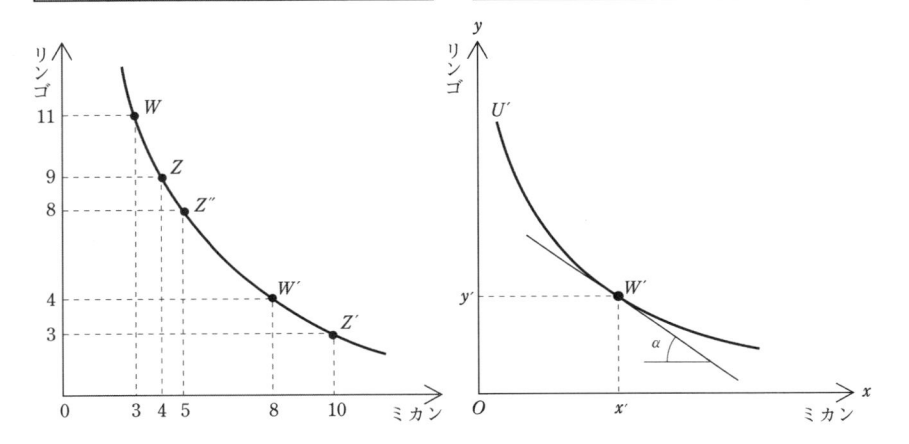

2個をミカン1個に代替することによって同じ効用水準を保つことができるのである．したがってこの場合リンゴ2個とミカン1個の相対的価値は同じであるとみることができる．このように同じ無差別曲線上を動く場合，ミカンの増加量を Δx，リンゴの減少量を $-\Delta y$ とするとき，

$$-\left(\frac{-\Delta y}{\Delta x}\right) = \frac{\Delta y}{\Delta x}$$

を代替率 (rate of substitution) という．上の例の W から Z へ動くときの代替率は $\frac{2}{1}=2$ となる．今度は $W'=(8, 4)$ から $Z'=(10, 3)$ へ移るときはどうであろうか．このときの代替率は $\frac{1}{2}$ となることは容易にわかる．以上のことから明らかのように，ミカンの量が増加しリンゴの量が減少するとき，代替率は減少する．すなわち W においてミカンの価値はリンゴの2倍あったのに，W' においてはミカンの価値はリンゴの $\frac{1}{2}$ になっている．

このように，だんだん多くなっていく財の相対的価値（または希少価値）は減少し，だんだん少なくなっていく財の相対的価値（希少価値）は増加することを代替率逓減という．図1.7でみるように無差別曲線が原点に対して凸ならば代替率は減少する．また逆に代替率が減少するときの無差別曲線は原点に対して凸になる．すなわち無差別曲線が原点に対して凸であることと代替率が減少することは同じことを表している．

一般に，代替可能な2つの財があったとき代替率は減少するが，代替率の減少の程度を示す場合に，上に示したやり方では移っていく点がどこであるかによってその値が異なることがおこる．たとえば，図1.7におけるようにWからZに移ったときの代替率は2であったが，Z''に移った場合の代替率は$\frac{3}{2}$となる．このように代替率が異なれば，どちらをとるかによって異なった結果がでる可能性がある．そこで現在では，無差別曲線上のある点$W' = (x', y')$における代替率をただ1つの値として定める場合には，点W'に限りなく近い点との代替率がとられている．すなわち無差別曲線上のある点W'の代替率は，図1.8のような点W'における接線の傾きの大きさαとして定められているのである．この接線の傾きの大きさαを限界代替率（marginal rate of substitution）という．無差別曲線が原点に対して凸であることは限界代替率が逓減していることを表している．

1.3 消費の最適点と所得・価格の変化の影響

1.3.1 消費の最適点

消費者は，与えられた予算のもとで，効用を最大にするように消費量を決定すると考えられる．これを効用最大化の原則という．この効用最大化の原則に基づいて消費量はどこに決定されるかは，予算線と無差別曲線を同時に考えることによって求めることができる．図1.9はその状況を示している．消費者の効用を最大にする点すなわち消費の最適点は予算線と無差別曲線の接点$W^* = (x^*, y^*)$で与えられる．このW^*が消費の最適点になる理由は，予算線上の他の点はどれもW^*より低い効用を与えるからである．たとえば，図1.9におけるようにW^*以外の点$W' = (x', y')$をとると，無差別曲線の性質(2)より点W'を通る無差別曲線U'は必ずW^*を通る無差別曲線U^*より原点に近くなり，これは無差別曲線の性質(3)によってU^*上の点よりU'上の点の方が効用が低くなることを意味する．このことはW^*以外の点すべてについていえるので，W^*が最大の効用を与える財の組みとなる．W^*を消費の最適点または均衡点といい，x^*をX財の最適需要量，y^*をY財の最適需要量という．

次に，消費の最適点の性質を調べてみよう．消費の最適点W^*は無差別曲

図 1.9 消費の最適点

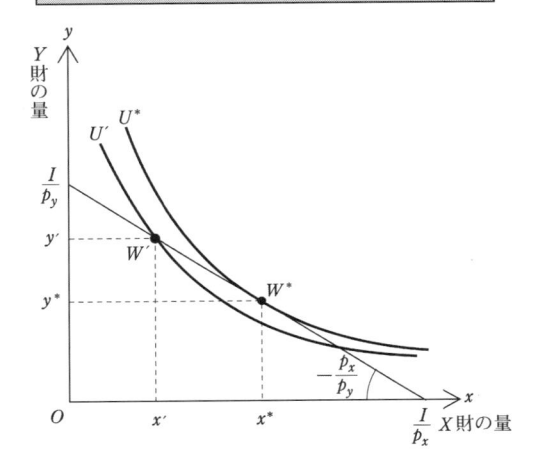

線と予算線の接点であるから，予算線そのものが W^* における無差別曲線の接線になっていることに注目すれば，予算線の傾きが限界代替率を表していることがわかる．すなわち消費の最適点においては，

$$限界代替率 = -(予算線の傾き) = X 財の価格 / Y 財の価格$$

が成り立つ．

1.3.2 所得の変化と需要の変化

これまでは所得は一定として取り扱ってきたが，ここでは所得が変化した場合，消費の最適点はどのように変化するかを考えてみよう．1.2.2 項においては，1000 円の所得のもとで，1 個 50 円のミカンと 1 個 100 円のリンゴを買う場合の予算線は（1.2）で表された．そこでミカンとリンゴの価格は変わらずに，所得が 1200 円になったとしよう．そのときの予算線は

$$50x + 100y = 1200$$

と表される．これを書き換えれば，

$$y = -\frac{1}{2}x + 12$$

となる．この式で表される予算線は（1.2）で表される予算線を上方に2だけ平行移動したものになっている．

以上のことをもう少し一般的に考えてみよう．いま2つの財を X 財，Y 財とし，その需要量を x, y, その価格を p_x, p_y とする．所得 I に対して，このときの予算線は1.2節の（1.3）より

$$y = -\frac{p_x}{p_y}x + \frac{I}{p_y}$$

となった．そこで所得が I から ΔI だけ増えて $I' = I + \Delta I$ になったとしよう．このときの予算線は

$$p_x x + p_y y = I + \Delta I = I'$$

となるが，これは

$$y = -\frac{p_x}{p_y}x + \frac{I}{p_y} + \frac{\Delta I}{p_y} = -\frac{p_x}{p_y}x + \frac{I'}{p_y} \tag{1.5}$$

と書き直すことができる．この式を図示すると図1.10のように，x 軸の切片は $I/p_x + \Delta I/p_x$ であり，y 軸の切片は $I/p_y + \Delta I/p_y$ であり，予算線の傾きは2つの財の価格比にマイナスをつけたものになっている．これは（1.3）の直線を $\Delta I/p_y$ だけ上方にシフトさせた直線になっている．すなわち所得が ΔI だけ増

図1.10　予算線のシフト

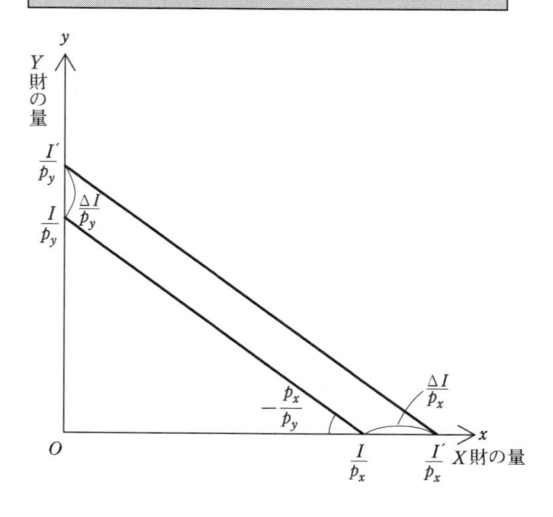

加すると予算線は $\Delta I/p_y$ だけ上方にシフトするのである.

　このように所得のみが変化したとき,予算線は平行にシフトするが,この性質を用いて消費の最適点について新たな解釈を与えることができる.いま2つの財の価格が与えられているとする.これを $p_x,\ p_y$ とし,この価格の組み ($p_x,\ p_y$) を価格体系と呼ぶことにしよう.このとき所得 I が与えられたならば,この価格体系のもとでの消費の最適点は図1.11におけるように予算線と無差別曲線 U^* との接点 W^* になることはすでに述べたが,W^* 以外の U^* 上の点はどのような点であろうか.W^* と異なる U^* 上の点 $W'=(x',\ y')$ をとると,その点 W' を別の予算線が通っているはずである.そしてこの予算線はこの価格体系のもとでは W^* を通る予算線と平行で,しかもそれより上方になければならない.このことは点 W' を通る予算線は W^* を通る予算線より多くの予算を必要とすることを意味する.すなわちその予算を I' とすると,$I<I'$ となる.同じ効用水準 U^* を達成するために,W^* は I だけかかり,W' は I' だけかかるから,W^* は W' より安くてすむ.W^* と異なる U^* 上の点のすべてについてこのことがいえるので,価格体系 ($p_x,\ p_y$) のもとでは,W^* は効用水準 U^* を最も安い予算で達成する合理的な選択であるといえる.

図1.11　無差別曲線上の2つの点

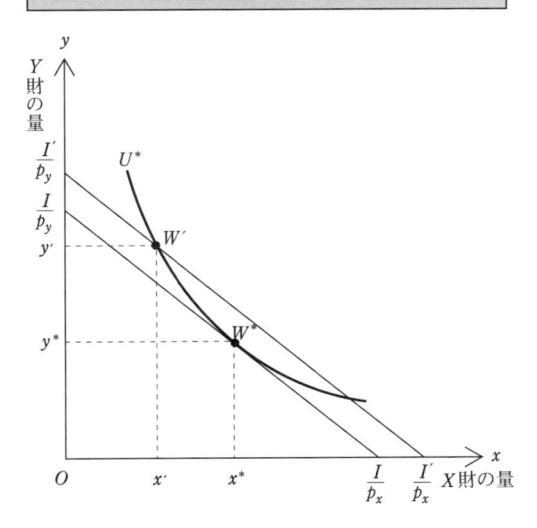

図1.12 所得・消費曲線

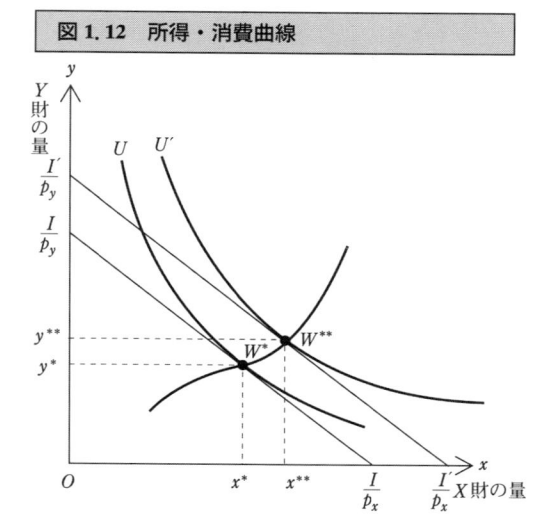

次に，所得が次々に変化していくとき消費の最適点の動きを調べてみよう．新たな予算のもとでの均衡点は新たな予算線と無差別曲線との接点 W^{**} として求められる（図1.12）．W^* と W^{**} はともに価格体系（p_x, p_y）における合理的選択であり，ただ予算が異なるだけである．このように予算が変化すれば，合理的選択点である均衡点も移動する．この所得の変化に合わせて均衡点の移動をプロットしていけば，図1.12のような曲線が得られる．この曲線は所得・消費曲線といわれる．

例1.1 所得税の影響

いま，財の価格は変わらずに所得に一律に10％の税金が課せられたとしよう．1.2.2項の例をとると，1000円の予算（所得）に対して10％の税金は1000×0.1＝100であるから，可処分所得すなわち実際に使える予算は900円となり，この消費者の予算線の式は（1.2）に代わって

$$50x + 100y = 900$$

となる．これはまさしく所得の減少による予算線の平行移動であり，次の項で述べるように正常財ならば，需要は減少する．一般に2財の価格 p_x, p_y が変わらず，所得 I に t ％の所得税がかかったら，予算線の式は

$$p_x x + p_y y = (1 - 0.01 \times t)I$$

となる．

1.3.3　正常財，中立財，劣等財

　上でみたように，予算が変われば予算線がシフトし，それにともなって消費の最適点は移動するので，X 財の最適消費量および Y 財の最適消費量は変化する．この消費の最適点の移動による X 財の最適消費量の変化に注目すると，その変化に3つのタイプがあり，それによって財の種類を3つに分けることができる[1]．まず第1のタイプは X 財の最適消費量が図1.13のように x^* から x^{**} に増加する場合である．このような財は通常よくみられる財で，正常財（または上級財）といわれる．第2のタイプの財は，図1.14に示されるように，所得が増加してもほとんどその消費量が増加しない財である．この種類の財は中立財（または中級財）といわれ，米，砂糖，塩，トイレットペーパーなどの生活必需品などがこれにあたる．第3は，図1.15のような状態が起きる場合で，所得が増加すると逆に消費が減少する財もある．これは劣等財（または下級財）

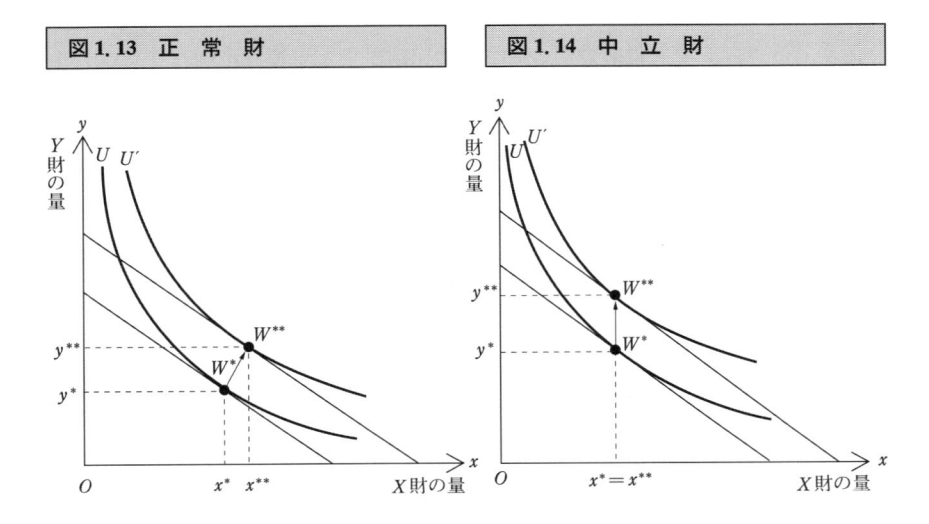

図1.13　正　常　財

図1.14　中　立　財

---

1) この分類は後の1.4節で述べられる所得の弾力性の概念を用いて行う方法もある．

図 1.15　劣　等　財

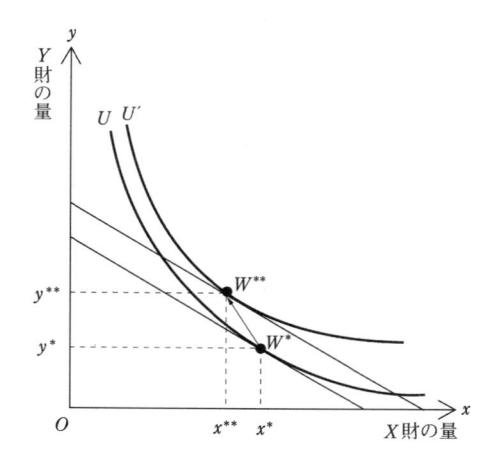

といわれ，白黒テレビ，普通米，下級酒などである．これら3つのタイプの財を所得・消費曲線で表すと，正常財は右上がりの曲線になり，中立財は垂直な線，劣等財は左上がりの曲線で描くことができる．

　しかし3つのタイプの財はどのような所得段階においても，固定されたタイプのままであるとは限らない．たとえば上級米を例にとると，所得が比較的低いときは所得が増加するにつれて普通米から上級米へと消費を増やしていくであろう．このときは普通米は劣等財，上級米は正常財とみることができる．しかし所得がある程度高い段階では所得が上昇しても米の消費は限られるので上級米の消費量はあまり増えないであろう．このときは上級米は中立財となる．さらにもっと所得の高い段階になると，上級米から特級米に切り替えていくかもしれない．このときは上級米は劣等財，特級米は正常財になる．このような場合には，他の正常財との組み合わせを考えたとき，図1.16のように所得・消費曲線は最初の段階では右上がり，次では垂直，最後の段階では左上がりになるであろう．この例が示すように，所得・消費曲線は単純に右上がりや右下がりの曲線にはならない場合がある．

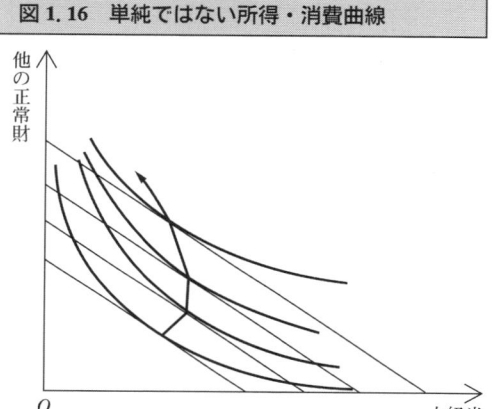

図1.16　単純ではない所得・消費曲線

縦軸: 他の正常財
横軸: 上級米

1.3.4　価格変化と需要の変化

次に，価格が変化した場合の需要の変化を調べてみよう．まず所得が変わらずに一方の財の価格だけが変化したとき，予算線の変化をみてみよう．1.2節で考えた具体的例では，予算1000円，ミカンの価格50円，リンゴの価格100円の場合の予算線は，ミカンとリンゴの購入量をそれぞれ x，y とすれば

$$50x + 100y = 1000$$

であった．これを書き直すと

$$y = -\frac{1}{2}x + 10 \tag{1.6}$$

となる．そこでミカンの価格だけが50円から100円に変化したとしよう．このとき，1000円で買えるミカンとリンゴの組みは，予算線の式

$$100x + 100y = 1000$$

をみたす組みとなる．これは

$$y = -x + 10 \tag{1.7}$$

と書き直すことができる．(1.6)と(1.7)を比べてみると，(1.7)の予算線

図1.17　価格変化による予算線の移動

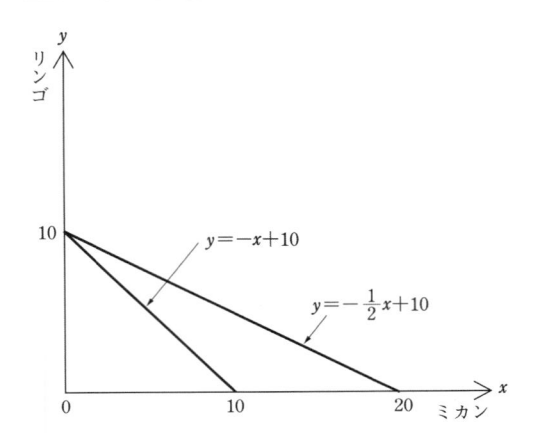

は (1.6) の予算線と縦軸の切片の値は同じ10であるが，傾きが異なるので横軸の切片の値は異なったものになっている（図1.17）．この例でわかるように，価格が上昇（下落）した財の切片が原点に近く（遠く）なるように，予算線は移動する．予算線が移動すれば，消費者の均衡点も移動する．

このような価格変化による均衡点の移動は，所得効果と代替効果の2つの効果によってもたらされたものとみることもできる．これを図1.18に沿って考えてみよう．いま X 財の価格だけが p_x から p'_x へ上昇し，均衡点が W から W' へ移ったとしよう．図1.18には AA，BB，$B'B'$ の3つの予算線が描かれている．AA は予算 I，価格体系 (p_x, p_y) のもとでの予算線，また BB は予算 I，価格体系 (p'_x, p_y) のもとでの予算線，$B'B'$ は予算 I' ($I<I'$)，価格体系 (p'_x, p_y) のもとでの予算線である．予算 I，価格体系 (p_x, p_y) のもとでの均衡点 W によってもたらされる効用水準 U は，X 財の価格が上昇し価格体系 (p'_x, p_y) に移ったために達成できない．そこでまずこの効用水準を達成するために，新しい価格体系 (p'_x, p_y) のもとで最も少ない予算で達成できる点 W'' に移動する．これは消費者が相対的に高くなった X 財を減らして，相対的に安くなった Y 財を増やすことによって同じ効用水準を保とうとする結果もたらされるもので，代替効果と呼ばれる．この W'' は，新しい価格体系 (p'_x, p_y) のもとで効用水準 U を保つための合理的選択であるが，W'' の購入

には予算 I' が必要である．しかし予算はもともと I なので W'' を購入することはできない．そこで新しい価格体系 (p'_x, p_y) のもとで予算 I に対する合理的でしかも達成可能な点は W' であるので，W' に移動する．これを所得効果による移動という．結局，X 財の価格の p_x から p'_x への上昇は，予算が I' から I に減少したのに等しい効果をもたらす．逆に価格が下落した場合には予算が

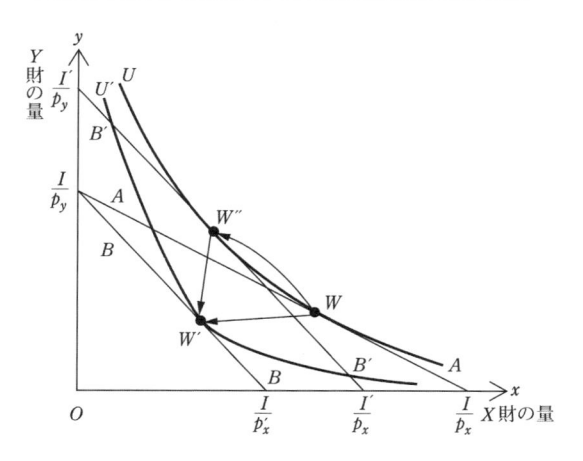

図 1.18　代替効果と所得効果

図 1.19　価格・消費曲線

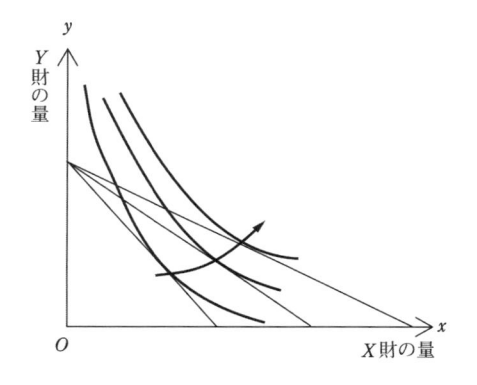

増加したのと同じ効果をもたらす．したがって，W から W' への移動は，代替効果を表す W から W'' への移動と所得効果を表す W'' から W' への移動が合成されたものとみることができる．このように価格の変化が均衡点に影響を与えて，それを移動させる様子を表した曲線を価格・消費曲線という．図1.19には X 財の価格が下落していったときの価格・消費曲線が描かれている．

例1.2 特定の財への課税

1.2.2項の例において，X 財の価格50円と所得1000円は変わらずに，Y 財の価格に50％の物品税がかかったとしよう．このとき Y 財の価格は100円から150円に上昇したと同じことになる．したがってこの消費者の予算線の式は（1.2）に代わって

$$50x + 150y = 1000$$

となる．これはまさしく価格の上昇による予算線の移動であり，Y 財の切片は原点に近づく．この場合次節でみるようにギッフェン財でない限り，Y 財の需要は減少する．一般に所得 I のもとで2つの財 X，Y の価格 p_x，p_y に対して，Y 財の価格のみに t％の物品税が課されたら，そのときの予算線の式は

$$p_x x + (1 + 0.01 \times t) p_y y = I$$

となる（練習問題1.3参照）．

1.4 需要曲線の弾力性

1.4.1 個別需要曲線（個別需要関数）

上でみた価格変化による均衡点の移動を調べることによって，消費者の行動（または行動計画）を表す需要曲線を導き出すことができる．いま X 財の価格が p_x から p'_x，p''_x，p'''_x ($p'_x > p''_x > p'''_x$) へ下落したとすると，均衡点は E' から E''，E''' へと移動する．そして X 財の需要[2]は x' から x''，x''' へと増加する

---

[2] 需要の増大と需要量の増大という2つの表現は厳密に区別されるべきである．需要の増大とは何らかの要因で外的条件が変化して，需要曲線が右側にシフトして，前と同じ価格でも需要量が増加することであり，需要量の増大とは外的条件は変わらず価格だけが変化したとき，需要曲線に沿っ

（図1.20(a)）．このときの価格 p'_x, p''_x, p'''_x と X 財の需要 x', x'', x''' の関係をプロットしていくと，図1.20(b)のような曲線が描かれる．これは1人の消費者の価格とそれに対する最適消費量との関係を表したもので，個別需要曲線といわれる．通常の財は図1.20(b)のように，価格が上昇すれば需要は減少するので，その個別需要曲線は右下がりとなる．しかし個別需要曲線が右上がりとなる場合も考えられる．すなわち価格が上昇（または下落）し，需要が増加（または減少）する場合個別需要曲線が右上がりとなるが，このような財をギッフェン財という．ギッフェン財は価格の上昇による代替効果よりも所得効果の方が強く作用する財である．この状況が図1.21に描かれている．Y 財の価格 p'_y はそのままで X 財の価格が p'_x から p''_x へ上昇し，価格体系 (p'_x, p'_y) が (p''_x, p'_y) に移ると，まず代替効果によって均衡点は W' から W''' へ移動する．このとき X 財の需要は x' から x''' へと減少する．しかし所得効果によって均衡点は W''' から W'' へ移動するので，X 財の需要は x''' から x'' へと大きく増加し，x' を上回ってしまう．このように価格が上昇した結果かえって需要が増加するのは，代替効果による需要の減少よりも所得効果による需要の増加の方が大きくなるからである．この意味で，ギッフェン財は超下級財ともいわれる．しかしこのような財はこのように理論的には考えられるが，現実には存在

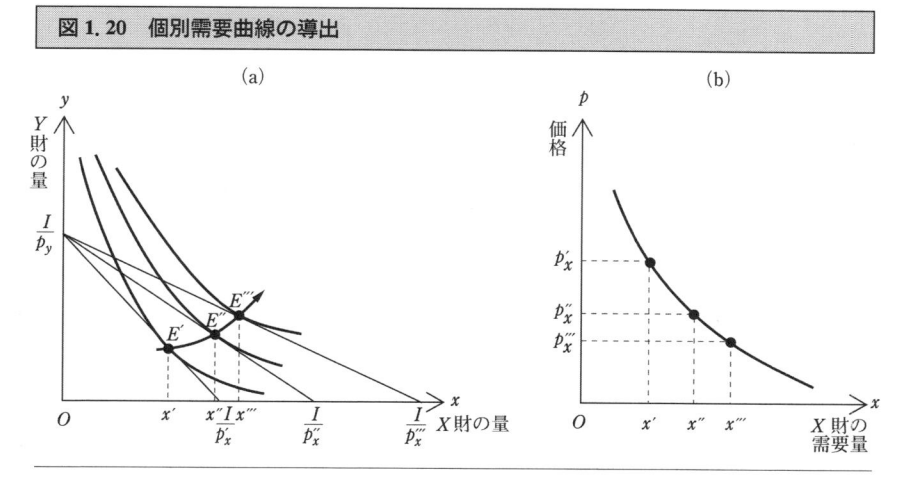

図 1.20　個別需要曲線の導出

て需要量が増加することである．ただし本章では需要の増大のケースは取り扱わないので，需要と需要量とは厳密に区別しない．

図 1.21　ギッフェン財

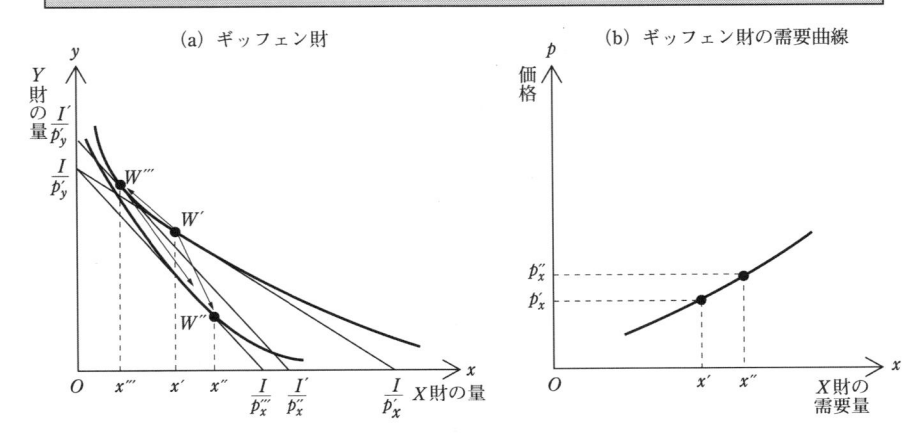

(a) ギッフェン財

(b) ギッフェン財の需要曲線

しないといわれている．

　以上のように，価格とそれに対応する（最適な）需要量との関係を図で表したのが需要曲線であるのに対して，この関係を関数（いわゆる数式）で表したのが需要関数である．需要関数は価格を p，需要量を x とすると，p に x を対応させる関数 f によって

$$x = f(p)$$

という形に表すことができる．関数 f は需要曲線の形を決めるもので，需要関数が

$$x = f(p) = -3p + 10 \tag{1.8}$$

ならば，需要曲線は直線になり，また需要関数が

$$x = f(p) = p^2 - 20p + 100$$

と表されるならば需要曲線は2次曲線になる．このように需要関数は価格 p によって需要量 x を定めるが，分析の便宜上逆に需要量 x によって価格 p を定めることも多い．つまり x に p を対応させる関数を d とすれば

$$p = d(x)$$

と表すのである．これを逆需要関数という．たとえば上の需要関数 (1.8) を逆需要関数に書き直すと

$$p = d(x) = -\frac{1}{3}x + \frac{10}{3} \tag{1.9}$$

となる．(1.8) と (1.9) は表現は異なっているが，実質的にまったく同じものである．

1.4.2 市場需要曲線

次に，個別需要曲線からすべての消費者の需要曲線すなわち市場需要曲線を求めてみよう．いま市場には消費者が 2 人いるとして，それらを A, B と名づけよう．図 1.22(a)，(b) には消費者 A, B の需要曲線が描かれ，価格が p' のときの A の需要量が x'_A, B の需要量が x'_B となっている．このとき市場の需要量は価格 p' に対して消費者 A, B の需要量を加えたもの $x'_A + x'_B$ になる．また価格 p'' に対する A の需要量は x''_A であり，B の需要量は x''_B であるから，市場の需要量は価格 p'' に対して $x''_A + x''_B$ となる．このように価格とその価格に対するそれぞれの需要量を加えたものとの組みをプロットしていけば市場需要曲線が求められる．消費者が多数の場合も同じ方法で市場需要曲線が得られる．

図 1.22　市場需要曲線の導出

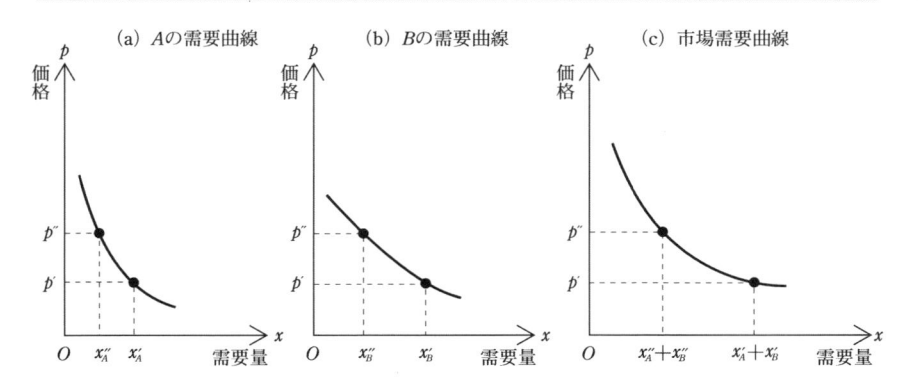

1.4.3 需要の弾力性

　所得（予算）や価格が変化するとき，消費者の均衡点は移動し，需要が変化する．この所得や価格の変化に対する需要の変化は，消費者の嗜好や財の種類によってその程度は異なる．したがってその変化の程度を示す指標があった方が経済分析には都合がよい場合が多い．そこでまず所得の変化に対して需要がどの程度反応して変化するかを示す指標を考えてみよう．それは需要の所得弾力性（income elasticity of demand）といわれ，所得1％の変化に対して需要が何％変化したかを表す．すなわち所得が I から $I+\Delta I$ に ΔI だけ増加したとき，需要が x から $x+\Delta x$ に Δx だけ増加したとすれば，需要の所得弾力性 e_i は

$$e_i = \frac{\Delta x/x}{\Delta I/I} = \frac{\Delta x}{\Delta I} \times \frac{I}{x}$$

と表される．たとえば所得が1000円から1100円に上昇したとき，需要が8から10に増加したならば，このときの需要の所得弾力性は，$I=1000$，$x=8$，$\Delta I=100$，$\Delta x=2$ であるから，

$$e_i = \frac{2/8}{100/1000} = \frac{2}{100} \times \frac{1000}{8} = 2.5$$

となる（練習問題1.2参照）．この所得の弾力性の概念を用いれば，1.3.3項で述べた正常財については，所得が増えれば需要も増えるから，すなわち $\Delta I>0$ ならば $\Delta x>0$ であるから $\Delta x/\Delta I>0$ となり，所得の弾力性は正である．また中立財は $\Delta I>0$ であっても $\Delta x=0$ であるから，所得の弾力性は0である．さらに下級財は正常財とは逆に $\Delta I>0$ ならば $\Delta x<0$ となるから，$\Delta x/\Delta I<0$ となり，所得の弾力性は負である．

　次に，価格の変化に対して需要がどの程度の反応を示すかを表す指標として用いられる需要の価格弾力性（price elasticity of demand）について考えよう．それは価格が1％変化したとき，需要が何％変化したかを測ることによって得られる．いま価格が p から Δp だけ上昇して $p+\Delta p$ になり，その結果需要が x から Δx だけ増加して $x+\Delta x$ になったとしよう．このときの需要の価格弾力性 e_d は，その値がプラスになるようにマイナスの符号をつけて，

$$e_d = -\frac{\Delta x/x}{\Delta p/p} = -\frac{\Delta x}{\Delta p} \times \frac{p}{x}$$

と表される．たとえば，価格が100のとき需要が8であったものが，価格が120

に上がったとき需要が 6 になったとすると，$x=8$，$p=100$，$\Delta x=-2$，$\Delta p=20$ であるから，

$$e_d = -\frac{-2}{20} \times \frac{100}{8} = \frac{5}{4}$$

となる．需要の価格弾力性 e_d は 1 より大きいとき弾力的，1 のとき弾力性 1，1 より小さいとき非弾力的といわれる．したがって，この例は弾力的な例になっている．需要曲線で考えると図1.23に典型的な場合が描かれている．(a)は非弾力的なケースで，価格が p' から p'' に変化しても需要はあまり反応せず x' から x'' へとわずかに増えるだけである．これに対して(b)の弾力的なケースでは同じ価格変化でも大きく需要が増えている．

図 1.23　需要曲線の弾力性

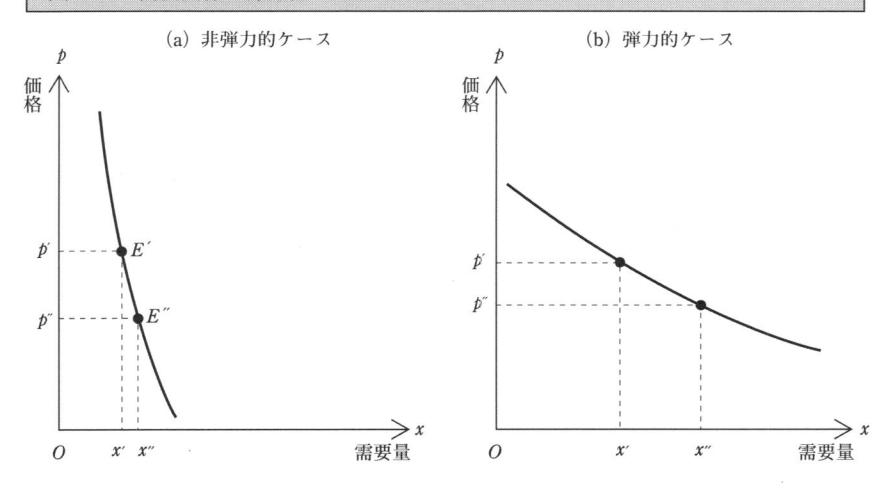

(a) 非弾力的ケース　　　　　(b) 弾力的ケース

しかし，同じ需要曲線であっても，どの点をとるかによって弾力性の値が異なることに注意しなければならない．たとえば，需要曲線が直線で $p=-2x+10$ で与えられたとしよう．この場合 $\frac{\Delta x}{\Delta p}$ は直線の傾き -2 の逆数になるから[3]，$\frac{\Delta x}{\Delta p}=-\frac{1}{2}$ となること，および $x=1$ のとき $p=8$ であることを考

---

[3] 価格が p から Δp だけ上昇して $p+\Delta p$ になり，その結果需要が x から Δx だけ増加して $x+\Delta x$ になったとすれば，

慮すれば，$x=1$ における需要の価格弾力性は

$$e_d|_{x=1} = -\left(-\frac{1}{2} \times \frac{8}{1}\right) = 4$$

となる．同様にして $x=3$ における需要の価格弾力性を求めると

$$e_d|_{x=3} = -\left(-\frac{1}{2} \times \frac{4}{3}\right) = \frac{2}{3}$$

となり，異なる値になっている（図1.24）（練習問題1.4および1.5参照）．

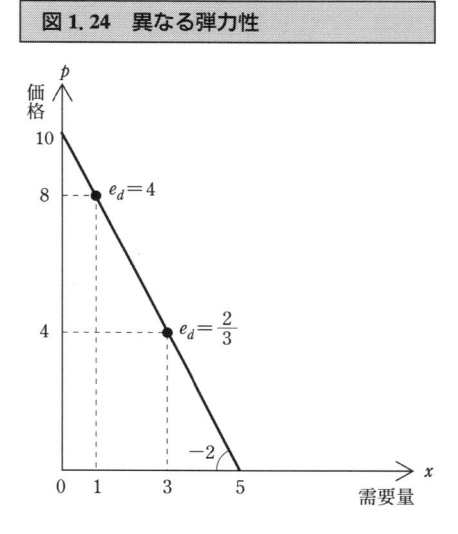

図1.24　異なる弾力性

1.5　労働の供給

1.5.1　余暇と労働

　本節では，いままで行ってきた分析方法を用いて，生産要素の1つである労働の供給がどのように決定されるかを分析しよう．まずここではわかりやすい分析のために，フルタイムの正社員ではなく，パートで働く主婦やフリーター

$$p + \Delta p = -2(x + \Delta x) + 10$$

となる．これより $\Delta p = -2\Delta x$，すなわち $\frac{\Delta p}{\Delta x} = -2$ が得られる．これは直線の傾きを表している．

（フリーのアルバイター）等の労働時間と余暇時間を自由に選択できる人を取り上げることにする．いまあるフリーターが1日（24時間）のうち，労働することによって得られる所得（賃金額）と趣味やレジャー，あるいは勉強や睡眠に使う自由時間（以下余暇時間という）をどのように決めればよいかという問題を考えてみよう．1時間当たりの賃金を500円とすれば，1日5時間働けば所得は2500円で余暇時間は19時間，10時間働けば所得は5000円で余暇時間は14時間となる．このように所得 I と余暇時間 L の関係は，労働時間が $(24-L)$ 時間となることを考慮すると，

$$I = 500(24-L)$$

となる．この式は図1.25(a)の直線 AA として描くことができる．また1時間当たりの賃金が1000円になったとすると，

$$I = 1000(24-L)$$

となり，これは図1.25(a)の直線 AB となる．直線 AA，あるいは AB は，自由に使える時間が24時間という制約のもとに，1時間当たりの賃金が与えられた

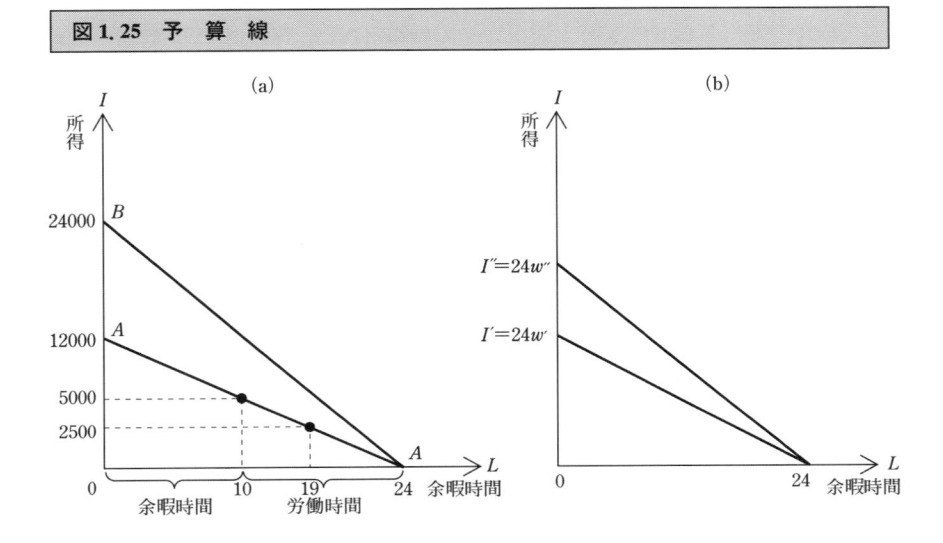

図1.25　予　算　線

ときの所得（あるいは労働時間）と余暇時間の組みを表している．そこで1.2.2項の図1.2において横軸のミカンを余暇時間に，縦軸のリンゴを所得に置き換えれば，直線AA，あるいはABは予算線と同じものとみなすことができる．したがって以下ではこれらの直線を単に予算線と呼ぶことにする．

一般に，1時間当たりの賃金がw円のときの予算線すなわち所得Iと余暇時間Lとの組みの関係は

$$I = w(24-L)$$

となる．さらに1時間当たりの賃金が$w'(w'>w)$円のときの予算線は

$$I = w'(24-L)$$

と表され，これは図1.25(b)のように描くことができる．

1.5.2 最適労働供給

次に，所得・余暇の無差別曲線を考え，上で述べた予算線をもとに最適な労働供給を求めてみよう．いま余暇14時間（労働10時間）と所得8000円の組み(14, 8000)があったとする．このフリーターにとってこの組み(14, 8000)と余暇18時間（労働6時間）と所得5000円の組み(18, 5000)が同じ効用水準（満足）U'を与える，すなわち無差別であるとしよう．このほかに(14, 8000)と無差別な組みは数多くあると考えられる．これらの無差別な点を結んでいけば図1.6と同じ無差別曲線が得られる（図1.26(a)）．さらに所得と余暇時間の組みは無数に考えられ，それらに対して無差別な組みも無数にある．したがって，1.2.5項において述べたように，無差別曲線は平面をおおいつくすほど無数にある（図1.26(a)）．

1.3.1項で消費の最適点を求めたと同じように労働の最適供給は，所得・余暇の無差別曲線と前項1.5.1で示した予算線を合わせて考えることによって，みいだすことができる．それは予算線と無差別曲線が接する点で与えられる．図1.26(b)においては，1時間当たりの賃金がw'のときの予算線と無差別曲線との接点すなわち最適点がW^*で示されており，このときの最適余暇時間はL^*であり，最適労働時間は$24-L^*$である．

図 1.26 労働の最適供給

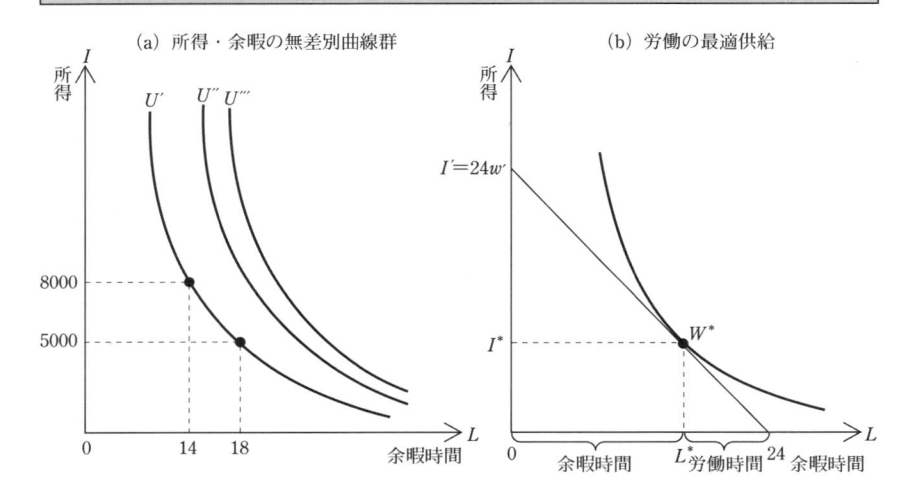

(a) 所得・余暇の無差別曲線群

(b) 労働の最適供給

1.5.3 賃金と労働供給

以上では賃金が与えられれば，最適労働はただ1つに決まることをみたが，賃金が変化した場合は労働は増えるであろうか．これを調べるためには，賃金の変化に対する最適労働の変化をみなければならない．図1.27(a)には賃金が w' から w''，w''' へと上昇したとき（所得が I' から I''，I''' へと増加したとき），最適点は W^* から W^{**}，W^{***} へと移動する．このとき最適余暇時間はそれぞれ L^*，L^{**}，L^{***} となるから，最適労働時間は $\overline{L}_1 = 24 - L^*$，$\overline{L}_2 = 24 - L^{**}$，$\overline{L}_3 = 24 - L^{***}$ となる．図からみてとれるように，$L^{**} < L^* < L^{***}$ であるから，$\overline{L}_3 < \overline{L}_1 < \overline{L}_2$ となる．この最適労働時間と賃金をプロットすることによって図1.27(b)の労働供給曲線が得られる．

通常，労働供給曲線形状は図1.27(b)のようになる．つまり最初は賃金（所得）が上昇するにつれて労働時間も増加するが，ある賃金水準を超えると逆に労働時間は減少する，すなわち余暇時間が増加すると考えられる．このような現象がおこるのは，人々は賃金が上昇し所得がある程度まで上がると，その所得にある程度満足し，前より少ない労働時間で同じ所得を得ることができるので，その分を余暇にあてると考えられるからである．

図 1.27 賃金と労働供給

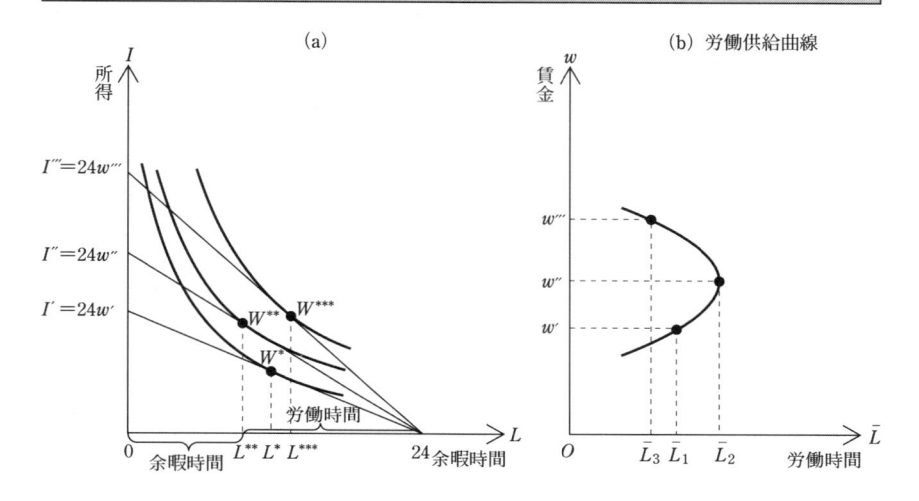

(a)

(b) 労働供給曲線

練習問題

問題1.1 無差別曲線の性質(1)から(3)（本書32ページ）がなぜみたされるかを示しなさい．

問題1.2 ある財の需要 x が，その財の価格 p，および所得 I に対して

$$x = \frac{2I}{p}$$

であるとき，この財の需要の所得弾力性を求めなさい．

問題1.3 すべての財に一律の消費税が課されたとき，それは実質的に所得税とどう違うか．簡単な計算例で確かめなさい．

問題1.4 需要曲線 $p = -\frac{1}{2}x + 30$（p：価格，x：需要量）が左側に10だけ平行にシフトしたとき，需要の価格弾力性が1になるのは x がいくらのときか．

問題1.5 豊作貧乏の現象を需要の価格弾力性を用いて説明しなさい．

参 考 文 献

石井安憲・西條辰義・塩澤修平（1995）『入門・ミクロ経済学』有斐閣.
伊藤元重（1993）『ミクロ経済学』日本評論社.
岩田規久男（1997）『ミクロ経済学入門』日本経済新聞社.
西村和雄（1995）『ミクロ経済学入門』岩波書店.
奥口孝二・酒井泰弘・市岡修・永谷裕昭（1989）『ミクロ経済学』有斐閣.

第2章 生産者の行動

2.1 はじめに

　消費者が自らの利益に反して行動したり，必ずしも合理的に行動しない可能性があるのと同様に，企業も利潤だけを目的とした行動をとらないことも考えられる．実際，観察される企業の行動はかなり複雑でそれらがどのように企業の利潤に結びついているのかにわかには判別しにくいケースがある．企業の複雑な組織はなぜ存在し，何を指針として活動しているかについての理論はまだ発展途上のものである[1]．しかしもし仮に企業が利潤を十分にあげていない場合，事業に必要な資金が不足するためにその企業は何らかの不都合に直面するだろう．企業は可能な限り多くの資金を得ようとする動機をもつ，と仮定することは競争市場における企業の行動を議論するうえで有益な出発点となるだろう．本章では以後，企業は利潤を最大化する主体である，と考える．

　2.2節では生産関数と費用関数の関わりについて基本的な分析枠組みを提示する．2.3節では複数の投入物がある場合を分析する．2.4節では短期と長期の費用曲線，という概念について説明する．以上では企業の費用構造にだけ焦点を当てている．しかし2.5節では一転して，企業の目標である利潤最大化を考えている．この節で利潤最大化の最も基本的な洞察が明らかになる．2.6節では企業が当該産業に参入するかどうか，の判断も含めた考察を行う．この節の分析は（短期ならびに長期の）供給曲線として具現する．

---

[1] 詳しくは，Milgrom and Roberts (1992) を参考にせよ．

2.2 生産と費用

2.2.1 生産関数

　企業は生産物（製品）を販売することによって収入を得る．収入は生産物の販売数量と生産物の価格を掛けることによって計算できる．また，企業は費用，すなわち財を市場に出すまでのすべての支出を支払わなくてはいけない．企業の利潤を収入と費用の差として定義する．この関係は次の式で表される．

$$利潤 = 収入 - 費用$$

企業の費用のなかには，労働費用，材料（原材料，中間財）費用，資本財（機械・建物）費用が含まれている．これらのものを企業の投入物あるいは生産要素とよぶ．労働費用とは，企業が雇用している労働者や，それを管理する経営者に対する支払いをいう[2]．材料には，その企業が他の企業から購入するあらゆる財が含まれる．たとえば自動車会社ならば，車体用薄型鉄板，エンジン，ラジエーター用のパイプなどを含む．あらゆる企業は，品質を低下させないかぎりは，利潤の定義によってできるだけ費用を削減しようとする．費用を最小とする方法は企業の最も重要な判断といってよい．この節では主に企業にかかる費用について述べていく．

　ある農家を考える．この農家は利潤最大化を最終的目標としてさまざまな手段をとるが，この節ではとりあえず労働時間だけが可変的だとする．つまりどれだけ働くか，だけがとりあえずの問題となっている状況を考える．表2.1が与えられているとする．これは労働時間と収穫量の関係を表す．

表2.1　ある農家のデータ

投入労働量	1	2	3	4	5
生産量	3	5.5	8	10	11

---

[2] 会社の社長も企業にとっては投入要素であることに注意せよ．基本的に株式会社は株主のものであることを考えると，このような考え方も自然だろう．

図2.1 収穫逓減な生産関数

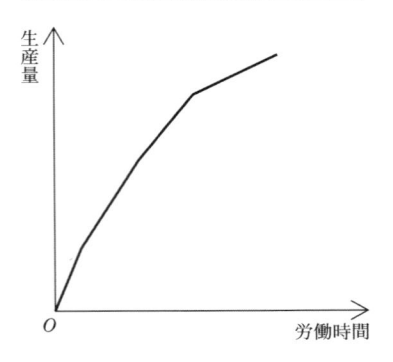

(生産量 vs 労働時間のグラフ)

　これをグラフ化すると図2.1のようになる．このグラフ，つまり横軸に投入要素量[3]をとり，縦軸に生産高をとるグラフを関数で表したものを生産関数という．生産関数のグラフをみてわかるように，投入労働量の増加につれて，生産量が増加するが，その増加の割合は投入労働量の増加につれて鈍っていく．すなわち，投入労働ゼロの段階から1時間だけ働いたとき，追加的に3単位の収穫が期待できる．しかし，次に1時間余計に働くときには追加的に2.5単位しか収穫の増加は期待できない．労働時間4時間の段階からあと1時間追加的に働くことによる収穫増加は1単位にすぎない．以上の観察は生産関数のグラフの形が徐々になだらかになっている，ということとまったく同じである．生産関数のグラフの傾きがだんだん小さくなっていく，と数学的に表現してもまったく同じである．このような性質のことを収穫逓減（decreasing returns to scale）と呼ぶ[4]．また，ここの説明で使った『あと1時間だけ余計に』とか『追加的に3単位の収穫が』という言い回しは経済学でよく使われる語法に従って『限界的に労働時間を1増やすと』とか『投入量ゼロから計測した限界生産力は3だ』という表現をする．つまり限界的（marginal）に，というと何か

---

[3] いまの場合は労働だけだが，投入要素が2つの場合は2つの横軸を考えることもできる．
[4] 生産関数が収穫逓減であることの定義は本来『複数の要素投入物を同時にある比率で増やしたとき，生産量がその比率以下の割合でしか増えない生産関数』というものである．この場合の定義の仕方は，したがって，本来の定義のややルーズな適用だ，と考えておいてよい．収穫逓増，収穫一定についても同様である．

第 2 章　生産者の行動

図 2.2　収穫逓増な生産関数

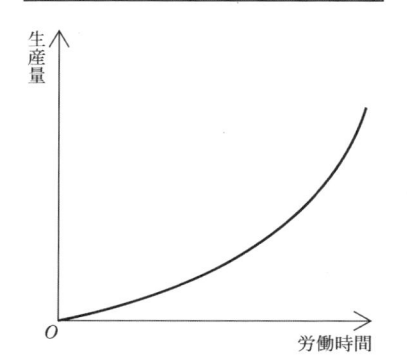

図 2.3　収穫一定な生産関数

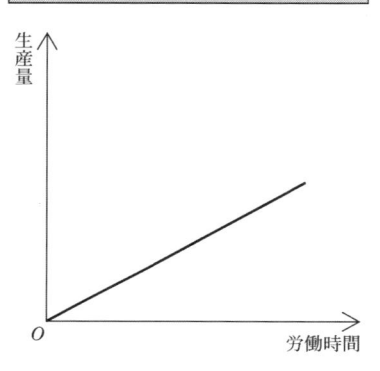

を 1 単位増やすことをいう[5]．限界生産力（marginal productivity）とは生産関数において限界的に投入要素を増やしたとき，期待できる増産の量である．この語法に従うと，収穫逓減という性質は『限界生産力がだんだん逓減していく（低下していく）性質』，だと言い換えられる．

以上では，収穫逓減な生産関数について議論してきた．しかし，それ以外の性質を示す生産関数もある．限界生産力が逓増する（だんだん増える）生産関数は収穫逓増（increasing returns to scale）な性質をもつ，という．限界生産力が一定な生産関数は収穫一定（constant returns to scale）な性質をもつ，という．図2.2や，図2.3がそれらの生産関数を示している．

収穫逓増な生産関数では少ない生産量よりも生産量が多くなるときの方が限界生産力が大きくなっていることがわかる．たとえばゴミの回収を考える．このゴミ回収業者の契約者が 2 軒に 1 軒であるときの費用と 4 軒に 1 軒であるときの費用を比べてみる．2 軒に 1 軒になった場合，たくさん巡回するので費用は増加はするが，ゴミ回収のコースを短縮できたり効率よく集められるので生産量が 2 倍（2 倍の家庭のゴミを回収する）になっても，必要労働力は 2 倍以下であろう．これは収穫逓増の良い例である．収穫一定の生産関数の形状は直線となる．投入量が 2 倍になれば生産量も 2 倍になるようなケースを意味する．経済学でよく考察されるケースとして生産量が低い場合には収穫逓増が働くが

---

[5]　微分・積分についてすでに学んだ人にはこの説明が厳密ではないことがわかると思う．しかしここでは簡単化のためこのように説明しておく．

図 2.4　しばしば扱われる生産関数

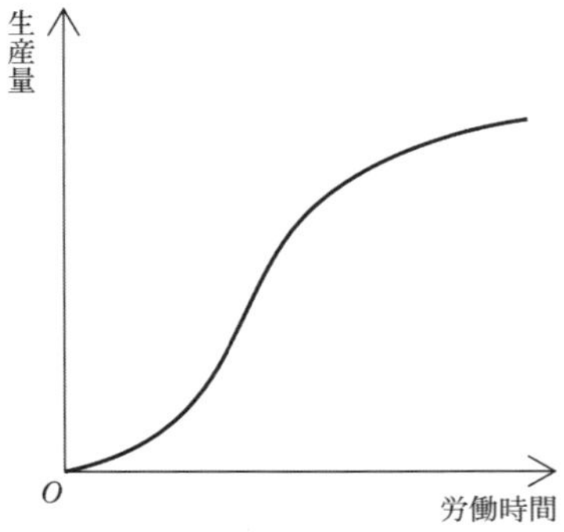

ある程度生産量が増えてくれば逆に収穫逓減が働くような生産関数がある．これは図2.4で表されている．

企業の生産には土地や工場・機械などが必要である．これらは生産量とは無関係である．たとえば工場を1日5時間だけ稼働させようが12時間稼働させようが，工場の敷地・設備といった要素は必ず一定量だけ生産に必要である．これらのような投入要素のことを固定投入物とよぶ．これに対して，工場で働く労働者は5時間労働のときよりも12時間労働のときの方が多い必要がある．生産に必要な部品や設備にさす潤滑油なども12時間稼働のときの方がたくさん必要だろう．これらの投入要素のことを可変投入物とよぶ．労働力でありながらも固定投入要素であるものとして，会社の社長があげられる．5時間労働であろうが12時間労働であろうがつねに1人の社長が必要なことからこれは納得できる．

2.2.2　短期総費用関数

この項では企業が生産に必要とする費用について基本的な説明をする．すでに固定投入物については説明した．その固定投入物に対する支払いのことを固定費用（fixed cost）という．固定費用と対になる概念は可変費用（variable cost）であり，これは可変投入物（2.2.1項での例では，労働投入）に対する支払いのことである．この定義により，可変費用は生産量によって増減する．

図 2.5　表2.1における可変費用曲線

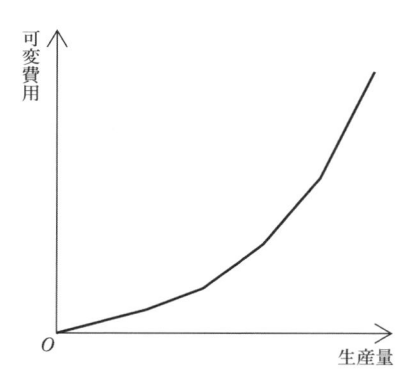

たとえば，表2.1において，労働1時間当たりの給料を1000円とする．すると生産量が3のときの可変費用は必要労働投入が1なので，1000×1＝1000円である．仮にこの農家が，農具として5万円の初期費用を必要とする，と考える．するとこの農家の可変費用曲線は図2.5のようになる．

このグラフは横軸に生産量，縦軸に費用がとられていることに注意しよう．また，

$$総費用＝固定費用＋可変費用$$

であることに注意すると，横軸に生産量，縦軸に総費用をとった総費用曲線（Total Cost Curve）を描くことができる．表2.1における総費用曲線のグラフの形状は読者の練習問題としておく（練習問題2.2）．可変要素が1つの場合には，生産関数から図形的に総費用関数を導くことができる．その手順は以下のとおりである．

　（手順1）生産関数を横軸に生産量，縦軸に投入量として描きなおす．
　（手順2）そのグラフを縦軸方向に（投入要素価格）倍だけ拡大する．
　（手順3）そのグラフを縦軸方向に固定費用分だけ平行移動させる．

この手順1は，数学的には生産関数の逆関数を描く，ということである．手順2で出てくる投入要素価格とは，投入要素の価格のことである．投入要素が労働の場合には，したがってこれは賃金になる．上で考察した例では時給は1000

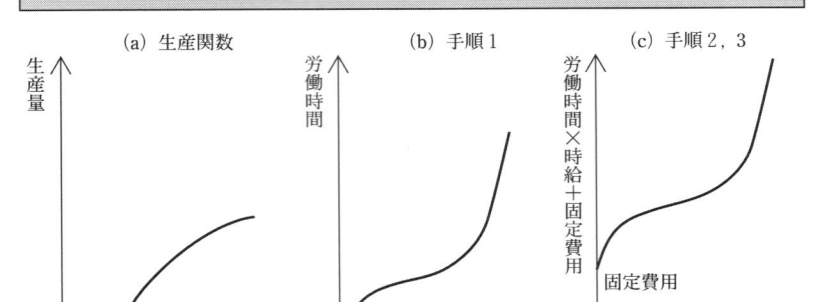

図 2.6　生産関数から総費用関数へ

(a) 生産関数／縦軸:生産量、横軸:労働時間

(b) 手順1／縦軸:労働時間、横軸:生産量

(c) 手順2, 3／縦軸:労働時間×時給＋固定費用、横軸:生産量（切片に「固定費用」）

円であったのでこれは縦軸方向に1000倍する，という意味である．手順3は，総費用には固定費用が含まれていることを意味する．具体的に図2.4に対応する総費用曲線の形状を調べてみる．

図2.6(c)に描かれているのが総費用曲線である[6]．この総費用曲線は生産量がゼロのときでも切片の高さだけの費用が発生する．定義により，この切片の高さが固定費用にあたる．この総費用曲線は生産量がある程度の水準までは上昇の仕方が低く，その水準をこえると急激に費用がかかってくる，という形になっている．これはもともとの生産関数のところで検討したように，生産高が少ないときには収穫逓増が働くので生産費用が生産量が増えるほどには増加していかない，ということに対応している．

2.2.3　限界費用と平均費用

限界，という言葉の用法についてはすでに一度触れておいた．限界生産力とは，ある投入要素を1単位だけ増やしたときにどれだけ生産量が増えるか，という値のことだった．このことをもう少し図形的に言い換えると限界生産力とは生産関数の傾きのことである[7]．つまり，限界，という言葉は図形的には，

---

6) ここでの手順を参考にして，練習問題2.3, 2.4に挑戦してみよ．
7) 少し復習しておくと，限界生産力が増加していくとき，その生産関数は収穫逓増で，限界生産力が逓減していくとき，その生産関数は収穫逓減であった．したがって収穫逓増な生産関数は傾きがどんどんきつくなっていくグラフで表せ，収穫逓減な生産関数は傾きがどんどん緩やかになっていくグラフで表せる．

その曲線の（その点での）傾きに対応している．さらに厳密に表現すれば，ある曲線の傾き，とはその点での接線の傾きのことである．したがって限界，という経済学的な言葉は図形的には曲線のその点での接線の傾きを意味する．これに対して平均という概念がある．これは図形的には曲線の原点からの傾き，に対応する．話を総費用曲線に戻す．総費用曲線においても限界概念と平均概念を考えることができ，それぞれを限界費用（marginal cost）と平均費用（average cost）とよぶ．限界費用は総費用曲線の傾きである．収穫一定でもないかぎり総費用曲線は刻々変化しているので限界費用も生産量に応じて変化し続ける，ということになる．平均費用は原点から計測したある（総費用曲線上の）点の傾きである．これは数学的には

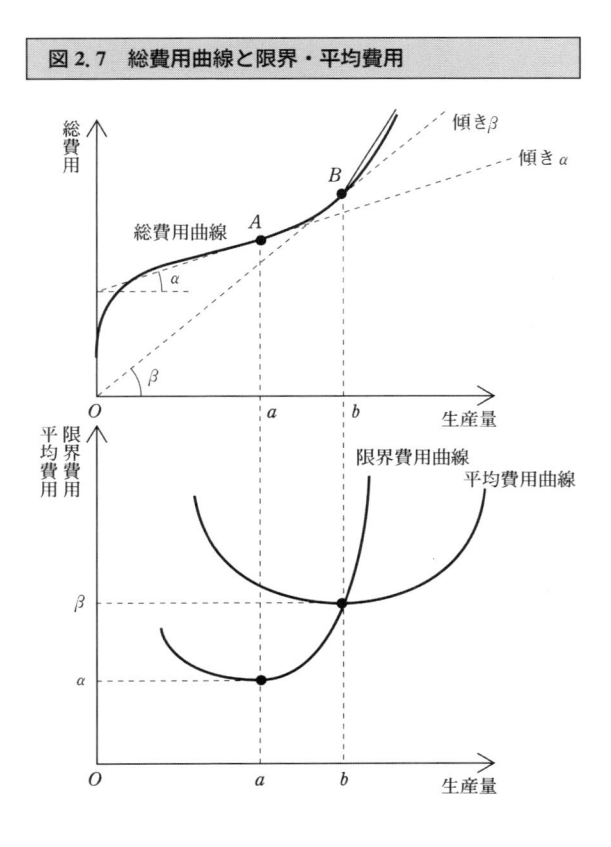

図 2.7　総費用曲線と限界・平均費用

$$\text{総費用} \div \text{生産量} = \text{平均費用}$$

で表せる．図2.7には，典型的な総費用関数のもとでの限界費用曲線と平均費用曲線を図的に導出している．

上の図にある総費用曲線の傾きをプロットしていったのが下の図の限界費用曲線である．傾きとは接線の傾きであるので本来ならば無数に接線をひっぱってその傾きを計測する必要があるかもしれないが，美観のためここでは特徴的な2本だけ接線を引いている．点Aでは接線の傾きが最小になっている．したがって限界費用は点Aに対応する生産量aにおいて最小値をとる．下のグラフでは確かにそのような形の限界費用曲線が描かれている．点Bでは接線の傾きが原点からの傾きに一致している．原点から測った総費用曲線の傾きのことを平均費用とよんだ．したがって点Bでは限界費用と平均費用が一致することになる．それだけではなく，点Bでは平均費用は最小値をとっている．なぜならば原点を通る直線でこれより小さい傾きをもつものは総費用曲線と交わらないからである．したがって，下のグラフの点Bに対応する生産量bにおいて平均費用曲線は最小値をとっている．なおかつその生産量で限界費用曲線と平均費用曲線が交わる．点Aの方が点Bよりも左にくることは容易に確かめられる．

もう少しこのグラフの経済学的な意味について考察していく．図に示されるように限界費用曲線は十分大きな生産量については右上がりになる．これは，生産量が多くなればなるほど，さらに追加的に生産を増やすことがますます難しくなるということを表している．すなわちこれは，経済学でなじみが深い限界生産力逓減の法則の一例である．また，点Bで平均費用が最小になっている．このことは経済学的に考えると2つの効果に分解することができる．まず，練習問題2.3，2.4にみられるように，もし仮に生産関数が収穫逓増だったり収穫一定である場合，平均費用は生産量が増加すると一定か，少なくとも減少する（確かめてみよ）．これらの場合，もし固定費用が存在すれば必ず平均費用は減少する．平均費用は総費用を生産量で割り算したものだからたくさん作れば作るほど固定費用の負担が生産量1単位当たりでは軽くなっていく．これがまず第1の効果である．ではなぜ収穫逓減な生産関数において平均費用はU字型のものになるのだろうか．それは収穫逓減の法則が働くので生産量が増えれ

ば増えるほど生産効率が落ち，その結果大量に費用をかける必要があるからである．これが第2の効果である．まとめると図2.4のような典型的な生産関数の平均費用曲線は大量生産による固定費用の軽減効果と収穫逓減の法則による費用増大効果の2つの効果に影響されて結果的にU字型になる．一般には，平均費用曲線はU字型になるが，他の型になることもある．すでに述べたように，生産関数は，収穫逓増になることも収穫一定になることもあり，それらの場合には平均費用は単調に減少する可能性がある．

　収穫逓増の場合には，生産量は投入量が増加する以上の割合で増加するので総費用は生産量が増加するよりもゆっくりと増加し，その結果平均費用曲線，限界費用曲線はともに右下がりになる（図2.8）．収穫一定の場合，限界費用は

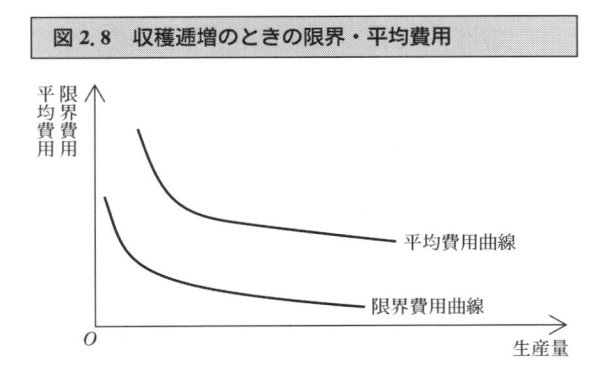

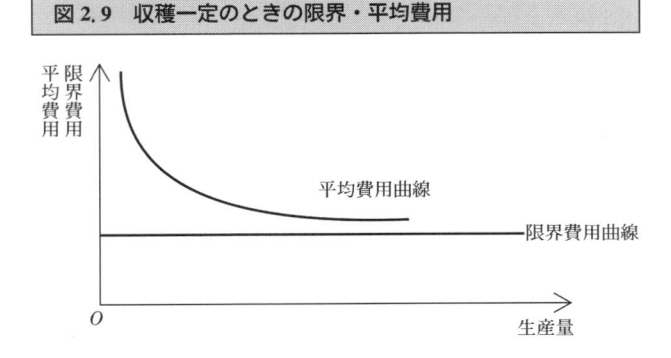

図2.8 収穫逓増のときの限界・平均費用

図2.9 収穫一定のときの限界・平均費用

一定である．これは，収穫一定なので投入量が2倍になると生産量も2倍になるからである．平均費用曲線は増産すればするほど固定費用の負担が軽くなるので右下がりになる（図2.9）．他に用いられる費用の概念として平均可変費用（average variable cost）というものがある．これは次の式で定義される．

$$可変費用 \div 生産量 = 平均可変費用$$

この定義の分子である可変費用は総費用から固定費用を引き算したものであった．したがって平均可変費用は必ず平均費用よりも少ない値をとる．平均可変費用は図的に考えると総費用曲線の切片と総費用曲線上の点を結んだ直線の傾きである．これは平均可変費用が固定費用を除外した概念であることからわかる．図2.10では，典型的な総費用関数での平均可変費用の導出をしている．

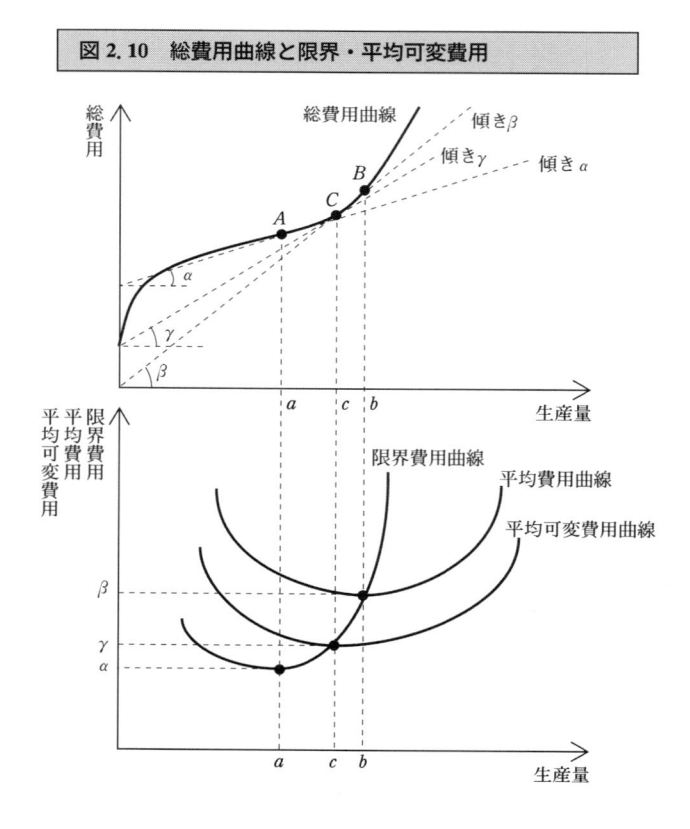

図2.10　総費用曲線と限界・平均可変費用

縦軸の切片から測った総費用の傾きは点 C で最小になるので平均可変費用は生産量 c において谷底となるU字型となる．また，点 C では総費用の傾きと切片から測った傾きが一致する．つまり生産量 c では限界費用と平均可変費用が一致する．

2.3 複数の投入物

2.3.1 等量曲線と技術的限界代替率

ここまでは生産において投入要素がただ1つだけのケースを考えてきた．総費用・限界費用などは生産量の関数と考えられるが，生産量はこの場合はただ1つの投入要素の関数である．したがって総費用・限界費用などはたった1つの投入要素（たとえば労働）のみを増減することで容易にコントロールできる．しかし投入要素が2つ以上ある場合，ある生産量を実現するのに方法は1つだけではない．複数の投入量の組み合わせを調整することで同じ生産量をさまざまな組み合わせで実行できる．ある一定の生産量を実現するための投入物の組み合わせを図示したものを等産出量曲線あるいは等量曲線とよぶ．たとえば機械部品を作るとき，企業が2つの投入要素を使用できる場合を考える．それは機械設備（資本）と労働である．この企業が鉱山の会社で生産量がその鉱山からとれる鉱物資源の量，投入物はさまざまな機械設備と労働力だと考える．もしたくさん機械設備を使えば労働力はかなり節約できるだろう．しかし機械設

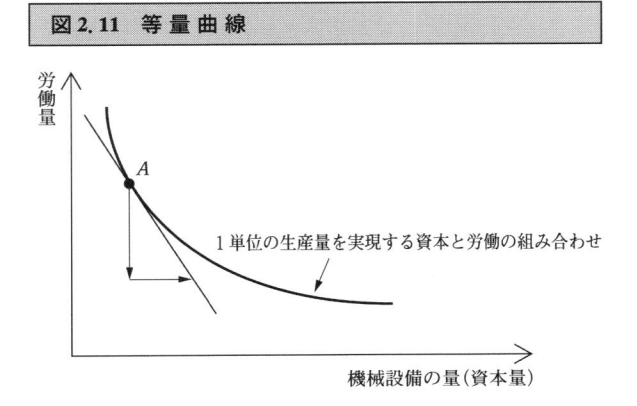

図 2.11 等量曲線

図 2.12　生産関数と等量曲線

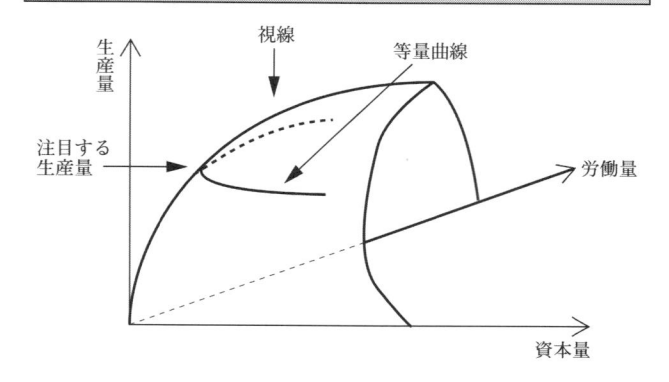

備を極端に減らせば数百年前からの古典的方法，つまり人力に頼った採掘になるだろう．この鉱山会社の場合，同じ1単位の生産量を得るのに複数の手段がある．機械設備をたくさんにして労働力を少なく雇うか，あるいは機械設備を少ししか使用せず労働力に頼るか，である．もちろんこれらの選択の幅は連続的に無数に存在する．このようにある水準の生産量を達成する投入要素の組み合わせを等量曲線とよぶ．これを図2.11で示す．

等量曲線は生産関数をある水準の生産量の高さで水平に切り取った『等高線』として理解できる．これは図2.12で示されている．

したがって等量曲線はどの水準の生産量に注目するかによって無数に引くことが可能である．そして図2.12をみればわかるように複数の等量曲線がある場合，右上にある方が高い生産高に対応している．ここでの議論は消費の理論における効用曲面と無差別曲線の議論とまったく同様である．図2.12には典型的な効用曲線と似た形の生産関数が描かれている．無差別曲線と等量曲線が似た形状になることに注意せよ[8]．消費者の理論では限界代替率を，効用水準を低下させないようにある財を減らすには他の財をどれだけ増やせばよいかというトレードオフを表すものとして導入した．この概念は，企業がどのような技術を選択するかを分析するうえでも役に立つ．企業が，最終的な産出量の水準は

---

8) 限界効用と限界生産力の概念も対になる．限界効用逓減の法則は限界生産力逓減の法則に対応する．消費者理論と異なり，生産理論では限界生産力が逓減するとは限らないケースも考えられる．これが収穫逓増・収穫一定の生産関数である．

同一のものになるように，ある投入物を1単位減らして他の投入物を増やすときに，その追加的に必要とされる投入量を技術的限界代替率（marginal rate of technical substitutes）という．

たとえば図2.11の点 A において，企業が，使用している資本量を機械1台分減らすが，労働者を2人多く雇うことによって，同じ生産量を実現できるならば，2人の労働者が機械1台の代わりをしたということになる[9]．この場合の労働者と機械の技術的限界代替率は，$\frac{2}{1}$ である．図から明らかなように技術的限界代替率は等量曲線上の点 A における傾きになる．この傾きは，同一水準の生産量を実現するとして，1単位の資本の減少を補うためには，どれだけ労働を増加させる必要があるか（同じことだが1単位の資本の増加を相殺するにはどれだけの労働の減少が必要か）を示している．等量曲線の傾きすなわち技術的限界代替率は，等量曲線上の労働量や資本量の大きさによって変化することに注意せよ．これは図において技術的限界代替率をある点における等量曲線の傾きと定義したことからも明らかである．どの点で傾きを計測するかで技術的限界代替率は異なってくる．

もう少しその意味を考えてみる．たとえばどんどん利用する機械の量（資本量）を少なくしていくとする．資本が少なくなっても労働で代替することができるが，資本が少なくなればなるほどその代替は難しくなっていくだろう．常識的に考えて機械をまったく使わない生産というのはきわめて困難だからである．これは技術的限界代替率が上昇する，ということを意味する．さらにこれは図において等量曲線の傾きが急になっていくということである．逆に，等量曲線を逆方向に進む場合，すなわち利用する機械の数を増やせば増やすほど，機械の1台を労働者に代えることは次第に容易になっていくはずである．これはどんな生産も完全に機械だけでは行われていないので機械が多すぎる場合には機械を人手に交換することは容易であることを意味する．機械が増加すればするほど，増加する労働者の数として計られる技術的限界代替率は逓減し，等量曲線の傾きはしだいに緩やかなものになるだろう．

消費において限界代替率逓減があったように，生産においても技術的限界代替率逓減の法則が働く．技術的限界代替率は，労働の限界生産力と資本の限界

---

[9] 労働者を2人減らして機械を1台増やした，と考えても同じことである．

生産力から計算することができる．労働者が1人増えることで機械部品の生産を1単位増加させることができるならば，この生産工程における追加的な労働者の限界生産力は1である．また，機械を1台追加することで，機械部品の生産を2単位増加させることができるならば，この生産工程における機械の限界生産力は2である．この例のように，労働者を2人追加し機械を1台減らしても生産量の水準が変化しない場合には，技術的限界代替率は$\frac{2}{1}$ということになる．つまり一般に，技術的限界代替率は限界生産物の比率に等しくなる．技術的限界代替率は有用な分析道具であるが，企業にとって，機械の代わりに労働者を増やすべきか，あるいは労働者の代わりに機械を増やすべきか，という問題については技術的限界代替率を計算することだけからは判断できないことに注意せよ．各企業は，投入量の組み合わせを決定するに際して，さまざまな投入要素価格も知る必要があるが，技術的限界代替率だけに注目してもそのような情報はわからないからである．

2.3.2 費用最小化

等費用曲線は，総費用が同じになるような複数の投入物の組み合わせをグラフにプロットした曲線である．この等費用曲線は，消費者理論における予算制約線と対になる概念である[10]．企業の選択できる投入要素が2つあり，それぞれの要素価格が固定されているとする．等費用曲線は直線になり，その傾きは相対価格となる．このことを示すために簡単な数式を使ってみる．企業の投入要素をX，Yとし，その量をそれぞれx，yとする．投入要素X財の価格をp_x，Y財の価格をp_yとする．総費用をCで表す．すると等費用曲線上のすべての点は以下の式を満たす．

$$xp_x + yp_y = C, \quad すなわち \quad y = -(p_x/p_y)x + C/p_y$$

したがって，等費用曲線は右下がりの直線であり，その傾きは2つの要素価格の比率に等しいことがわかる（縦軸にとった要素の要素価格で横軸にとった要素の要素価格を表したものに等しい）．たとえば，労働者の賃金が1日当たり8000円であるとすると，企業は雇用労働者を1人減らすことによって，機械を

---

10) 予算制約線上のすべての点は同じ額の総費用を消費者に要求する．

図2.13 等費用曲線と等量曲線

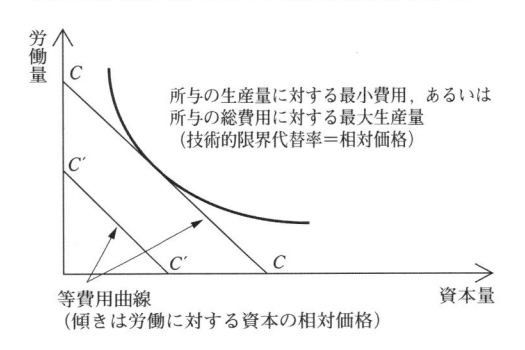

```
労働量
 ↑
 │C
 │
 │   所与の生産量に対する最小費用，あるいは
 │   所与の総費用に対する最大生産量
 │C′  （技術的限界代替率＝相対価格）
 │
 │       C′    C
 └──────────────→ 資本量
   等費用曲線
   （傾きは労働に対する資本の相対価格）
```

借りるための費用（1日当たり8000円）をねん出することができる．ここで機械を1日借りるために1万6千円必要ならば，労働投入量を2人分減らすことによって，機械をもう1台借りることができる．もちろんそれぞれの支出額に対応する等費用曲線が多数あり，左下に位置する等費用曲線は投入物への支出額が低い曲線であることを表している．すなわち，図2.13の直線 CC の費用の方が直線 $C'C'$ の費用よりも高くなる．

さきの数式の表示により，異なる総費用水準に対応する等費用曲線が互いに平行であるのは明らかである．等量曲線と等費用曲線によって，企業の費用最小化行動を説明することができる．企業はあらかじめ定められた（所与の）総費用に対して獲得できる生産量を最大にしようとするだろう．図的に言い換えると，企業は等費用曲線で示される無数の要素投入の組み合わせのうち，できるだけ高い位置にある等量曲線の生産を実現しようとするだろう．そうした方が生産量が大きいということは利潤も大きいだろうからである．等量曲線が図2.13のような形である場合，最も高い生産量に対応する等量曲線とは，等費用曲線と一点で接する曲線である．費用最小化の問題は次のように述べることもできる．すなわち目標とする生産量があり，そのための費用を最小化しようとしている企業を考えてみる．まず企業は（目標とする生産量に対応する）等量曲線を選ぶが，その等量曲線上の無数の点のなかでも，できるだけ低い位置にある等費用曲線上にある点をみつけようとするだろう．この場合にもまた，費用最小化を図る企業は，等費用曲線と等量曲線が接する点を選択する．この

図 2.14　要素価格の変動

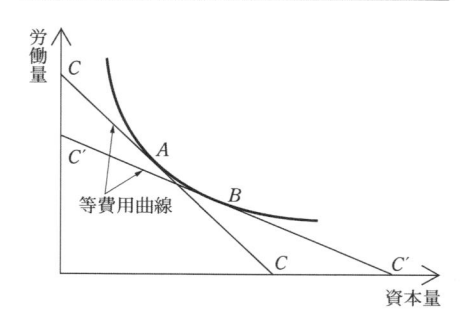

接点では，等費用曲線と等量曲線の 2 つの曲線の傾きは等しくなる．

　すでに述べたように，等量曲線の傾きは技術的限界代替率であり，等費用曲線の傾きは相対価格であるので，費用最小化を図る企業においては技術的限界代替率と相対価格は等しくなければいけない．等量曲線と等費用曲線の図を用いれば，相対価格の変化が投入物の最適な割合にどのような影響を及ぼすかを示すことができる．図 2.13 において，資本の要素価格が安くなったとする．直感的には資本が安くなるのだから企業は労働に向けられていた資金を資本に振り向けることでより効率的な生産を実現しようとするだろう．図 2.14 でいえば，等費用曲線の傾きはゆるくなり，CC から $C'C'$ へ変化する．したがって等費用曲線と等量曲線の接点も点 A から点 B に変化する．点 B では点 A より資本量が多く，労働量が少なく需要されている．これは，資本財の要素価格が労働の要素価格よりも比較的に安価になったことを反映している．

2.4　短期費用曲線と長期費用曲線

　ここまでは固定費用（あるいは固定投入物）は企業にとって変化させることができない，と考えてきた．しかしこの前提は長期的には不合理である．たとえば，短期的には工場の数が固定されていて，すべての工場の生産能力を超えるような注文が入ったときには 24 時間体制で稼働するような会社（これは労働者の残業代が増えたり設備維持費がかかること，つまり短期の限界費用の増大を意味する）を考える．もしこの企業が合理的ならば注文が恒常的に生産能力

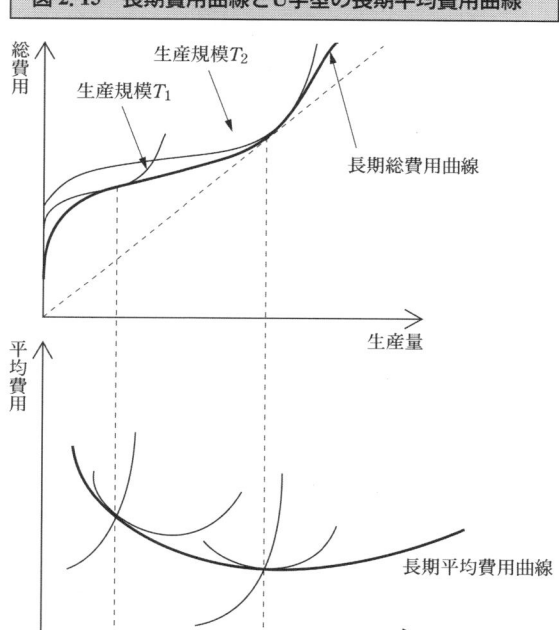

図 2.15　長期費用曲線とU字型の長期平均費用曲線

を超えている状況を適切な数の工場の増設で解決しようとするだろう．つまり長期的には（短期的には不可能だった）固定投入物の最適な選択が可能になる．どんな生産量を企業が目標とするにしても企業はその生産量に見合った最適な固定投入物の投入を選ぶだろう．つまりある目標生産量を固定して考えると，（異なる固定投入量に応じた）複数の短期総費用関数のなかで最も小さい値をもたらすような固定投入物の投入量が選ばれる．このことは図2.15で示される．生産規模が T_1 と T_2 の2つのケースの短期総費用曲線・短期平均費用曲線がそれぞれ描かれている．

　すべての生産量に対して，総費用を最小にするような生産規模が選ばれるのだから，図的には長期総費用曲線は短期総費用曲線の包絡線（最も下の点を集めてできた線）となっている．生産規模が連続的に選択できることを考えると当該の短期総費用曲線は長期総費用曲線と接する．たとえば a だけの生産を企業が目標にしたとき，生産規模は T_1 にするのが望ましい．T_1 に対応する短期

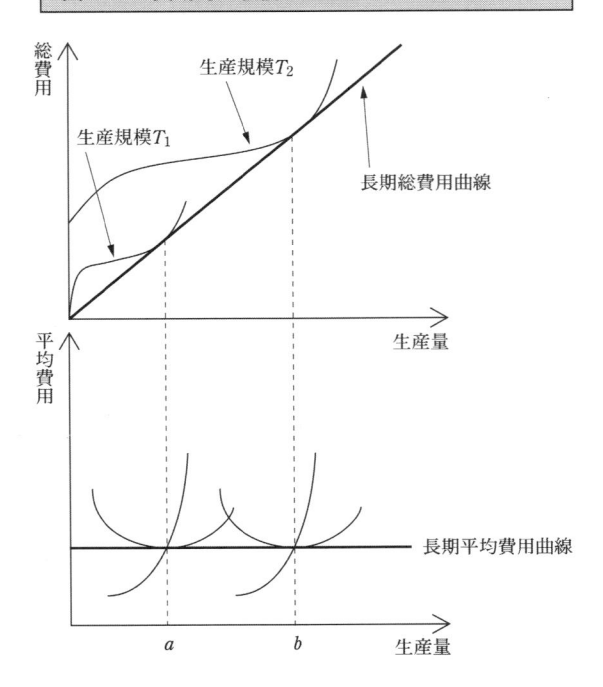

図2.16 長期的に収穫一定となるケース

総費用曲線は長期総費用曲線と生産量aで接する．このようにしてできた長期総費用曲線から長期の平均費用曲線を考えることができる．長期総費用曲線は原点を通ることから[11]，長期平均可変費用曲線と長期平均費用曲線は一致する．長期総費用曲線の原点からの傾きは生産量bで最小になるから長期平均費用曲線は生産量bを谷底とするU字型となる．生産規模T_2に対応する短期平均費用曲線と短期限界費用曲線，長期限界費用曲線と長期平均費用曲線は生産量bで交わる．しかもそこで短期の平均費用曲線の底と長期の平均費用曲線の底が接する．しかし一般に短期の平均費用曲線の底と長期の平均費用曲線の底は一致しない．生産量aに対応する長期平均費用曲線のaでの傾きとその生産量で最も望ましい生産設備であるT_1に対応する短期平均費用曲線のaでの傾きは

---

[11] 生産量ゼロを実現する最も望ましい生産規模はゼロであろう．固定費用がゼロであるような短期総費用曲線は生産量ゼロで総費用ゼロをとる．

一致する（接する）．しかしそれは短期平均費用曲線の底ではない．

ここではU字型の平均費用曲線をもつ短期総費用曲線が同じくU字型の長期平均費用曲線を生成するケースを取り上げた．実際には多くの経済学者が製造業では，規模に関する収穫一定が最もよくみられると主張している．それは企業は単に同じ工場をいくつも建設するだけで生産を拡大することができるからである．つまり長期的には工場の数だけが生産量に影響を与えると考えると4つの工場の企業の生産量は2つのそれの2倍となるだろう．これは短期的にはU字型の平均費用をもっていても長期平均費用は一定（したがって長期限界費用も同じ値をとる）となるケースがありうる，ということを意味する．実際，図2.16ではそのようなケースを図示している．

2.5 利潤最大化の基本条件

市場に参加する際に企業は固定費用をすでに負担してしまっている．したがって，いったん市場に参入した企業の意思決定は生産をもう1単位増やすか減らすか，という問題になる．そのためには企業は，もう1単位の生産を増やすことで受け取る限界収入（完全競争市場[12]においては財の価格に等しくなる）と，それを生産するための追加的費用である限界費用を比較しようとする．価格が限界費用を上回っているならば，企業は生産を増加することによって利潤を増やすことができる．逆に価格が限界費用よりも低いならば，減産により利潤が増加するので，企業はそうするはずである．最終的には，企業は，価格が限界費用に等しくなるまで生産量を調節するはずである．この分析が図2.17に描かれている．

利潤は収入から総費用を引いたものとして定義されていた．総費用は費用曲線で表されている．収入は市場価格pに生産量を掛けたものなので図では原点を通る傾きpの直線として表されている．これを収入曲線とよぶ．収入曲線が総費用曲線よりも上に位置するような生産量ではプラスの利潤が生じている．このプラスの利潤を最大にするような生産量を企業は選択する．図ではそのような生産量が示されている．この生産量においては総費用曲線の傾きと収入曲

---

[12] 企業が市場価格を所与のものとして自己の生産量を決定すること．

図 2.17　利潤最大化

収入曲線
（傾き＝価格 p）

利潤＝収入 − 総費用

総費用曲線
（傾き＝限界費用）

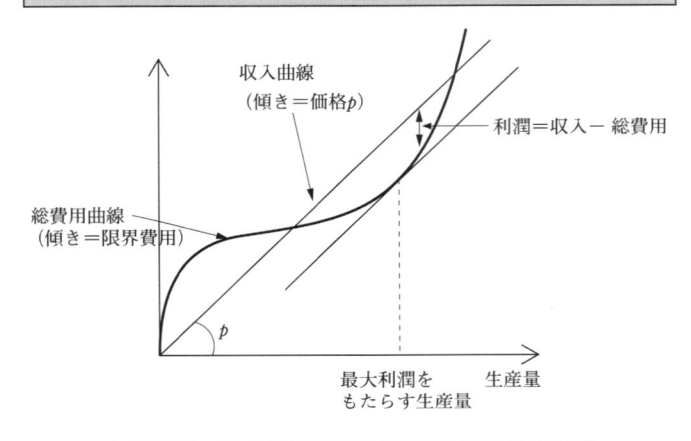

p

最大利潤を　　生産量
もたらす生産量

図 2.18　価格＝限界費用

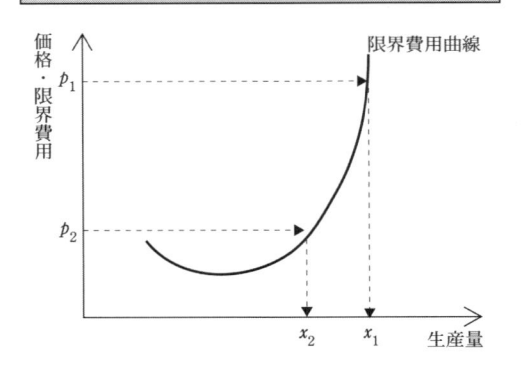

価格・限界費用

p_1

p_2

限界費用曲線

x_2　x_1　生産量

線の傾きが等しくなっている．いいかえれば，価格と限界費用が等しくなるような生産量を企業は選択する．このことは縦軸に価格と限界費用，横軸に生産量をとった図 2.18 を使えばわかりやすくみてとれる．

　限界費用と価格が等しくなるように生産量を選ぶ，ということはこの図から明らかだろう．もし与えられた価格が p_1 ならば最適生産量は限界費用が p_1 であるような x_1 となる．同様に p_2 が与えられている場合には最適生産量として x_2 を選ぶ．このように価格さえ与えられれば企業の最適な生産量は基本的には限界費用曲線と一致する．しかし，ここでの説明は実は不完全である．なぜ

ならば限界的に生産量を増減させるような状況しか考察していないので，たとえば固定費用が非常に大きいときにそもそも企業が生産を行うかどうか，という判断が抜け落ちているからである．したがってここでの分析はあくまでも利潤最大化の基本的条件であるといえる．どのような場合に企業は市場に参入して生産を行うか，という考察は次節で行う．

2.6　供給曲線

前節では利潤最大化の基本的条件を考察した．その結果，価格と限界費用が等しくなるような生産量を企業は選択するはずだ，ということがわかった．この節では，どのようなときに企業は市場に参入・退出するのか，ということを考える．なぜなら価格と限界費用が等しくなるような生産決定というのは市場で操業することが前提となっているからである．場合によっては操業しない（市場参入しない，あるいは市場から退出する）ことが利潤最大化をもたらすことがある．

2.6.1　固定費用・サンクコストと参入・退出

いままで，固定費用は固定投入物にかかる費用のことだ，とのみ説明してきた．しかし固定費用がサンクコスト（sunk cost）であるかそうでないかの区別は企業の参入・退出を考察する際，非常に重要である．サンクコストは埋没費用とも訳されることがある．それは企業が市場から退出する際に転売して回収できないような費用のことをいう．たとえばある土地を取得して営業する場合，市場から撤退するときにはその土地は転売することができる．このように，土地・自動車・高価な機械設備などは一般に転売可能なのでサンクコストではない．もちろん，第1期に市場に参入するときにはその土地を購入できるだけの販売利益が必要になる．したがって第2期の転売によって初めて固定費用が回収されるとも限らない．これに対してサンクコストとはたとえば看板や，コマーシャル制作費など，転売不可能な財・サービスへの出費をさす．

具体的に参入・退出を単純な2期モデルを使って考えてみる．ある企業が第1期に市場に参入しようかどうか考えるとする．参入した場合の予想収入は2000万円である．この企業は現段階では準備金がゼロですべての出費を収入か

らまかなうとする．操業後の固定費用として屋根付きバイクと特殊工作機具の費用900万円が必要だとする．これらの設備はその特殊な性格からほぼ同額で転売可能だとする．また人件費は900万円かかるとする．以上が第1期に見込まれる損益である．この場合総収入が総費用（固定費用＋可変費用）を上回るのでこの企業は市場に参入するだろう．総収入が総費用を上回る，ということは（どのような生産量を企業が選択するにせよ）価格が平均費用を上回っている，ということを意味する[13]．

さて，第1期に発生し得た黒字200万円はすべて出資者に配当されつくしたと仮定する．次に第2期の操業について考える．需要変動により総収入が1200万円に落ち込んだとする．また，固定費用として広告費用が700万円必要だとする．すでに述べたようにこれはサンクコストである．また，人件費は600万円だとする．第2期には総費用が総収入を上回っているので企業は赤字となる．別の言い方をすると価格が平均費用を下回るときには企業は赤字である．しかしこの企業がもし退出することを選んでしまったらどのような事態が生じるだろうか．人件費は最優先で払うとして，広告費用700万円のうち100万円が払い切れなくなってしまうだろう．広告費用はサンクコストなので転売できないから企業の退出判断は誤りである．したがって企業は赤字であるにもかかわらず操業を続ける．

しかし，仮に固定費用が広告費といったサンクコストではなくてより高級な品質を保証する特殊設備だとする．このような出費が700万円あった場合，企業は今度は安全に退出できる．なぜならば特殊設備700万円を同額で転売することができるからである．まとめると，もし固定費用がすべてサンクコストである場合，総収入が総可変費用を上回っているかぎりは企業は操業を続ける．別の表現をすると価格が平均可変費用を上回っているかぎり企業は退出しない．

2.6.2 企業の供給曲線

以上の議論を参考にするとようやく企業の供給曲線が描ける．図2.19をみよ．企業が退出するとき，あるいは参入しないときは供給量ゼロで表現されて

---

13) 総費用と総収入をそれぞれ生産量で割ってみよ．

いる．企業が操業するときには供給量は限界費用と価格が等しくなるよう調整される．左側は参入前の判断での供給曲線である．平均費用よりも価格が低いときには企業は参入しない．平均費用よりも価格が低いときには企業は赤字である．したがって供給曲線は価格 p_{AC} で不連続になる．右側は参入後の供給曲線である．平均可変費用以下の価格のとき，企業は操業を停止する．したがって供給曲線は価格 p_{AVC} で不連続になる．企業の収益が赤字か黒字かを分けるような価格を損益分岐点といい，企業が産業から退出（非参入）するような価

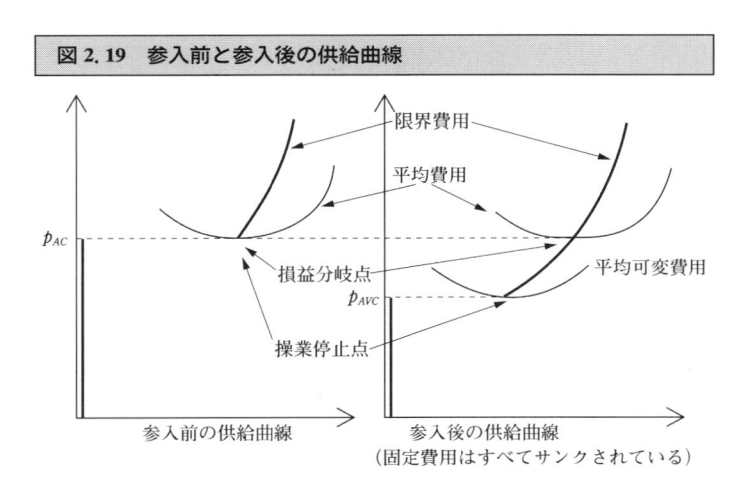

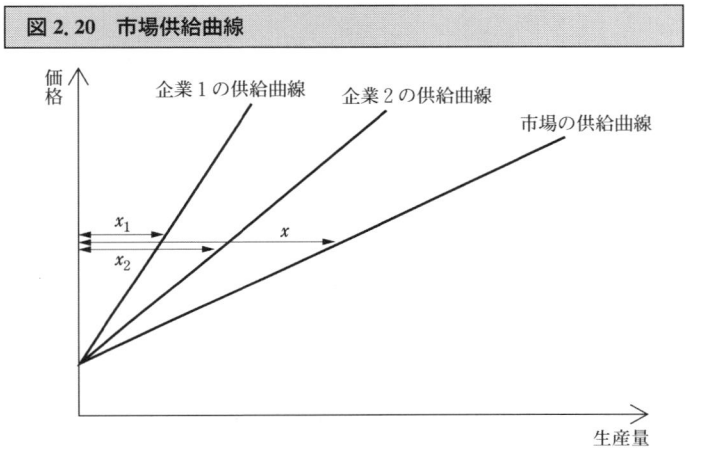

図 2.19　参入前と参入後の供給曲線

図 2.20　市場供給曲線

格を操業停止点とよぶ．参入前の判断では損益分岐点と操業停止点は一致する．参入後の供給曲線では損益分岐点と操業停止点は図に示すようにそれぞれ平均費用と平均可変費用の谷底となる．

　以上で企業の供給関数を考察してきた．市場の供給関数は企業の供給関数を集計したものとなる．たとえば図2.20をみよ．企業1の供給関数と企業2の供給関数が集計されて市場供給関数が生成される．したがって図の上では$x_1+x_2=x$が成立している．

練習問題

問題2.1 表2.1について，以下のカッコに正しい数値を埋めなさい．
投入労働が2の段階からの限界生産力は（　）であり，投入労働が4の段階からの限界生産力は（　）である．

問題2.2 表2.1において，時給が1000円で，必要な農具の費用が5万円であるとする．この農家の総費用曲線を描きなさい．

問題2.3 図2.2における総費用曲線の形状を描きなさい．ただし，要素価格は適当な値とし，固定費用が存在するものとする．

問題2.4 図2.3における総費用曲線の形状を描きなさい．ただし，要素価格は適当な値とし，固定費用が存在するものとする．

問題2.5 固定費用がサンクコストをまったく含まないとする．企業がすでに操業しているときの供給曲線を描きなさい．

参考文献

細江守紀・大住圭介（1992）『ミクロ・エコノミックス』有斐閣．

Mas-Collel, A., Whinston, M. and J. Green (1995) *Microeconomic Theory*, Oxford University Press.

Milgrom, P. and J. Roberts (1992) *Economics, Organization and Management*, Englewood Cliffs, NJ: Prentice Hall（奥野正寛・伊藤秀史・今井晴雄・西村理・八木甫訳（1997）『組織の経済学』NTT出版）．

奥野正寛・鈴村興太郎（1985）『ミクロ経済学1』岩波書店．

第3章 市場均衡と効率性

3.1 はじめに

第1章，第2章では，消費者（家計）と生産者（企業）という2つの経済主体の合理的行動から，財・サービスの需要曲線と供給曲線が導出されることを説明した．

財の需要と供給は，市場において成立する価格に依存しているから，市場における財の需要と供給は市場価格に依存する．ある価格のもとで需要が供給を上回るとその価格では財が不足することになり，すべての需要者の需要をみたすことはできない．そのとき，需要者はより高い価格でも財を手に入れようとするので，価格は引き上げられることになる．逆に，供給が需要を上回ると財が過剰になり，売ることのできない供給者によって価格は引き下げられることになる．市場における価格の調整は需要と供給とが一致するまで続き，最終的には，需要と供給が等しい状態である均衡が市場において実現して財の価格が決定される．

市場に参加している経済主体が多数の場合には，個々の経済主体は価格を自ら決定することはできない．そのとき，財の価格は市場の需給によって決定されるが，このような状況の市場を完全競争市場という．

本章では，各経済主体が市場価格を所与として行動する完全競争市場のもつ機能と評価について市場均衡と効率性という概念を中心に説明していく．

まず，3.2節では，部分均衡分析における与件の変化の市場均衡への影響と均衡の回復への調整過程について解説し，その後，一般均衡分析について言及する．3.3節では，市場均衡の効率性について余剰やパレート最適の概念を導入して考察する．そして，3.4節では，余剰分析を具体例を用いて行う．

3.2 市場の均衡と調整

3.2.1 完全競争市場

この節では，まず，完全競争市場の定義と市場均衡について考察し，部分均衡分析において与件の変化がどのように市場均衡の変化を引き起こすかをみる．そのあと，与件の変化があった場合に市場の調整によって市場均衡が再び回復されるか否かの均衡の安定性について検討する．そして，最後に一般均衡分析について説明する．

前章までで考察してきた消費者行動，生産者行動の理論では，暗黙の前提として完全競争市場が想定されていた．完全競争市場は次の4つの条件をみたしている．

(1) 財の同質性：この市場で取引される財・サービスは完全に同質である．
(2) 多数の需要者・供給者：市場に需要者・供給者が多数存在しており，その需給量は市場全体の取引量に比べて無視できるほど小さい．
(3) 情報の完全性：市場参加者（需要者・供給者）全員が，市場で取引される財の品質，価格に関する知識を完全に有している．
(4) 参入退出の自由：長期的には，市場参加者の市場への参入・退出は自由である．

条件(1)，(2)から，買い手や売り手は市場価格に対して何らの影響力ももたず，市場で決定される価格を所与としてそれぞれが最も望ましい行動をとることになるだろう．このため，消費者行動，生産者行動の理論では，消費者と生産者は，価格受容者すなわちプライステイカー（price taker）として行動しているものとみなす．条件(3)は，市場への参加者すべてが同等の条件で取引を行うことを保証している．また，長期の生産活動である産業への参入や退出が自由であったのは条件(4)がみたされていたからである．もちろん，現実の財・サービス市場でこの4条件を完全にみたす市場はないだろう．しかし，これに近い条件をみたす市場は多くみられる．そこで，4条件が成立する極端なケースについての結論を導き，現実の市場ではこれに近い結論が成立すると予想する方法を経済学ではとっている．

さて，ある財の市場を考察する．この市場で取引される財の需要量と供給量

は各々この財に対する消費者の個別需要量と生産者の個別供給量を集計したものである．これらの総需要量，総供給量を市場需要量，市場供給量とよび，市場需要量 D と価格 p の関係を表す曲線 $D(p)$ を市場需要曲線，市場供給量 S と価格 p の関係を表す曲線 $S(p)$ を市場供給曲線とよぶ．市場需要曲線 DD と市場供給曲線 SS を同一座標平面上に描くと図3.1のようなグラフになる．価格 p_1 では，$S_1 > D_1$，すなわち供給が需要を上回り，$S_1 - D_1$ の売れ残りが生じる．この $S_1 - D_1$ を超過供給（excess supply）とよぶ．この場合，売り手の側に希望する量を販売できない者が出てきて財を確実に売りさばこうとして売り手間に競争が起こり，価格を下落させる．一方，価格 p_2 では，$D_2 > S_2$，すなわち需要が供給を上回り，$D_2 - S_2$ の品不足が生じる．この $D_2 - S_2$ を超過需要（excess demand）とよぶ．この場合，買い手の側には希望する量を購入できなくなる人がでてきて財を確実に手に入れようとして買い手間で競争が起こり，価格を上昇させる．このように，需要と供給が一致しない価格では，必ず調整が生じる．これに対して，価格 p^* は，需要曲線と供給曲線が交わるときの価格で，需要と供給が S^* で一致している．すなわち，

$$D^* = D(p^*) = S(p^*) = S^* \tag{3.1}$$

が成り立っている．この需要曲線と供給曲線の交点 E を市場均衡点とよび，市場均衡点 E に対する価格を均衡価格（equilibrium price），数量を均衡数量と

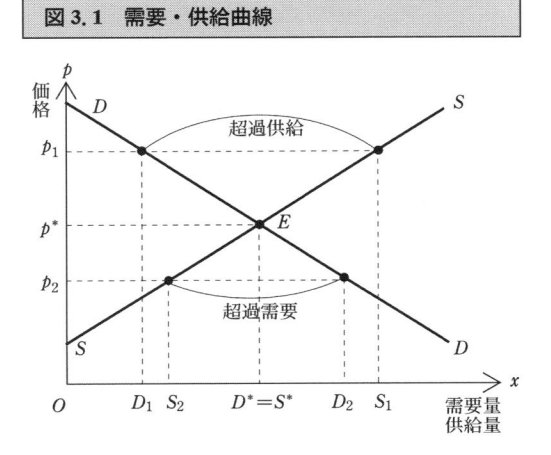

図 3.1　需要・供給曲線

よぶ．

3.2.2 部分均衡分析

均衡分析には，部分均衡分析（partial equilibrium analysis）と一般均衡分析（general equilibrium analysis）とがある．前者は個別市場の均衡を分析し，考察対象となっている財以外の価格を一定と仮定して当該市場の均衡価格水準の決定のみを論ずるものである．後者は，すべての市場の同時的均衡を分析し，その経済に存在するすべての財の価格が可変的であると想定して，個々の市場の調整過程の相互依存を仮定し，全市場の均衡価格水準の決定を論ずるものである．ここでは，まず，部分均衡分析について説明する．

部分均衡分析では，他の財の価格や生産量等の変数を一定とし，その財の市場を扱うのにその財の価格と量だけを変数として他の変数への影響や他の変数からの影響をすべて捨象する．これが，「他の事情が一定ならば」（ceteris paribus）という仮定である．部分均衡分析を用いると一般均衡分析に比べて操作が簡単になり，明快な結論を導くことが可能になる．部分均衡分析の場合，市場均衡は，ある特定市場での需要と供給が一致する状態を明らかにすることである．これは，需要曲線と供給曲線の交点の価格と数量を求めることであるが，図3.2のように2つの曲線の交点がなく，つねに需要が供給を上回っている場合がある．この場合には，市場均衡が存在しないことになるので，均衡分析を

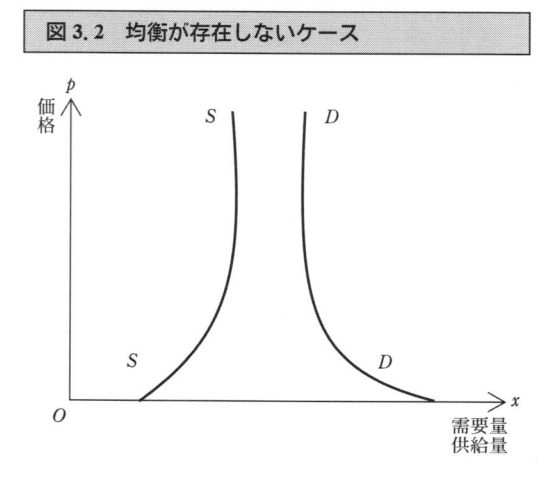

図3.2 均衡が存在しないケース

行う際にまずその存在を確かめる必要がある．

また，均衡が存在してもその実現がつねに保証されるとは限らない．いま，均衡が存在して，図3.3の需要曲線 DD と供給曲線 SS の交点 E で示されるとき，与件の変化によって，需要曲線が $D'D'$ にシフトしたとする．需要曲線のシフトによって供給曲線との交点が E' に移動して，新たな市場均衡がそれに対応する．このとき，価格は $p'-p^*$ だけ上昇し，数量は $x'-x^*$ だけ大きくなる．このように与件の変化による均衡の変化を分析することを比較静学（comparative statics）という．

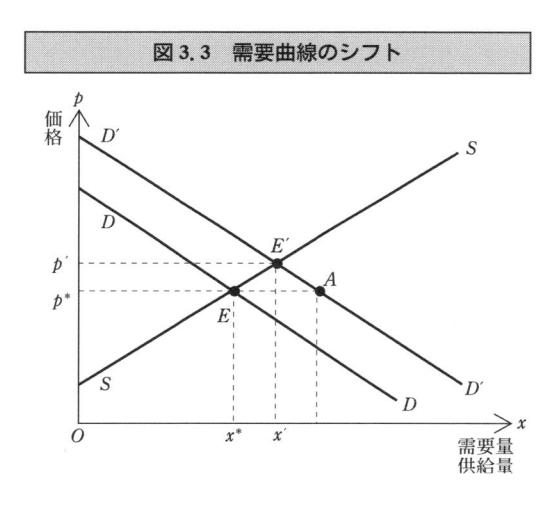

図3.3 需要曲線のシフト

さて，需要曲線がシフトした後，当初は，AE の大きさだけの超過需要が生じ市場均衡は成り立たなくなる．このとき，市場では価格の変化によって需要と供給の調整がなされる．調整の結果，新しい均衡点 E' で財の取引がなされる場合には，均衡は安定であるといい，逆に市場の調整が新しい均衡点から遠ざかっていく場合には，均衡は不安定であるという．均衡が安定的な場合には新旧の均衡点の比較は意味をもつが，均衡が不安定的な場合には比較は意味をもたない．したがって，比較静学が意味をもつためには，均衡点が安定的であることも確認しておかねばならない．

3.2.3 与件の変化と均衡

　需要曲線や供給曲線は，他の事情を一定として描かれたものである．すなわち，需要曲線は，消費者の嗜好，所得，他の財の価格が一定であるということ，供給曲線は，生産要素価格が一定，生産技術が不変であるということを仮定して導かれたものである．このような他の事情のことを与件とよぶが，いま与件が変化したとする．そのとき，需要曲線と供給曲線がどのように変化するかをみてみよう．

　たとえば，図3.3の横軸をパンの需給量，縦軸をパンの価格と考えると，消費者の嗜好が変わり，パン食が以前より好まれるようになったとするならば，パンに対する需要曲線 DD は右にシフトして $D'D'$ となる．その結果，均衡は $E=(x^*,\ p^*)$ から $E'=(x',\ p')$ に変化する．これは与件の変化による需要の変化によるものである．需要の変化は需要曲線のシフトを示している．一方，供給量は x^* から x' に増えるが，これは価格 p^* から p' への変化によるものである．このような供給曲線上の動きは，供給量の変化という．価格が変化することによる需要曲線（供給曲線）上の需要量（供給量）の変化と与件が変化することによって，需要曲線（供給曲線）がシフトすることを意味する需要（供給）の変化とは明確に区別する必要がある．以下に需要（供給）の変化のケースをまとめておく．

［需要曲線のシフト］

(1) 嗜好の変化

　財に対して消費者の嗜好が強まる場合は，価格は変化しなくても需要量は増加するので需要曲線は右へシフトする．

(2) 所得の変化

　所得が増えた場合，財が上級財であるときは同一価格で需要量が増加するので需要曲線は右にシフトする．また，下級財であるときは逆に需要曲線は左にシフトする．

(3) 他財の価格の変化

　代替財の価格が上昇する場合には当該財の価格が変化しなくても需要は増加するので需要曲線は右にシフトする．補完財の価格が上昇する場合には逆に需要曲線は左にシフトする．

[供給曲線のシフト]
(1) 生産要素の変化

可変的生産要素の価格が上昇する場合，限界費用曲線が上にシフトするので生産者の供給曲線も上（または左）にシフトする．固定的生産要素の価格の変化は供給曲線には影響しない．

(2) 生産技術の変化

生産技術が進歩したら，同じ生産量を少ない費用で実現でき限界費用曲線が下にシフトするので，供給曲線も下（または右）にシフトする．

(3) 天候の影響

農水産物の場合は，天候の影響で例年より生産量が増えることがある．この場合は供給曲線は下（または右）にシフトする．

3.2.4 市場の調整過程

与件の変化によって，需要曲線，供給曲線はシフトする．図3.3では，需要曲線がシフトしたケースであるが，需要曲線がシフトしたあと，点 E で取引を行おうとしても需要と供給が一致しない．そこで，市場では何らかの調整が生じる．ここでは，市場の調整によって，再び均衡が回復されるか否かの均衡の安定性について考察する．

ワルラス的価格調整過程

3.2.1項では，超過需要が生じると価格が上昇し，超過供給が生じると価格が下落するということであった．このように需要量と供給量の差によって価格が調整されていく過程をワルラス的調整過程（Walrasian adjustment process）とよぶ[1]．図3.3の価格 p^* では，需要が供給を AE の大きさだけオーバーするので価格は上昇する．価格が上昇すると需要と供給の差が小さくなり，まだ需要が供給を上回っていればさらに価格が上昇する．これを繰り返していくと結局，価格が p'，数量は x' になり，再び均衡を回復する．図3.3の点 E' で示される新しい均衡は，ワルラス安定的である．市場均衡がワルラス安定的になるのは，「価格が上昇（下落）するとき超過需要（供給）が減少する」場合であ

---

[1] Léon Walras (1834-1910) は，フランス人でローザンヌ学派の始祖である．一般均衡理論を数学的に展開した．著書に『純粋経済学要論』がある．

図 3.4 ワルラス安定のケース

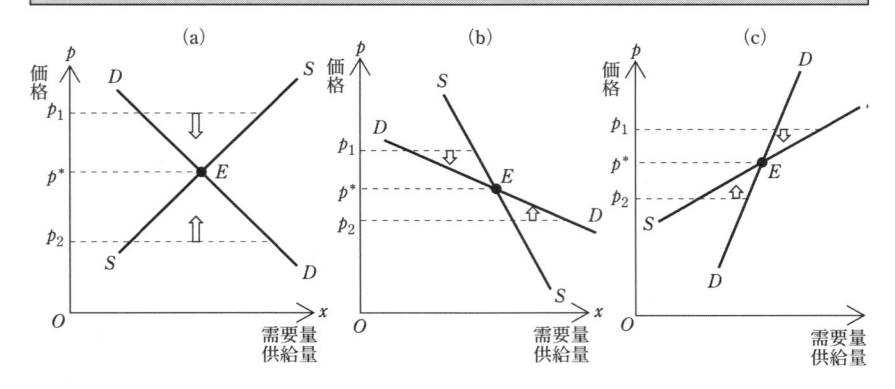

る．図3.4(a)〜(c)は，均衡がワルラス安定のケースである．このとき，

$$1/(SS\text{ の傾き}) > 1/(DD\text{ の傾き}) \tag{3.2}$$

が成立している．ワルラス的調整過程においては，価格が変化するときに需要量と供給量がそれぞれ需要曲線と供給曲線に沿って反応するので，価格の調整速度に比べて需給量の反応速度が瞬時的であるような市場を想定している．

マーシャル的数量調整過程

ワルラス的調整過程とは対照的に価格の調整速度よりも数量の調整速度が遅い市場を想定する．図3.5(a)で，数量 x_1 が均衡水準 x^* よりも少ない状態から出発する．数量 x_1 は容易に調整することができないので，価格は x_1 に対して消費者が支払ってもいいと考える最高価格である需要価格 p_1^D に決まる．このように市場価格は供給者が x_1 を販売するための希望最低価格である供給価格 p_1^S よりも高い水準で決まる．そのとき，供給者は，供給量を増加させる．一方，数量 x_2 が均衡量 x^* よりも多い状態のときは市場価格は，x_2 に対する供給価格 p_2^S より低い水準の需要価格 p_2^D で決まるので，供給者は供給量を減少させる．このように消費者と供給者の希望価格の差に対して供給量が調整されることをマーシャル的調整過程（Marshallian adjustment process）とよぶ[2]．

---

[2] Alfred Marshall（1842-1924）は，イギリスの経済学者でケンブリッジ学派の創始者．部分均衡分析，弾力性，余剰，外部経済などの概念を経済学に導入した．著書に『経済学原理』がある．

図3.5 マーシャル安定のケース

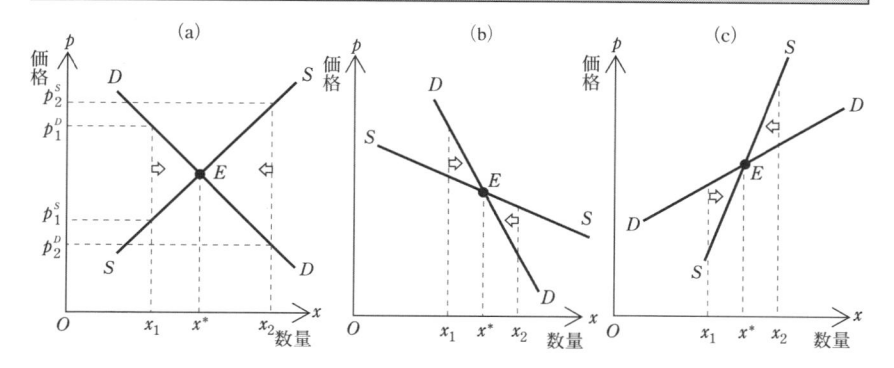

数量 x_1 から調整が始まるとするとそこでは需要価格が供給価格よりも大きいので供給量はさらに増加していく．そして，調整を繰り返していくとやがて需要価格と供給価格が一致する均衡数量 x^* を達成する．したがって，個々での均衡はマーシャル安定なケースである．図3.5(a)～(c)は，均衡がマーシャル安定のケースである．このとき，

$$SS \text{ の傾き} > DD \text{ の傾き} \tag{3.3}$$

が成立している．これがマーシャル安定性の条件である．

供給曲線の傾きが正でかつ需要曲線の傾きが負の場合は，(3.2) と (3.3) の両方が成り立つので，ワルラス的にもマーシャル的にも安定となる．しかし，供給曲線も需要曲線もともに負の傾きをもつと (3.2) と (3.3) は両立せず，この場合は均衡が

　　　図3.4(b) ワルラス安定，マーシャル不安定
　　　図3.5(b) ワルラス不安定，マーシャル安定

となるケースである．また，供給曲線も需要曲線もともに傾きが正である場合にも (3.2) と (3.3) は両立せず，この場合は均衡が

　　　図3.4(c) ワルラス安定，マーシャル不安定
　　　図3.5(c) ワルラス不安定，マーシャル安定

となるケースである．

クモの巣過程

農産物市場の需要と供給を考える場合，消費者は，現在の価格に対して需要量を決定するが，生産者は，市場に出荷する作物の供給量を作付けの時点の市場価格をみて決定する．しかし，それらを出荷するのは作物の生育を待つために数ヶ月後となる．農産物などの場合，供給は時間的な遅れを必然的にともなう．したがって，市場の調整は，ワルラス的調整過程やマーシャル的調整過程とは異なったものになる．

生産者が供給量の決定をして，生産物が実際に市場に供給される時点までの期間を1期とすると供給は1期遅れてなされ，消費者は需要量を現在の価格に対して決定することになる．いま，図3.6のように需要曲線と供給曲線との交点E_0で市場が均衡していたとする．このとき，与件に変化があって第1期の直前に需要曲線がDDから$D'D'$にシフトする場合を想定すると，まず，需要曲線のシフトのために第1期以降の需要曲線は$D'D'$になる．そのとき，最初の均衡価格p_0に対応する$D'D'$上の需要は点Fである．次に，第1期の供給量は第1期内では数量を変更できないので，最初の価格に対して決定されていた

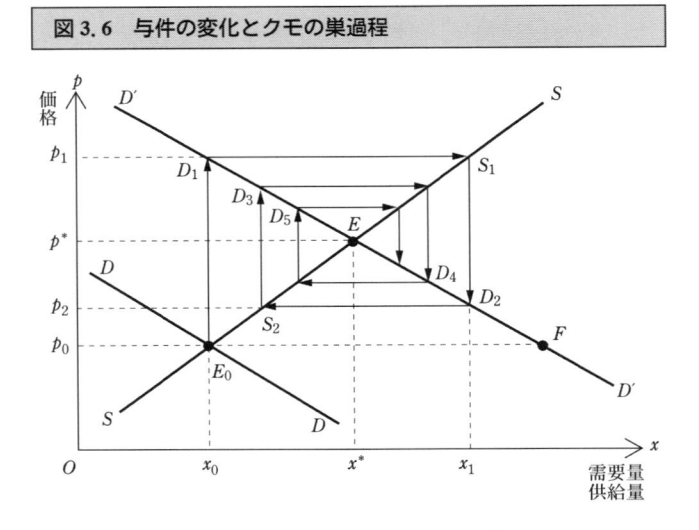

図3.6 与件の変化とクモの巣過程

x_0 のままである．ここで，第 1 期に最初の均衡価格 p_0 で取引を行うと需要が供給を $E_0 F$ だけ超過する．市場への供給量はすぐには変更できないので，その結果，需要曲線 $D'D'$ での需要量が供給量 x_0 に等しくなる水準まで価格が上昇していき，p_1 の水準になる．したがって，需要曲線のシフト後の第 1 期には，点 D_1 で取引がなされる．その後，第 1 期には生産者は第 1 期の価格 p_1 に対して供給量 x_1 を決めてその 1 期後の第 2 期に供給する．しかし，p_1 の価格

図 3.7　クモの巣過程（安定のケース）

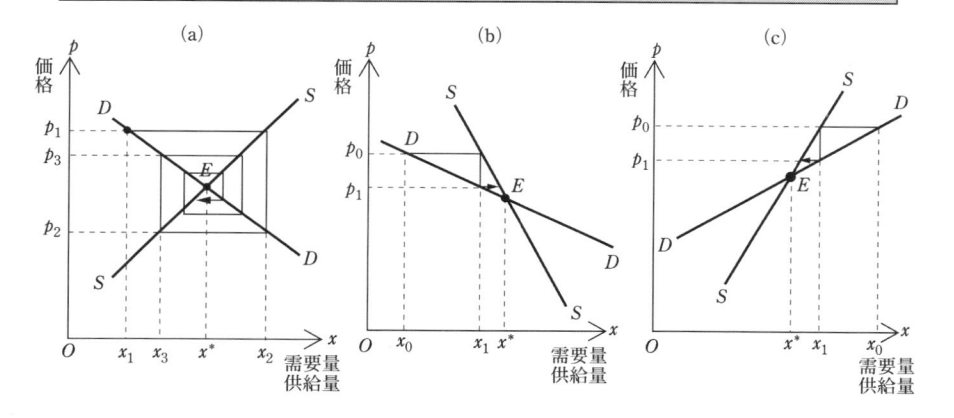

図 3.7　クモの巣過程（不安定なケース）

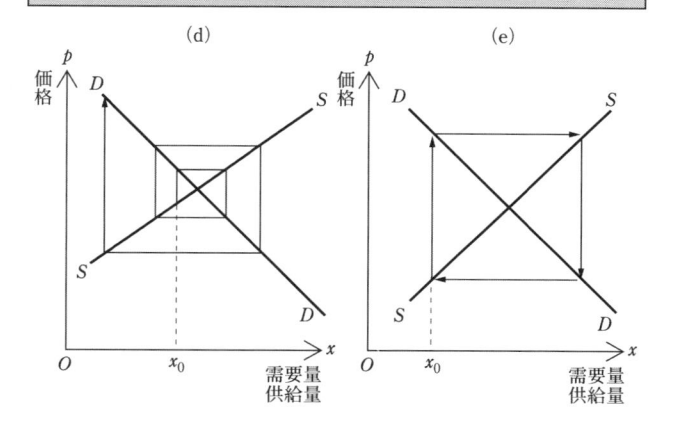

に対応する需要量 x_0 は供給量 x_1 よりも少ないので需要がこの供給量に等しくなる水準である p_2 の水準まで価格は下落する．その結果，第2期での取引は点 D_2 でなされる．以下，順次同様な手続きを行うと取引は新しい需要曲線上の D_1, D_2, D_3, … で行われ，市場の調整がなされていく．図3.6の場合は，調整によって新しい均衡点 E' に収束するので均衡は安定的である．各期で取引がなされる点と生産量が決定される点 E_0, D_1, S_1, D_2, S_2, D_3, … を線で結んでいくとクモの巣のような形になるのでこれをクモの巣過程（cobweb process）とよぶ．均衡がクモの巣過程で安定的になるのは，

$$\text{供給曲線の傾きの絶対値} > \text{需要曲線の傾きの絶対値} \tag{3.4}$$

が成り立つときである．図3.7の(a)〜(c)は，安定的なケースで，(d)，(e)は不安定なケースである．

以上の安定条件を表3.1にまとめておく．

表3.1 安定条件

調整過程	安定条件
ワルラス的調整過程	（1／供給曲線の傾き）＞（1／需要曲線の傾き）
マーシャル的調整過程	供給曲線の傾き＞需要曲線の傾き
クモの巣過程	供給曲線の傾きの絶対値＞需要曲線の傾きの絶対値

3.2.5 一般均衡分析

部分均衡分析では，「他の事情が一定ならば」という条件のもとで1財の市場のみを取り上げて需要と供給との均衡分析をする．各財の需要と供給に最も大きな影響を与えるのはその財自身の価格であるから，現実問題に適用するには最も簡単で実用的な分析方法であるといえるが，通常，財の需給に影響を与えるのは当該財の価格ばかりではない．どのような財の需給についても当該財と代替的な財（代替財）や補完的な財（補完財），および生産諸要素など他の諸財に依存している．たとえば，（粗）代替財であるコーヒーと紅茶の例で考えると，コーヒーの需要量は，紅茶の価格が不変であることを前提に消費者がコーヒーの価格に対してどれだけ需要するかを表すものである．ところが，紅茶の価格が下落すると需要がコーヒーから紅茶にシフトする場合がある．これ

は，コーヒーの需要が紅茶の価格に影響を受け変化するケースである．また，（粗）補完財であるパンとバターの例でもパンの価格の上昇が，パンの需要を減少させ，それとともにバターの需要も同時に減少させることがある．これも，バターの需要がパンの価格に影響を受けたケースである．

したがって，より一般的に需要と供給をとらえるには，需要と供給はそれ自身の価格のみならずその財に影響を与える他の財の価格をも考慮に入れて決定されなければならない．ある財の市場均衡を考えるときに他の財の価格の影響もあるためにその財の需要と供給の一致を検討するだけでは不十分である．この場合，市場均衡を分析するには，関連するすべての財の需要と供給の均衡を同時に扱う必要がある．このような分析方法を一般均衡分析（general equilibrium analysis）とよぶ．

一般均衡分析では，各々の財の需要と供給が各々すべての財の価格に依存している．生産要素を含めて財が全部で n 種類あるとする．第 i 番目の財の価格を p_i，それぞれの財の需要量と供給量を D_i と S_i $(i=1, \cdots, n)$ とすると各財の需要量と供給量はすべての価格に依存しているから，需要関数と供給関数を次のように示すことができる．

$$D_i = D_i(p_1, \cdots, p_n) \quad i=1, \cdots, n \text{（第 } i \text{ 財の需要関数）} \quad (3.5)$$
$$S_i = S_i(p_1, \cdots, p_n) \quad i=1, \cdots, n \text{（第 } i \text{ 財の供給関数）} \quad (3.6)$$

すべての財の需要と供給とが一致するとき市場が一般均衡であるという．したがって，一般均衡が成り立つ条件はすべての市場で

$$D_i(p_i, \cdots, p_n) = S_i(p_i, \cdots, p_n) \quad i=1, \cdots, n \quad (3.7)$$

が成り立つことである．そして，これらの式を成立させる価格 $(p_1, \cdots, p_n)$ を一般均衡価格とよぶ．このような分析は，他の市場との関係のなかで生産物の市場価格がどのような水準に決まり，どれだけ生産されるべきかを明らかにする．すなわち，一般均衡分析は，市場間の相互関連を考慮に入れながら，経済全体としての価格や資源配分のシステムを明らかにする分析である．

3.2.6 エッジワースの箱と競争均衡

ここでは，一般均衡分析の基本的な考え方を理解するために，2人の消費者

が2つの財を互いに交換する純粋交換経済における均衡について考える．いま，社会に消費者AとBの2人だけが存在すると仮定する．ここでは，議論を簡単化するために生産活動を捨象した交換経済を想定する．

消費者Aは，X財とY財をそれぞれ $\bar{x}_A$, $\bar{y}_A$ だけ所有しており，消費者Bは，X財とY財をそれぞれ $\bar{x}_B$, $\bar{y}_B$ だけ所有しているとする．したがって，この市場ではX財は $\bar{x}_A + \bar{x}_B$, Y財は $\bar{y}_A + \bar{y}_B$ だけ存在することになる．このことから，横の長さ，縦の長さがそれぞれ $\bar{x}_A + \bar{x}_B = \bar{x}$, $\bar{y}_A + \bar{y}_B = \bar{y}$ の長方形を作り，左下の角を原点にして消費者AのX財の入手可能な量 x_A を右方に，Y財の入手可能な量 y_A を上方に測り，一方，右上の角を原点にして消費者BのX財の入手可能な量 x_B を左方に，Y財の入手可能な量 y_B を下方にとることにする．したがって，$x_A + x_B = \bar{x}$, $y_A + y_B = \bar{y}$ である．このとき，長方形のなかの点は，2人の消費者に対する2財のすべての交換可能な分配を示している．これをエッジワースの箱（Edgeworth box diagram）という[3]．

このようにエッジワースの箱では，2人の消費者の原点は対角線上にあるの

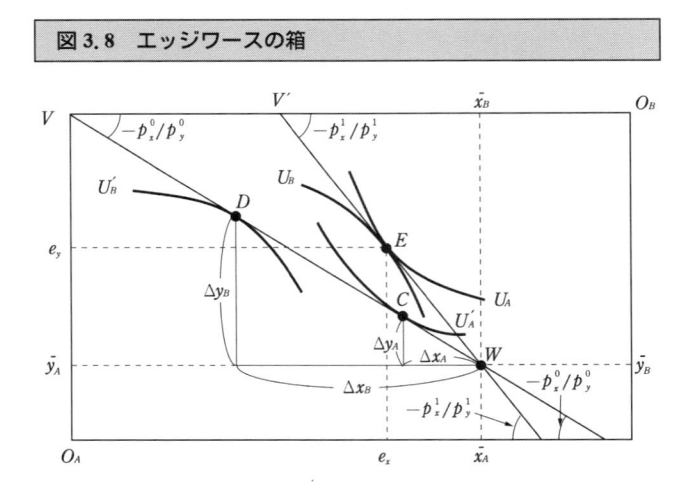

図3.8 エッジワースの箱

---

3) Francis Edgeworth (1845-1926) は，イギリスの数理経済学者・統計学者である．無差別曲線，契約曲線，複占の理論について数理的に分析した．著書に『数理心理学』がある．
　なお，エッジワースの箱およびそれを用いた分析は，本章と異なった観点から，第5章「厚生経済学」で再び取り扱う．

で，それぞれの無差別曲線の曲り方は逆になる．すなわち消費者 A の無差別曲線は図3.8の U_A, U_A' のように消費者 A の原点 O_A に対して凸になり，消費者 B の無差別曲線は，U_B, U_B' のように消費者 B の原点 O_B に対して凸になる．

図3.8で，X 財の最初の価格が p_x^0，Y 財の最初の価格が p_y^0 であったとする，すなわち，最初の相対価格が p_x^0/p_y^0 であったとすると，初期保有量 W（$W = (\bar{x}_A, \bar{y}_A)$ かつ $W = (\bar{x}_B, \bar{y}_B)$）のもとでの消費者 A の予算制約線は $p_x^0 x_A + p_y^0 y_A = p_x^0 \bar{x}_A + p_y^0 \bar{y}_A$，消費者 B の予算制約線は $p_x^0 x_B + p_y^0 y_B = p_x^0 \bar{x}_B + p_y^0 \bar{y}_B$ となりともに直線 WV で示される[4]．ここでの消費者 A の予算制約線とは，消費者 A が初期保有量 $\bar{x}_A$ と $\bar{y}_A$ を価格 p_x^0 と p_y^0 で売った代金で X 財，Y 財の他の組みを購入することによって消費可能な最大の範囲を示している．消費者 B についても同様である．そのとき，消費者 A と B の最適消費はそれぞれ点 C と D になる．

消費者 A は，最初の点 W から点 C に移動しようとするが，その際，Δx_A を価格 p_x^0 で B に売ってそれと交換に Δy_A を価格 p_y^0 で B から購入しようとする．一方，消費者 B は，Δy_B を価格 p_y^0 で消費者 A に売ってそれと交換に Δx_B を価格 p_x^0 で A から購入しようとする．この場合，$\Delta x_A < \Delta x_B$ であるから，X の市場では超過需要が生じている．他方，$\Delta y_A < \Delta y_B$ であるから，Y の市場では超過供給が生まれる．その結果，X の価格 p_x は上昇し，Y の価格 p_y は下落する．この価格変化によって点 W を通る予算制約線の傾き p_x/p_y は大きくなる．両者の交換によって相対価格が p_x^1/p_y^1 になるとき，双方の消費者の効用を最大にする点は同一であり，それが図3.8のように点 E であるとするとこの点が均衡点になる．なぜなら，消費者 A は，X 財の量 $|e_x - \bar{x}_A|$ を消費者 B に売って，消費者 B から Y 財の量 $|e_y - \bar{y}_A|$ を購入し，消費者 B は，逆の行動をとれば，需要と供給が一致するからである．また，初期保有量 W が与えられたもとでの予算線 WV' は双方の消費者の無差別曲線の接点 E を通るので，E における両者の限界代替率は等しく，それは相対価格 p_x^1/p_y^1 に等しい．

---

[4] $\bar{x}_A + \bar{x}_B = \bar{x}$, $\bar{y}_A + \bar{y}_B = \bar{y}$ であるから，$x_B = \bar{x} - x_A$, $y_B = \bar{y} - y_A$ と置き換えて考えると2つの予算制約線は同じものになる．

3.3 完全競争市場の効率性

3.3.1 消費者余剰と生産者余剰

この節では，まず，部分均衡分析において余剰の概念を導入して社会的厚生を定義し，競争的市場均衡が社会的厚生を最大化することを説明する．続いて，一般均衡分析における効率性について考察し，パレート最適の概念を紹介する．

消費者余剰

需要曲線は，価格に対する生産物の需要量を示している．図3.9(a)は，1人の消費者のある財に対する需要曲線を示したものである．価格90円のとき1単位の需要量があるが，価格が低下すれば需要量が増え，価格が50円になれば5単位の需要があることを示している．これを見方を変えて数量のほうから価格を眺めてみると1単位を需要するのに支払っていい金額が90円と解釈することができる．2単位を需要する場合，1単位目には90円，2単位目には80円，合計170円支払っていいということになる．そして，5単位消費できる場合には，この消費者が5単位の商品のために支払ってもいいと考えた金額は350円（90

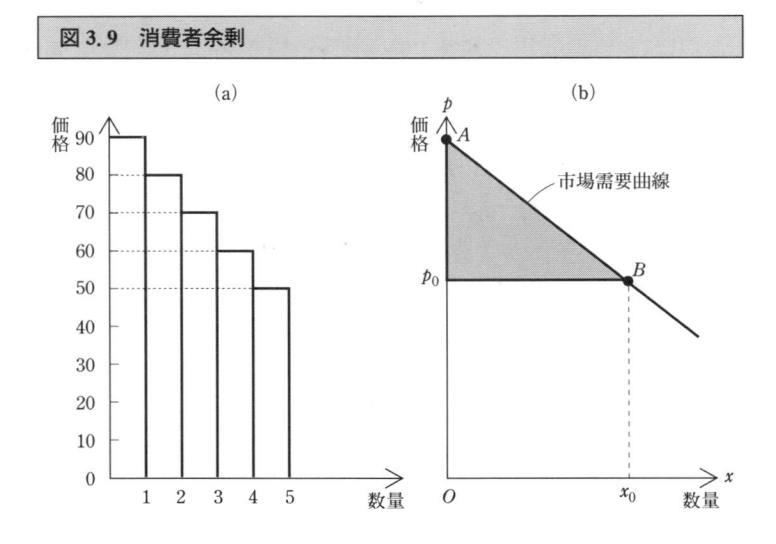

図3.9 消費者余剰

円＋80円＋70円＋60円＋50円）となる．これを消費者の便益という．しかし，価格が50円のとき消費者が5単位のために実際に支出する金額は250円であるから，消費者の便益，すなわち，自分が支払ってもいいと考えた金額より実際の支払いは少なくてよいことになる．この差額分の100円を消費者余剰（consumer's surplus）とよぶ．消費者余剰とは消費者が支払ってもいいと考える額と実際に支払う額との差である．すなわち，貨幣と交換に財を手に入れることによって得られる総効用から，その効用を得るための支出を差し引いた差額であり，消費者が貨幣と交換に財を手に入れるときの交換の利益を示している．市場におけるすべての消費者の消費者余剰は，市場需要曲線が個人の需要曲線を水平に足し合わせたものであるので図3.9(b)の三角形 p_0AB の面積として表される．

生産者余剰

需要曲線と同様に，供給曲線は価格に対する生産物の供給量を示している．図3.10(a)の供給曲線において生産者は価格が10円のときに1単位供給するが，価格が50円のときには生産物を5単位供給している．需要曲線のときと同様に見方を変えて数量の方から価格を眺めてみると最初の1単位を供給するのに生

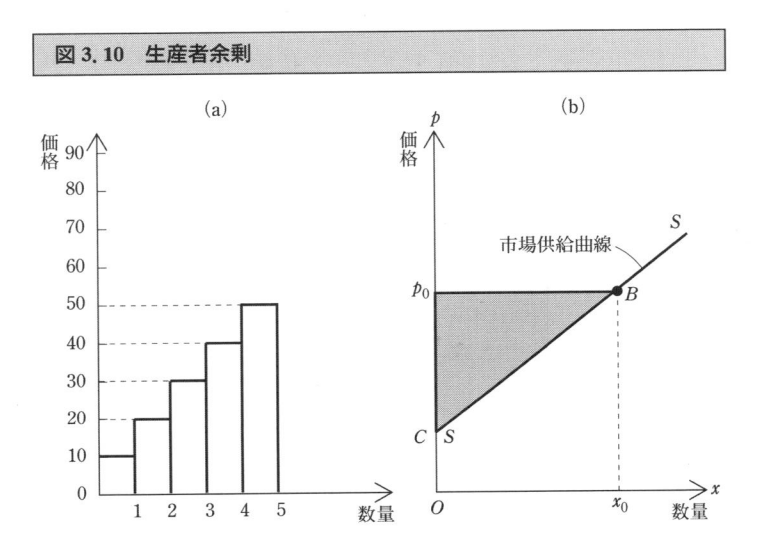

図3.10　生産者余剰

産者は最低10円，2単位を供給するには最低20円費用をかけてもいいと考えているのと解釈できる．したがって，5単位供給するために供給者が希望する金額は150円（10円＋20円＋30円＋40円＋50円）となる．しかし，実際には価格が50円のときに生産者は5単位供給するので，収入として250円を得ることになる．この実際の収入と生産者が希望した金額の差額分100円（250円－150円）を生産者余剰（producer's surplus）とよぶ．生産者余剰とは実際の収入から生産者が生産物を供給するために希望した金額を差し引いた額である．一方，生産者が生産物を供給するために望んだ金額は供給曲線より下の部分で，生産が1単位増えるごとに積み重なっていく費用であるから可変費用に相当する．このことから，生産者余剰は，収入から可変費用を差し引いたもの，すなわち，利潤と固定費用の合計であるということもできる．市場におけるすべての生産者の生産者余剰は，市場供給曲線が個人の供給曲線を横軸方向に水平に足し合わせたものであるから，供給曲線を SS とすれば，図3.10(b)の三角形 p_0BC の面積として表される．

3.3.2 社会的厚生の最大化と市場均衡

図3.11では，市場均衡は需要曲線と供給曲線の交点である点 E で得られる．そのとき，消費者余剰は面積 AEp^*，生産者余剰は面積 p^*EF で表され，消費者余剰と生産者余剰の合計は面積 AEF で示される．消費者余剰は，市場で取

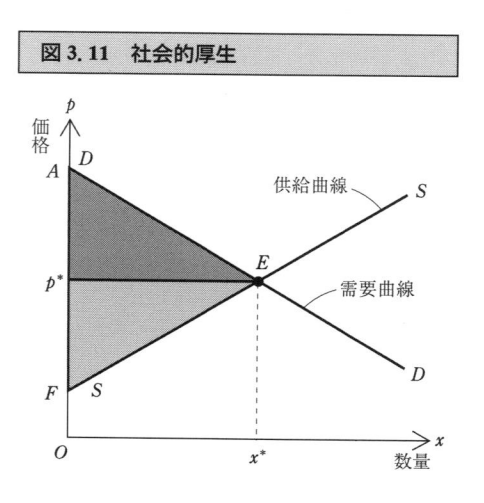

図3.11　社会的厚生

引を行う消費者の利益であり，生産者余剰は，市場で取引を行う生産者の利益である．消費者余剰と生産者余剰の和は，市場で取引を行うすべての経済主体の余剰であり，それを社会的余剰あるいは社会的厚生（social welfare）とよぶ．社会的厚生は次のように考えて求めることもできる．面積 AEx^*O は財を x^* だけ消費しているので，消費者が得る総効用を示している．それに対して，財を x^* だけ生産するためには，社会は面積 FEx^*O の可変費用を費やす必要がある．このことから，社会的に得られるネットの利益である社会的厚生は，前者の面積 AEx^*O から後者の面積 FEx^*O を差し引いた面積 AEF になる．

社会的厚生が最大になるとき，その財の市場は効率的（efficient）であるという．効率的とは単に安い費用で生産するということを意味するのではなく，消費者余剰を含めた社会的厚生が最大になることを意味している．

図3.12で社会的厚生が最大になる価格と生産量を求めてみよう．市場均衡での社会的厚生は面積 AEF である．ここで，財の供給が x^* より少ない x_1 の水準に制限されたとする．このとき，x_1 がすべて売り尽くされる価格は需要曲線 DD 上で p_1 に決まる．このときの消費者余剰は面積 ABp_1 である．一方，企業全体の総収入は，面積 p_1Bx_1O であり，可変費用の合計は面積 FCx_1O であるから，前者から後者を差し引いた生産者余剰は，面積 p_1BCF である．したがって，社会的厚生は消費者余剰と生産者余剰の和である面積 $ABCF$ となる．これを市場均衡のもとでの社会的厚生と比較すると面積 BEC だけ小さくなっている．

次に，財の供給が x^* より多い x_2 の水準で行われたとすると，x_2 がすべて売りつくされる価格は，需要曲線上で p_2 に決まる．このときの消費者余剰は面積 AHp_2 である．すなわち，

$$消費者余剰 = 面積 AHp_2 = 面積 AEIp_2 + 面積 EIH \qquad (3.8)$$

生産者余剰は総収入から可変費用合計を引いたものだから，次のようになる．

$$生産者余剰 = 面積 p_2Hx_2O - 面積 FGx_2O \qquad (3.9)$$

総収入と可変費用合計の共通部分である面積 $FIHx_2O$ が相殺されるから，

$$生産者余剰 = 面積 p_2IF - (面積 EIH + 面積 EGH) \qquad (3.10)$$

図 3.12 市場均衡と社会的厚生

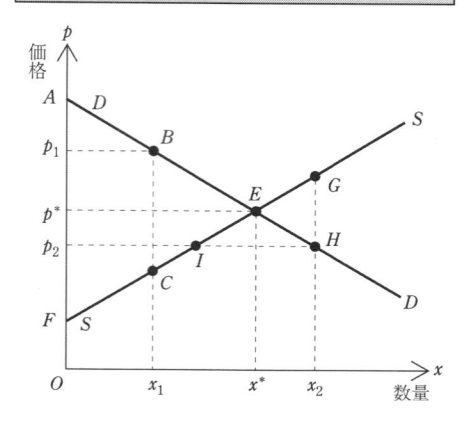

(3.8) と (3.10) を合計すると

$$社会的厚生 = (面積 AEIp_2 + 面積 p_2 IF) - 面積 EGH$$
$$= 面積 AEF - 面積 EGH \qquad (3.11)$$

したがって，x_2 のときの社会的厚生も市場均衡における社会的厚生よりも小さくなる．

以上のことから，完全競争市場における市場均衡は社会的厚生を最大にすることがわかる．

3.3.3　一般均衡分析による効率性

余剰分析は，一財の市場における資源配分の効率性を判断する1つの基準として用いられるが，一般に，複数の財の市場における効率的資源配分の分析には適用できない．ここでは，社会的厚生の基準の1つとしてしばしば用いられ，第5章でも用いられるパレート最適の概念を紹介する．

再び，社会に消費者AとBの2人だけが存在すると仮定し，議論を簡単化するために生産活動を捨象した交換経済を想定する．図3.13は図3.8と同じように作られたエッジワースの箱であるが，原点を O_A として消費者Aの無差別曲線 U_A が，原点を O_B として消費者Bの無差別曲線 U_B がそれぞれ示されている．消費者Aについては，$U_A^0 < U_A^1 < U_A^2 < U_A^3 < U_A^4$ が成り立っており，右上

図 3.13　消費のパレート最適

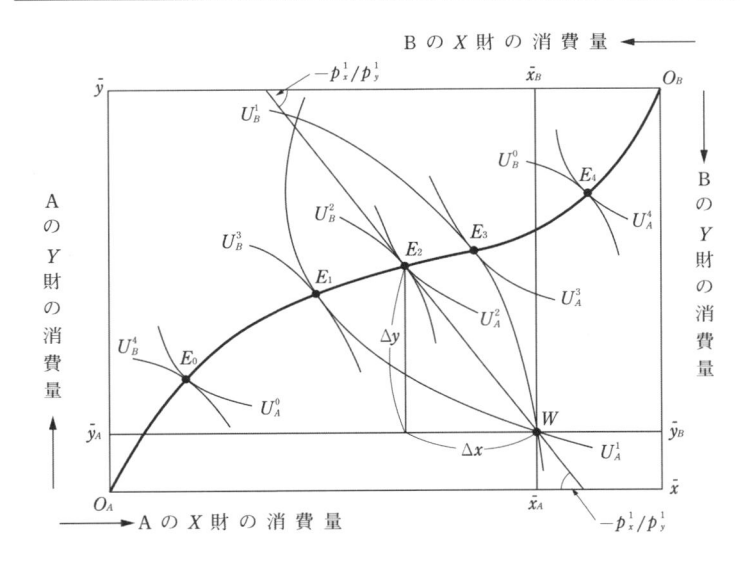

方の無差別曲線ほど高い効用を示している．一方，消費者 B については，$U_B^0 < U_B^1 < U_B^2 < U_B^3 < U_B^4$ が成り立っており，左下方の無差別曲線ほど効用が高くなっている．消費者 A と B が交換にはいる前の X 財と Y 財の保有量は点 W で示されているとする．すなわち，点 W では，消費者 A は，X を $\bar{x}_A$，Y を $\bar{y}_A$，消費者 B は，X を $\bar{x}_B$，Y を $\bar{y}_B$ だけそれぞれ保有している．

最初の両者の効用はそれぞれ，U_A^1，U_B^1 である．消費者 A にとっては，U_A^1 よりも右上方の無差別曲線に，消費者 B にとっては，U_B^1 よりも左下方の無差別曲線に移れば効用を高めることができる．このことから，両者の効用がともに高まるのは，図のレンズ状の領域である．

図3.13では，A は Δx を p_x^1 で B に売り，B から Δy を購入する．図から，$\Delta y / \Delta x = p_x^1 / p_y^1$ であるから，$p_x^1 \cdot \Delta x = p_y^1 \cdot \Delta y$ となる．このことは，消費者 A は Δx を売った代金 $p_x^1 \cdot \Delta x$ で Y を Δy だけ購入することができることを示している．同様に消費者 B も Δy を売った代金 $p_y^1 \cdot \Delta y$ で X を Δx だけ購入することができる．点 E_2 では，消費者 A についても B についても予算制約線と無差別曲線とが接しているので両者の効用は相対価格 p_x^1 / p_y^1 のもとでともに最大

になっている．このように，消費者A，Bは点Wから点E_2に移ることによって，消費者Aは効用をU_A^1からU_A^2に，消費者Bは効用をU_B^1からU_B^2に高めることができる．

点E_0，E_1やE_2のように消費者AとBの無差別曲線が接している点，すなわち，それぞれの限界代替率が等しい点では，消費者AかBのいずれか一方の効用を高めようとしてXとYを配分しなおすと他方の効用は必ず低下する．このような配分をパレート最適（Pareto optimum）な配分とよぶ[5]．それに対して，点Wでは，XとYの配分を変えることによって他方の効用を低下させることなく一方の効用を高めることができるし両方の効用を同時に高めることもありうるので，パレート最適な配分ではない．たとえば，点Wから点E_1に移ると消費者Aの効用はU_A^1のままで消費者Bの効用をU_B^3に高めることができる．パレート最適な配分をみたす条件は消費者A，Bの無差別曲線が接することであるから，Aの限界代替率MRS_AとBの限界代替率MRS_Bは

$$MRS_A = MRS_B \quad (3.12)$$

となる．

図3.14　効用可能性曲線

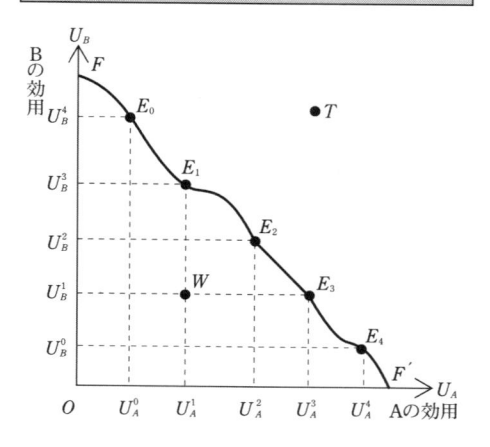

---

[5] Vilfredo Pareto（1848-1923）は，フランス生まれのイタリア人でワルラスの後継者である．一般均衡理論の精緻化やパレート効率性の概念を発展させた．著書に『経済学提要』がある．

パレート最適な配分は，点 E_2 だけではなく，両者の無差別曲線が接する E_0, E_1, E_2, E_3, E_4 もパレート最適な配分である．そして，それらの点を結んだ曲線 $O_A O_B$ を契約曲線（contract curve）とよぶ．

図3.14は，図3.13の財の分配状況に対応して2人の効用水準を表したものである．横軸は，消費者Aの効用水準 U_A を，縦軸は消費者Bの効用水準 U_B を表す．契約曲線 $O_A O_B$ に対応して2人の効用水準を描いたものが曲線 FF' である．曲線 FF' は，パレート最適な効用水準の組み合わせの集合であるので，曲線 FF' より右上方にある点 T のような組み合わせはこの経済では実現不可能である．このことから，曲線 FF' は効用可能性曲線（utility possibility curve）とよばれる．

図3.8でみたように，均衡解は初期保有点 W を通る予算制約線と2つの無差別曲線が同一の点で接するときに生じ，それは図3.13における点 E_2 のような点である．したがって，均衡解はパレート最適をみたしており，均衡解における効用の組は図3.14の点 E_2 として示される．このように，純粋交換経済における競争均衡はパレート最適をみたしていることがわかる．

3.4 政府の介入と社会的厚生

3.4.1 課　　税

この節では，政府による市場介入について，課税と米価問題を取り上げ，政府の市場介入がある場合に市場均衡と社会的厚生にどのような変化があるのかをみていく．

完全競争市場のもとで，ある財の消費量1単位につき t 円の従量税を課した場合の税負担と社会的厚生について考える．

企業は，財を1単位販売するたびに t 円の税金を支払わなければならない．図3.15で，課税前の均衡価格を p^*，均衡需給量を x^* であるとすると課税後はあらゆる生産単位について限界費用が t 円だけ増加するので供給曲線 SS は，税額分 t 円だけ上方にシフトする．課税後の均衡点は E' で均衡価格は p^* から $p^{*\prime}$ に上昇する．したがって，消費者の購入価格（税込み価格）は，$p^{*\prime}$ であり，企業は財1単位を $p^{*\prime}$ で販売し，それから t 円納税する．したがって，消費者は以前に比べて1単位当たり $E'F = p^{*\prime} - p^*$ だけ多く支払い，企業の収入

図 3.15 従量税の転嫁と社会的厚生の変化

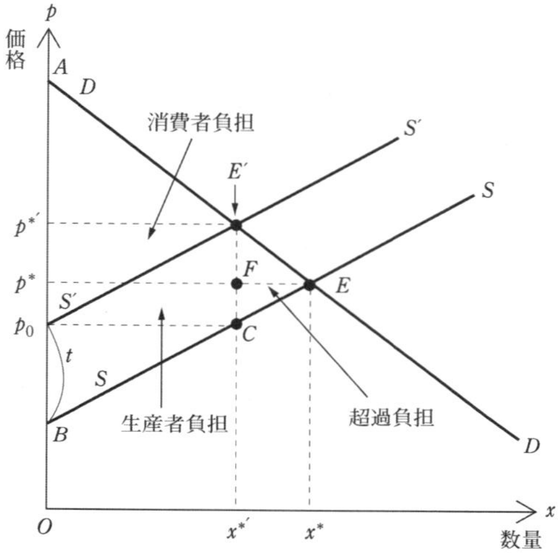

は以前に比べて1単位当たり $FC = p^* - (p^{*\prime} - t)$ だけ少なくなる．$E'F + FC = (p^{*\prime} - p^*) + \{p^* - (p^{*\prime} - t)\} = t$ であるから，$E'F$ を消費者の負担税額，FC を企業の負担税額とみなすことができる．

このように，納税する主体は企業であるが，消費者が価格の上昇を通して税の一部を負担するとき，税は転嫁されたという．税がどれだけ消費者に転嫁されるかは，課税によって新しい均衡点がどのように決まるかにかかっている．その均衡点は，需要曲線と供給曲線の形によって決まるが，それは需要と供給の価格弾力性に依存している．

(1) 供給曲線が非弾力的な場合は，図3.16のように供給曲線の勾配が急になっているので，従量税の課税によって均衡点はあまり変化しない．したがって，消費者が税額を負担する割合は小さくなる．

(2) 供給曲線が弾力的な場合は，図3.17のように供給曲線の勾配が緩やかになっているので，従量税の課税によって均衡点は需要曲線に沿って左上に大きくシフトする．新しい均衡価格が大きく上昇するので消費者が税額を負担する割合は大きくなる．

(3) 需要曲線が非弾力的な場合は，図3.18の $D_1 D_1$ のようなケースであるが，

この場合，需要曲線の勾配が急であり，従量税の課税によって均衡価格が大きく上昇するので消費者が税額を負担する割合は大きくなる．

(4) 需要曲線が弾力的な場合は，図3.18の D_2D_2 のようなケースであるが，この場合は，需要曲線の勾配が緩やかなので，従量税の課税によって均衡価格はあまり上昇しない．したがって，消費者が税額を負担する割合は小さくなる．

図 3.16　供給曲線が非弾力的なケース

図 3.17　供給曲線が弾力的なケース

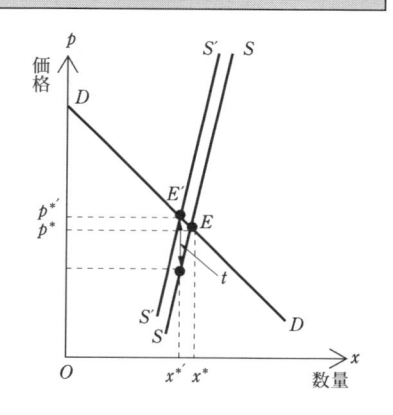

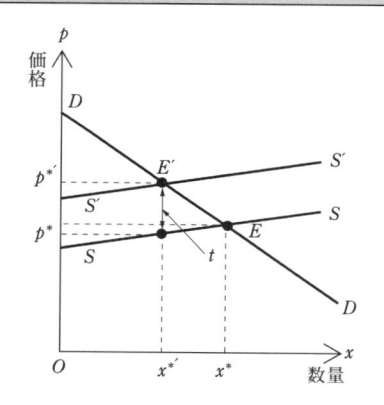

図 3.18　需要曲線が弾力・非弾力なケース

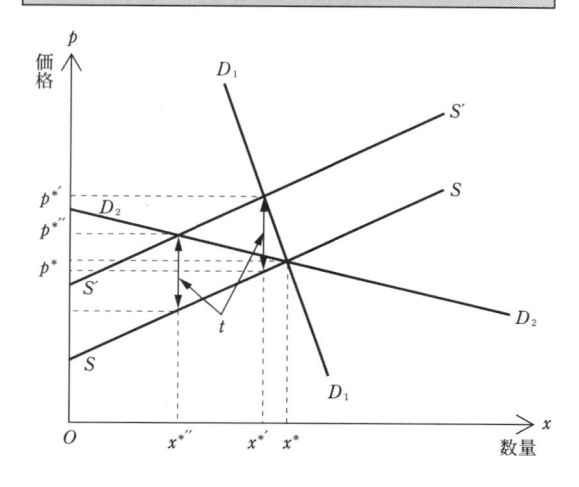

次に，従量税の課税による社会的厚生の変化をみてみよう．図3.15によると課税前の消費者余剰は面積 AEp^* ，生産者余剰は面積 p^*EB で社会的厚生は面積 AEB である．それに対して課税後の消費者余剰は面積 $AE'p^{*'}$ で課税前よりも面積 $p^{*'}E'Ep^*$ だけ減少している．生産者余剰については，企業の税込み総収入は面積 $p^{*'}E'x^{*'}O$ であり，税込みの可変費用は供給曲線 $S'S'$ の下側の面積であるから面積 $p_0E'x^{*'}O$ である．したがって，生産者余剰は前者から後者を差し引いた面積 $p^{*'}E'p_0$ となる．面積 $p^{*'}E'p_0$ は三角形の合同より面積 p_0CB と等しい．すなわち，生産者余剰は面積 p_0CB で示される．税が課せられている場合には，これら2つの余剰のほかに税収の余剰が加わる．国庫に集められた税金は最終的には国民に支払われて国民の利益になるからである．税収の余剰は，面積 $p^{*'}E'Cp_0$ で表される．したがって，課税後の社会的厚生はこれらの消費者余剰，生産者余剰，税収の余剰の和であるから，面積 $AE'CB$ で示される．結局，従量税が課せられない場合の社会的厚生は面積 AEB であるから，従量税が課せられると社会的厚生は面積 $E'EC$ だけ減少することになる．

税金は国民にとって負担となるが，その税金から支払いを受けることによって国民は利益を受ける．その限りでは，税負担と国民の利益は相殺されるが，課税によって減少した社会的厚生である面積 $E'EC$ は国民の負担として残る．この社会的厚生の減少分を税による超過負担（excess burden）または，死荷重（デッドウェイト・ロス（deadweight loss））という．

3.4.2 米価問題

1942年から1995年まで続いた食糧管理法のもとでの日本の米価政策は，米の生産者を保護するために生産者米価を消費者米価よりも高く設定するという価格支持政策であった．図3.19では，p_1 が生産者米価，x_2 が米の供給量を表している．そして，x_2 を売り尽くすために消費者米価を p_2 に設定している．そして，$(p_1-p_2)x_2$ は，政府の負担する赤字額となる．

この米価政策を評価するために厚生を分析すると，図3.19において，消費者余剰は面積 BGp_2 であり，生産者余剰は面積 p_1FA である．政府が生産者に支払う代金 p_1Fx_2O と政府が消費者から受け取る代金 p_2Gx_2O の差額は国民の税金でまかなわれるから，社会的厚生は，

社会的厚生＝消費者余剰＋生産者余剰－財政負担
　　　　　＝面積BGp_2＋面積p_1FA－面積p_1FGp_2
　　　　　＝（面積BEp^*＋面積p^*EGp_2）＋（面積p^*EA＋面積p^*EFp_1）
　　　　　　－面積p_1FGp_2
　　　　　＝面積BEA－面積FGE (3.13)

となり，政府の介入がない場合と比べると面積FGEだけの厚生損失が生じる．

以上のような価格支持政策は，政府に財政負担を増加させるという問題を発生させる．これを回避して生産者の収入を確保しようとするのに作付け制限がある．これは，作付け面積の割り当てを通して，生産量を市場均衡量よりも低く押さえて，結果的により高い価格を実現しようというものである．このことの厚生に与える効果を分析する．図3.20において，市場での均衡価格p^*が安すぎるとすると作付け制限をして供給をx_1に制限するという政策をとったとする．この場合も，政府が介入しない場合と比べて面積CEFだけの厚生損失が生じるのである．

図3.19 価格支持政策

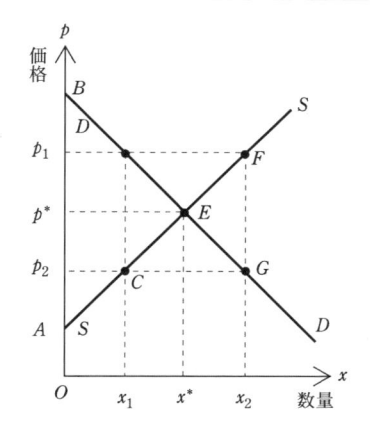

図3.20 作付け制限

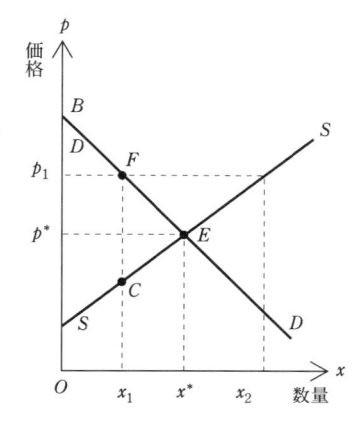

練習問題

問題3.1 市場が完全競争的でない事例を列挙し，それらが完全競争のどの条件をみたしていないかを述べなさい．

問題3.2 医者や弁護士など職業につくためには，厳しい国家試験に合格して資格を取得する必要がある．これらの国家試験の難易度が上昇あるいは下落した場合に医者や弁護士の報酬はどのように変化すると考えられるか．

問題3.3 市場の供給関数と需要関数がそれぞれ

$$S = 3p - 1$$
$$D = -p + 5$$

であるときの均衡価格と均衡需給量を求めて，この市場におけるワルラス的調整過程，マーシャル的調整過程およびクモの巣過程の安定性を調べなさい．

問題3.4 D_t, S_t, p_t をそれぞれ t 期における需要，供給，価格とするときに，ある市場の需給方程式が次のように与えられている．

$$D_t = -2p_t + 8$$
$$S_t = p_{t-1} - 1$$

このとき，クモの巣過程による価格の変動はどうなるか．(a)～(c)から選びなさい．

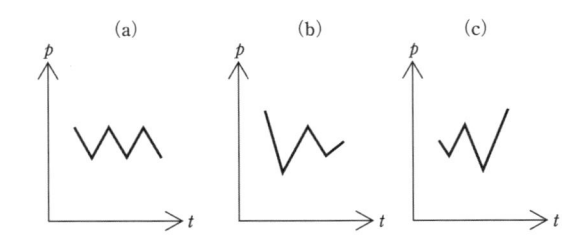

問題3.5 需要曲線と供給曲線が次のように与えられている．

$$D = 60 - p$$
$$S = 2p$$

ここで，D は需要，S は供給，p は価格である．このとき，
(1) 市場均衡の価格と需給量を求めなさい．また，消費者余剰，生産者余剰，社会的厚生を求めなさい．

(2) この財の消費に15(円)の従量税が課せられたら消費者の支払う価格，消費者余剰，生産者余剰，政府の税収はどうなるか．
(3) (1)と(2)の社会的厚生を比較しなさい．

参考文献

細江守紀・大住圭介編（1995）『ミクロ・エコノミクス』有斐閣．
井堀利宏（1996）『入門ミクロ経済学』新世社．
伊藤元重（1992）『ミクロ経済学』日本評論社．
岩田規久男（1993）『ミクロ経済学入門』日本評論社．
松下正弘・大住圭介・中込正樹編著（1990）『チャートで学ぶ経済学』有斐閣．
西村和雄（1995）『ミクロ経済学入門』岩波書店．
Stiglitz, J. E. (1993) *Economics*, New York, W. W. Norton & Company（藪下史郎・秋山太郎・金子能宏・木立力・清野一治訳（1995）『スティグリッツ　ミクロ経済学』東洋経済新報社）．
武隈慎一（1999）『ミクロ経済学』新世社．
田中利彦・慶田收・平井健之（1995）『ミクロ経済分析』中央経済社．

第4章 不完全競争

4.1 はじめに

　これまでの章では，市場は完全競争的であるとみなされていた．完全競争では，非常に多数の生産者・消費者が市場に存在したので，どの企業も消費者も単独や複数で価格に影響を与えることはできないとされた．ところが，われわれの周囲をみまわしてみれば，このような理想的な競争環境をみいだすのは困難である．幾分それに近い市場があるとしても，少なからぬ市場で，比較的少数の企業が価格支配力をもっている．電気・電話等の公益事業ではもちろんのこと，半導体やコンピュータ関連の産業，自動車産業，さらには歯磨き，文房具，化粧品，家庭用医薬品などのもっと身近な日常必需品の領域をみても，企業の数は比較的少数である場合が少なくない．

　この章で考察するのは，こうした現実にみられる企業間の不完全な競争状態が提起する新たな問題である．たとえば，市場支配力をもつ企業は自社製品の価格をどのように決定していると考えればよいだろうか？　不完全競争がもたらす資源配分は，完全競争で定まる均衡状態と比べて，消費者の利益にかなうのであろうか，それともそれを損なうのであろうか（独占の経済効率性）？　また，特定の消費者（学生，高齢者）に対して割引がなされたり，ある一定額で使い放題といったサービス（インターネット接続料金）が提供されるのには，どのような経済合理性があるのだろうか？　これらはすべてこの章で論じられる問題の一部である．

4.2 独　　占

4.2.1 不完全競争の形態

　1つの市場に多数の需要主体が存在するにもかかわらず，供給側は1つの企業だけに限られるという場合は，独占とよばれる．同じく，供給サイドを構成するのが複数の企業に限られるとき，寡占とよばれる．これが特別に2つの企業だけという場合は，複占である．最も完全競争に近い形の不完全競争は独占的競争とよばれる．

　完全競争の場合，各企業は市場価格をそのまま受け取るしかなく，またその生産量が価格に影響を及ぼすこともなかった．つまり，その各企業は価格一定の水平な需要曲線に直面していた．ところが，不完全競争の場合は，そうではない．各企業は自社製品に対する需要関数が右下がりな状況で，最適な生産水準がどうなるかを決定しなければならない．生産量を引き上げれば，右下がり需要曲線から価格は低下するであろうから，同じ価格で量産して利益をあげるというわけにはいかなくなる．まず，最初に独占企業の場合について，最適な生産量がどのように決定されるかをみよう．

4.2.2 独占企業の最適生産

　独占企業の直面する需要関数が右下がりである場合について，生産量の最適決定をみてみよう．独占企業が利潤を最大にするような生産量を計画しているとするなら，そのときの生産水準はどうなるだろうか？

　問題を単純化するために，需要関数が

$$p = 3 - x \tag{4.1}$$

であるとしよう．ここで，p, x はそれぞれ生産物の価格と数量である．したがって，総収入 $R(x) = px$ は $R = (3-x)x = 3x - x^2$ である．一方，生産に要するコストが費用関数 $C(x) = 2x^2$ とするなら，利潤 $\pi(x) = R(x) - C(x)$ は，$\pi = 3x(1-x)$ となる．図4.1に注目すると，最大利潤は，$x = 0.5$ で達成される $\pi = 0.75$ であることがわかる．したがって，最適な生産量は $\hat{x} = 0.5$ である．

　独占利潤を最大にする生産量の決定プロセスを，もう一度考えてみよう．た

図 4.1　利潤最大化

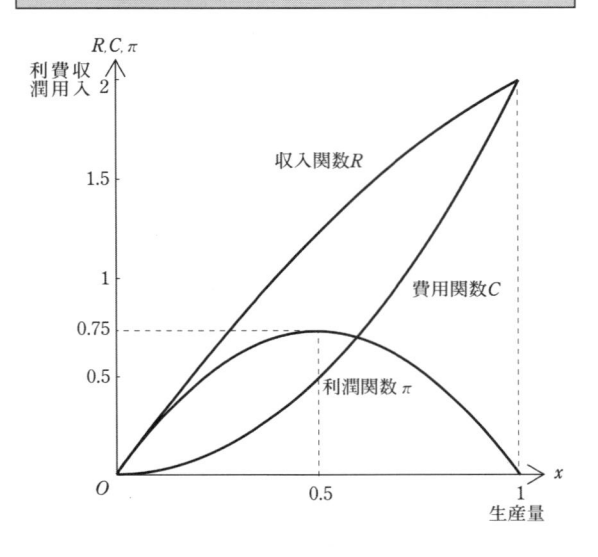

だし、今度は限界収入（marginal revenue）および限界費用（marginal cost）という限界概念の面からとらえる.

　企業の収入 R を、生産水準の関数として $R=R(x)$ と書こう. 限界収入（以下では、MR と記す）とは、ある生産水準 x において、生産物を Δx だけ増産したとき、それに対応する収入の増加 $\Delta R = R(x+\Delta x) - R(x)$ を考え、その相対的な増加率 $\Delta R/\Delta x$ のことをいう. 直観的にいえば、$MR=2$ とすれば、追加生産 1 単位に対して、2 円の収入増があることをいう. 同じ 1 単位の追加でも、生産水準がどのレベルであるかによって、限界収入は一般に変化する. このことは、図 4.2 からもわかる. この図は、上の例の限界収入が生産量とともに変化する様子を限界収入曲線として描いている. この図では、限界収入は生産量の増加とともに直線的に減少している.

　この例における限界収入曲線は、増加率

$$\frac{\Delta R}{\Delta x} = \frac{R(x+\Delta x)-R(x)}{\Delta x} = \frac{3\Delta x - (\Delta x)^2 - 2x \cdot \Delta x}{\Delta x} = 3 - \Delta x - 2x$$

において、生産増 Δx をごくわずかと考えて無視した場合 $3-2x$ に対応する. このように、限界概念の具体的な計算においては、生産増 Δx がごくわずかし

図4.2 限界概念と最適生産

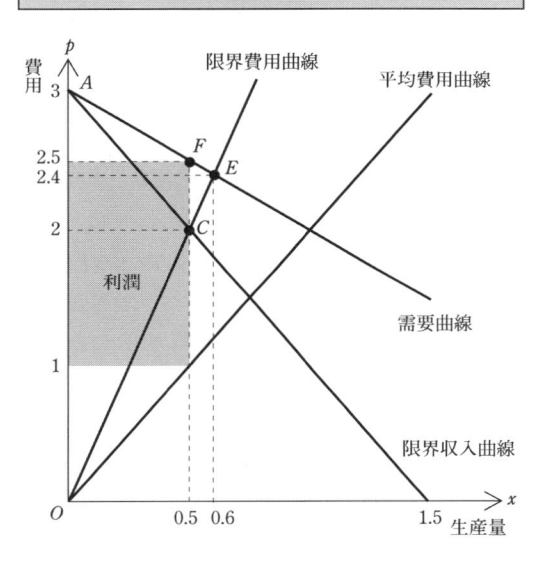

かない（限界的）ケースを考えることとし，Δx の項は無視して計算する．

MR と同じようにして，限界費用（以下では，MC と記す）が定義される．すなわち，限界的な生産増に対応する費用増加の比率 $\Delta C/\Delta x$ が限界費用である．上の例で限界費用を計算すると，$\Delta C/\Delta x = 4x + 2\Delta x$ であるから，Δx を無視して，$MC = 4x$ となる（図4.2参照）．

図4.2をみると，最適生産 $\hat{x} = 0.5$ は，$MC = MR$ を成り立たせる生産の値にほかならないことがわかる．つまり，利潤を最大にする生産量 $\hat{x}$ は，条件

$$\text{限界収入} = MR(\hat{x}) = MC(\hat{x}) = \text{限界費用} \tag{4.2}$$

によって求めることができる．さらに，需要関数から，最適生産に対して独占価格 $\hat{p} = 2.5$ が定まる．このとき，図4.2において，最大利潤0.75は平均費用曲線（$C(x)/x$）と需要曲線で定まる長方形の面積として求められる．

4.2.3　ラーナーの独占度指標

　競争的な環境にある企業の場合，利潤最大化を達成するような生産量では，価格＝限界費用，が成り立つのであった．これに対して，上の例の独占的な企業では，同じ利潤最大化から定めた独占価格（$\hat{p}=2.5$）は，限界費用（$MC=2$）を上回っている．つまり，0.5だけ独占価格が限界費用を上回っているが，この大きさを独占価格を基準に測れば，価格の20パーセント相当部分がコストへの上乗せである，ということになる．独占価格のうち，このコストへの上乗せ部分の比率が大きいほど，それだけその企業は市場支配力をもっており，独占の程度は大きいと考えることができよう．価格が限界費用から乖離するこの大きさを，独占の程度を測る指標として採用するのがラーナーの独占度（Lerner's degree of monopoly power）とよばれる概念である．つまり，ラーナーの独占度 L とは，

$$L = \frac{p-MC}{p} \tag{4.3}$$

で定義される．完全競争的な企業においては，$p=MC$ であるから，$L=0$ である．

　L は需要の価格弾力性 $e_d = (p/x)(\Delta x/\Delta p)$ を用いて，書き換えることができる．そのために，限界的な増産 Δx による収入の増加 $\Delta R \equiv \Delta(px)$ を一般的に計算しよう．いま需要関数が $p=p(x)$ と書けるから，収入の相対的な増加率は，$\Delta R/\Delta x = x \cdot (\Delta p/\Delta x) + p(x+\Delta x)$ となる[1]．ここで，限界的な増産量 Δx が需要に与える影響 $p(x+\Delta x)$ はごく小さいとみて，$p(x+\Delta x) \approx p(x)$ とみなすことにしよう．たとえば（4.1）を用いると，$p(x+\Delta x) = 3-x-\Delta x$ であるから，Δx を無視すればこれは $p(x)$ に等しい．したがって，限界収入は

$$MR = \frac{\Delta R}{\Delta x} = p + p \frac{x}{p}\frac{\Delta p}{\Delta x} = p + x \cdot (e_d)^{-1} \tag{4.4}$$

と書ける．これに利潤最大条件，$MR=MC$ を組み込めば，

---

[1] この部分を詳しく書くと，$\Delta(px) = \Delta(p(x)x) \equiv p(x+\Delta x)(x+\Delta x) - p(x)x = x(p(x+\Delta x) - p(x)) + \Delta x \cdot p(x+\Delta x) = x \cdot \Delta p + \Delta x \cdot p(x+\Delta x)$ である．したがって，収入の増加率は $\Delta R/\Delta x = x \cdot (\Delta p/\Delta x) + p(x+\Delta x)$ となる．

$$L = \frac{p - MC}{p} = -\frac{1}{e_d} \tag{4.5}$$

を得る（価格弾力性 e_d はマイナスであることに注意．したがって，L はプラスである）．

例4.1　独占価格の実際

ラーナーの指標は，価格弾力性がわかっているときの独占価格決定にも利用できる．(4.5)を価格に関して書き換えると，

$$p = \frac{MC}{1 + (e_d)^{-1}}$$

となる．この式から，どの独占企業も，自社の製品に対する需要を（したがって，その弾力性を）知っているなら，最適な価格をどの水準にすべきかをおおよそ知ることができる．

1．広域の大規模小売店

ほぼ全国的に展開しているスーパーなどは，近くに少数の競争相手をもっているのが普通である．そのようなケースでは，日常必需品の価格弾力性はかなり大きいとみられる．かりに，あるスーパーで，普通100円のティッシュ1箱を60円（あるいは，5個セットにして300円）で売れば，1箱単位で数えた売り上げ数量が普段の5倍に増えるような需要に直面しているとしよう．このとき，100円のときの売り上げ個数を a とおくと需要の変化率は，$(5a - a)/a = 4$ である．したがって，需要の価格弾力性は，

$$e_d = \frac{需要変化率}{価格変化率} = -\frac{4}{0.4} = -10$$

となる．したがって，$1 + (e_d)^{-1} = 0.9$ だから，

$$p = MC \times \frac{1}{0.9} = MC \times 1.11\cdots$$

となる．これは，需要の価格弾力性が -10 であるときは，限界費用のほぼ11パーセント増しで価格づけすることが，最適なマークアップ率であることを示している[2]．

---

[2] Pindyck and Rubinfeld（1998）の例10.1（p.349）によると，スーパーマーケットのマークアップ率はおおよそ10〜11パーセントであるとされる．

2．コンビニエンスストア

いわゆる「コンビニ」は，スーパーよりも高いマークアップ率をもつ．コンビニの場合，顧客の価格弾力性が小さい（なぜか？）ので，たとえば $e_d = -5$ 程度であると予想してみよう．このときには，

$$p = MC \times \frac{1}{0.8} = MC \times 1.25$$

である．つまり，価格は限界費用の25パーセント増しになる．

4.2.4 独占の効率性分析

これまでの議論が示すように，競争市場では価格＝限界費用であったが，独占市場では価格は限界費用より高く，生産量はより少なくなる．したがって，最も効率的な競争均衡の状態と比較すれば，独占市場では消費者の経済厚生は悪化することが予想される．一方，生産者に関しては，それと逆のことが成り立つだろうか？ 消費者余剰，および生産者余剰の概念を用いてこの問題を分析しよう．

まず，図4.3に注目しよう．この図では，3つの数量・価格の組 (x_m, p_m)，(x_r, p_r) および (x_c, p_c) が描かれている．(x_c, p_c) は競争市場における生産量と価格の組みを表し，(x_m, p_m) はすでにみた独占市場での利潤最大化の組みである．(x_r, p_r) は——後にみるが——価格規制があるケースでの数量・価格の組みである．

完全競争市場では，消費者余剰は三角形 AEp_c，生産者余剰は p_cOE の扇形の領域で表されるのであった（練習問題4.1(1)を参照）．ところが，独占市場では，生産が $x_c \to x_m$ と減少し，価格は $p_c \to p_m$ と上昇するので，消費者余剰は三角形 Ap_mF の表す領域に縮小してしまう．したがって，長方形 X および三角形 Y の部分が消費者余剰から失われてしまうことになる．つまり，消費者はより高い価格で，より少ない製品を購入しなければならないので，そのことによる経済的損失が消費者余剰の縮小の意味するところである（練習問題4.1(2)参照）．

このうち，領域 $X = p_m p_c DF$ は新たに生産者余剰（領域 $p_m OCF$）の一部に組み込まれるのがわかる．生産者は数量 x_m だけ，競争価格より $p_m - p_c$ だけ高い独占価格で販売することができるので，それに対応する面積 $x_m \times (p_m - p_c)$ の領域 X を得るわけである．ところが，領域 $Y = FDE$ については，どこにも

図4.3 独占の非効率性と死荷重

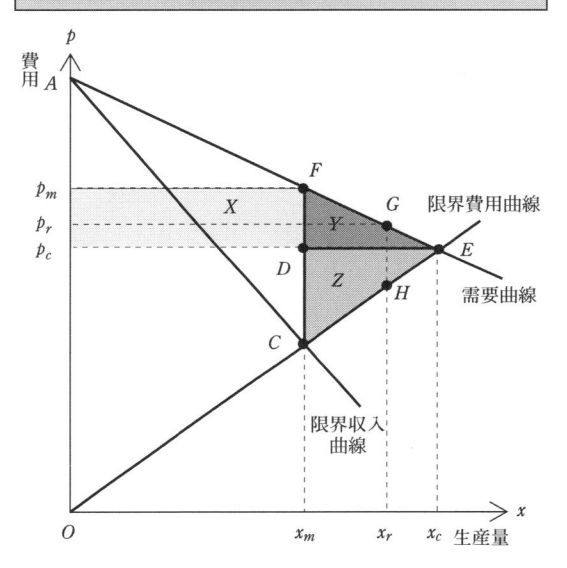

転嫁されることはない．同じことは，競争市場の生産者余剰の一部となっていた領域 $Z=DCE$ についてもあてはまる．生産の縮小により失われるこの部分も，Y とともに，独占市場における生産者余剰からも消費者余剰からも失われてしまう．この経済厚生の純ロスの部分 $Y+Z$ を，独占の死荷重（デッドウェイト・ロス (deadweight loss)）という．死荷重は，競争市場と比較したときの独占の社会的コスト（経済的非効率）を表している（練習問題4.1(3)参照）．

死荷重によって示される独占の非効率性は，価格規制によってある程度緩和することができる．たとえば，図4.3において，政策当局が価格上限規制を設けて，p_r を上限価格とするとしよう．このとき，独占企業の生産量は x_r となり，消費者余剰は拡大し，独占による死荷重は，領域 GHE に縮小する．価格の上限をさらに $p_r \to p_c$ へと押し下げるなら，効率性は競争的な環境に接近することになる．

4.3　価格戦略

4.3.1　留保価格と消費者余剰

　前節の独占の非効率性を考察した際，独占価格は競争的な環境での消費者余剰の一部を生産者余剰に転嫁させることをみた（図4.3の領域 X）．独占企業のように，価格操作が可能な市場支配力を有する企業は，巧みな価格戦略によって，それ以上の大きさの消費者余剰を生産者余剰として取り込むことができる．これがどのようになされるのかをみよう．その前にまず，留保価格（reservation price）と消費者余剰の関係を復習する．

　消費者がある財の1単位に支払ってもよいと思う最大の価格を留保価格という．図4.4に注目しよう．数量を離散的に1, 2, …と測り，それに応じて需要曲線より定まる価格を r_1, r_2, …とおく．この r_n（$n=1$, 2,…, 5）はそれぞれの数量で，消費者がすすんで支払う意思のある価格の上限を表しており，留保価格にほかならない．

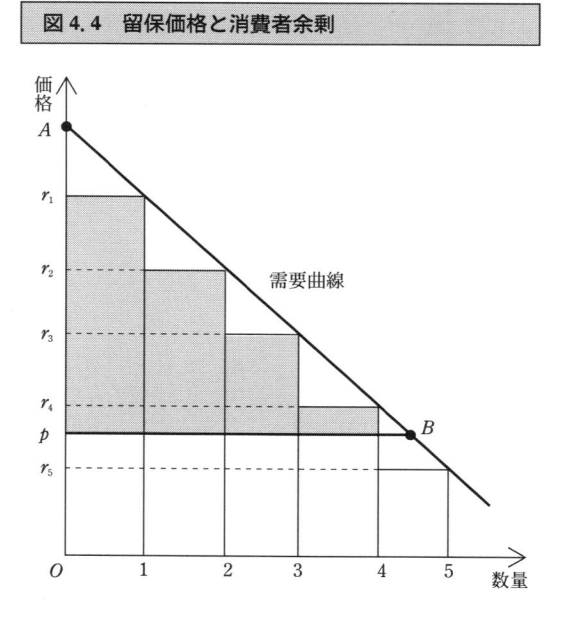

図4.4　留保価格と消費者余剰

ここでいま，市場価格が p であるとしよう．このとき，最初の1単位に関して，消費者は $(r_1-p)\times 1=$ シャドウを施した最初の長方形の面積は支払う必要がない．以下の追加1単位に関しても同様のことがいえる．結局，図4.4のシャドウ部分の全体は，支払ってもよいと思っているにもかかわらず，消費者が支払う必要のない金額を表す．追加する単位の刻み幅を $1\to 0.1\to 0.01\to\cdots$ と小さくして，同様の手続きで定まるシャドウ部分全体の面積を考えてみよう．すると，その面積＝金額は，三角形 ApB の面積を近似するので，消費者余剰を表していることがわかる．すなわち，消費者が払ってもよいと思っている価格は数量に応じて異なるにもかかわらず，単一の市場価格 p がどの水準の需要に対しても一律に課されることによって消費者が享受する利益，それを表すのがこの金額にほかならない．

4.3.2 価格差別の諸形態

図4.2に再度注目しよう．この例では，独占価格は2.5であった．すなわち，あらゆる消費者に対して，単一の独占価格しか要求できないとすれば，この価格が利潤を最大にする価格であった．ところが，需要曲線から読み取れるように，この価格より高い留保価格をもつ消費者がいる（$2.5<p\leq 3$ の範囲の需要に注目）．さらに，$2.4<p\leq 2.5$ の範囲の需要をみても，限界費用よりはなお高い価格を支払う気持ちのある消費者もいることがわかる．かりに，これらの消費者にそれぞれの留保価格に応じた価格を払わせるように，提供される商品やサービスに差異を設けることができれば，消費者余剰を完全に（あるいは，部分的に）独占利潤に転化することができよう．異なる消費者に異なる価格を支払わせる価格戦略を価格差別（price discrimination）という．価格差別は，3つに分類されるのが普通である．すなわち，一次価格差別（first-degree price discrimination），二次価格差別（second-degree price discrimination），および三次価格差別（third-degree price discrimination）である．

4.3.3 一次価格差別

生産者にとっては，これは安いと思って自分の商品を買ってくれる人には，できうるギリギリの高さまで価格をつり上げることが——もしそれができれば——理想であろう．つまり，各消費者にその人のだしてよいと考える限界の価

格（留保価格）を請求したい．各消費者にその留保価格を課するような価格づけのことを一次価格差別（完全価格差別ともいわれる）という．

一次価格差別が可能なケースでは，企業の利潤がこれまでの独占利潤より大きくなる一方で，消費者余剰はすべて消滅してしまう．図4.3でこの点を確認しよう．まず，独占下での最適生産とそれに対応する独占価格 (x_m, p_m) を固定する．ここで，三角形 AOC の面積は独占企業の利潤を表すことに注意する．実際，1単位の生産から生まれる収入（限界収入）からそれに要する費用（限界費用）を差し引くと，その追加1単位の生産によって生じる利潤が残る．これを，最適生産 x_m まで合計した大きさが，AOC の面積となるからである（練習問題4.2(1)参照）．

さて，次に一次価格差別が可能とし，企業が消費者に対してその留保価格を支払わせることができると仮定する．このとき，追加1単位の生産から得られる収入は，限界収入曲線ではなく，需要曲線から決定される．したがって，この収入から費用を控除した利潤は台形 $AOCF$ であり，すべての消費者に一様に独占価格 p_m を請求する場合と比べて，新たに三角形 ACF の面積が利潤に追加されることがわかる．しかし，それが増加する利潤のすべてではない．

すべての消費者に同じ価格を請求する従来のケースでは，x_m 以上生産すると，利潤は減少するのであった．ところがいまは一次価格差別が可能であるから，x_m からさらに1単位追加生産しても，そのときの収入は費用を上回っている（図4.3で，需要曲線 > 限界費用曲線）．この状態は，$x = x_c$ となるまで続くので，企業はそのレベルまで生産を拡大する誘因をもつ．結果として，ACF だけでなく，それに三角形 FCE を加えた大きさ，すなわち三角形 ACE の面積が新たに利潤に加わることになる．

以上のことから，一次価格差別のケースでは，競争市場における生産者余剰と消費者余剰の合計（三角形 AOE）のすべてが，生産者に帰属することがわかる．

4.3.4 二次および三次価格差別

消費者各人の留保価格を完全に知ることは，現実的にみて不可能に近い．安い価格で買えるときに，自分の留保価格はそれよりもっと高いことを表明して，より高い価格を受け入れる消費者はいない．完全価格差別は無理としても，で

きるだけ留保価格に近い価格で請求できるような価格差別は考えられないだろうか？

　二次価格差別とは，そのような方法の1つであり，具体的には電話・電力のような公益事業における消費量に応じた割引価格設定をその典型とする．より身近な例としては，ソフトウェアにおける価格差別化がある．同じソフトウェアであっても，非常に特殊な要求にまで応え，さらにアドインのサブプログラムまで添付しているような「プロ」仕様のバージョンと，標準的な機能をもつ「スタンダード」バージョン，さらに，最も基本的な機能のみに絞った「ベーシック」バージョンといった区別が設けられている製品が少なくない．最近では，こうした差別化は，電話・eメール等での製品サポートを期待できるか，できるとすれば何日間それができるか，といったさらに細かいレベルにまで及んできている．

　これらは，企業が消費者にその留保価格に近い水準の価格を顕示させ，それに沿って自己選択（self-selection）を行わせるように製品を差別的にデザインしていることを示している．本質的に同じ財・サービスに，消費量や仕様の相違に応じて価格の異なるいくつかの製品ラインを設けて，その中から消費者に自分の好むバージョンを選択させるような価格差別を，二次価格差別（練習問題4.2(2)参照）という．

　最も一般的な価格差別は，三次価格差別といわれる．これは容易に識別できるある特性をもつ消費者の集団全体に対して，価格差別を設けることをいう．たとえば，学生に対するソフトウェアのアカデミックディスカウント，あるいは高齢者に対する割引などをあげることができる．

　三次価格差別において，それぞれ需要曲線が異なる2つのグループに対する価格がどのように設定されるかをみよう．各グループの需要を逆需要関数[3]を用いて$p_1=p_1(x_1)$, $p_2=p_2(x_2)$とおく．ここで，価格p_1, p_2はそれぞれグループに対して設定される価格である．$C(x)$をこの企業の費用関数とすれば，企業の利潤πは，$\pi=p_1x_1+p_2x_2-C(x_1+x_2)$である．企業は利潤を最大にするように，それぞれのグループに対する最適供給$\hat{x}_1$, $\hat{x}_2$を決定する．そのとき，$MR_1=\Delta(p_1x_1)/\Delta x_1$をグループ1の限界収入，$MC$を限界費用とすれば，最適

---

[3]　逆需要関数にいては第1章1.4.1項を参照せよ．

供給において，$MR_1 = MC$ となるのでなければならない[4]．同様に，グループ 2 の限界収入 MR_2 と限界費用の間にも，$MR_2 = MC$ が成り立つのでなければならない．したがって，$MR_1 = MC = MR_2$ となる．

ここで，(4.4) より，それぞれのグループの需要の価格弾力性 $e_{di}(i=1, 2)$ に対して，$MR_i = p_i + p_i \cdot (e_i)^{-1} (i=1, 2)$ であるから，$MR_1 = MR_2$ より，

$$\frac{p_2}{p_1} = \frac{1 + e_{d1}}{1 + e_{d2}} \tag{4.6}$$

(4.6) から価格に敏感な（弾力性が大きい）グループの価格は，それほど価格変化に影響されない（弾力性が小さい）グループの価格より低く設定されることがわかる．ソフトウェアのアカデミックディスカウントを例にとれば，学生は一般社会人よりもソフトウェアの価格変化に敏感であると考えられるから，そのようなグループ向けには設定価格を低くすることが，企業にとって有利な価格差別になるということである．

例 4.2 価格差別の日常的形態

明らかなことであるが，すべての消費者にその留保価格に完全に応じた価格設定をすることは現実には不可能である．とはいえ，その近似的な形態として，個人の必要に応じて個別化された価格づけは，日常的に観察することができる．

1. 航空運賃

    航空運賃は，価格差別化の見本の 1 つである．ファーストクラス，ビジネスクラス，エコノミークラス，という座席の区別以外に，その便の時間帯，直行便かどうか，予約を入れた日時，予約変更の自由度，等々実に細かな選択肢があり，それに応じて運賃が異なる．

2. 企業対消費者（B2C）の電子商取引（e-commerce）

    企業にとっての一次価格差別の実践上の問題の 1 つは，顧客情報（年齢・所得・何を求めているか，等々）を個人ごとに開示させ，それに応じて商品メニューを変える柔軟かつ迅速な方法がみいだしにくい，という点にある．この困難はいまでも主要な問題の 1 つであるが，特にインターネットに代表される昨今の情報通信技術の飛躍的な進歩は，従来の差別化の手法

---

[4] 最適問題は，$\max_{Q_1, Q_2} p_1(x_1) x_1 + p_2(x_2) x_2 - C(x_1 + x_2)$ である．このとき，限界費用関数は両グループについて同じであるので，添字を省略して単に MC と記す．

に新しい次元を切り開きつつある．たとえば，インターネットを利用した個人向けのオンラインショッピングサイトの中には，顧客との1対1レベルでの差別化された取引が可能になっているものがある．その顧客のこれまでの買い物の傾向を把握し，その人がさらに興味をもちそうな品物を個別のオンライン・カタログとして提供し，さらには，買い物の量，品物の配達方法に応じたディスカウントの選択肢を設ける．こうした1対1のマーケティングがさらにその範囲や規模・深度を拡大するにつれ，一次価格差別はさらに現実的な様相を帯びるようになるかもしれない．

4.3.5　二部料金制

多くの複合娯楽施設やアミューズメントパークでは，入場料金と内部の各娯楽施設の利用料金が別々に徴収されることが少なくない．つまり，「入場料」＋「プレー費用」の二本立て料金になっている．さらに，電話などの公益事業でも，支払う料金が基本料金と使用料金の二部構成になっていることがある．こうした課金体系は二部料金（two-part tariff）といわれる．

二部料金制では，それぞれの価格はどのように決定されるのだろうか？　あらゆる入場者が同じ需要曲線（留保価格）をもち，それが料金を設定する側にわかっていると仮定して，入場料および娯楽施設（1種類）の使用料金の最適決定を考えよう．

図4.5に注目する．限界費用曲線が水平で，需要曲線はこれまでと同じく，右下がりのケースを描いている．いま，娯楽施設の使用料金を p_1 に設定したとしよう．このとき，その使用量は x_1 であり，三角形 Ap_1B は消費者余剰を表す．ここで，消費者余剰はその需要量に対して支払ってもよいと考える上限額（留保価格の総和）であるから，三角形 Ap_1B の面積を超える金額を入場料として設定すると，消費者はその娯楽施設に入ってこなくなる．したがって，施設側はこの三角形の面積に等しい入場料金を課すことで，最も大きい入場料収入（＝消費者余剰の大きさ）を得ることになる．このとき，入場料収入（Ap_1B）と施設利用料金（p_1Ox_1B）から費用を引いた利潤の和は，台形 Ap_2CB の面積に等しい．

入場料＝三角形 AP_1B の面積，使用料＝ p_1 という二部料金よりも大きな利潤を生む価格設定はないだろうか？　たしかに，存在する．それは，使用料金

図4.5　二部料金制

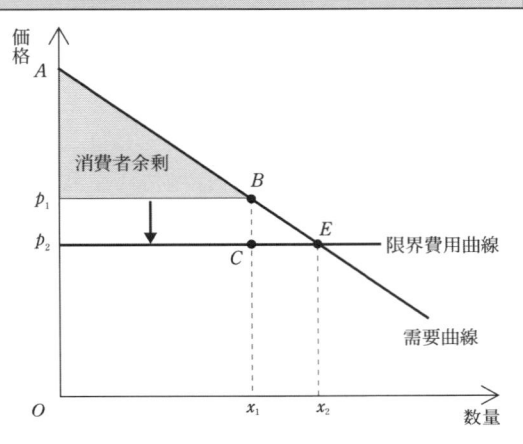

を限界費用に等しく p_2 と設定することである．このとき入場料金は三角形 Ap_2E の面積であり，使用料金は限界費用に等しいから利潤を生まず，この三角形の面積がそのまま総利潤となる．この価格設定で利潤が（三角形 BCE の面積だけ）大きくなることは図4.5より明らかであろう．したがって，各娯楽施設の使用に関する限界費用がきわめて低い場合（$p_2 \approx 0$）は，入場料のみ徴収し，中に入ってからの娯楽施設使用料金は無料，あるいはそれに近いということがありうる．

　ただし，ここではすべての入場希望者が同じ需要曲線をもっていると仮定していることに注意しよう．現実には需要曲線は一様ではない．たとえば，2種類の需要曲線を仮定してみよう．その場合には，消費者余剰のより小さくなる需要曲線から，上と同様の方法で入場料を決めるとすれば，すべての人が入場することになる．一方，消費者余剰がより大きくなる方の需要から入場料を決定すれば，一方の小さな消費者余剰をもつグループは入場しないであろう．したがって，より小さな消費者余剰を生むグループの需要に基づいて入場料金を求めるべきだろうか？　しかしそうするには，2種類の需要をもつ入場希望者の人口比を考慮に入れる必要がある．排除される入場希望者がごくわずかならば，より高い入場料の方が利潤をあげるかもしれないからである．二部料金の設定にはこうした困難さがともなう．

4.4 独占的競争

4.4.1 独占的競争とはなにか

われわれが日常経験的に知っている企業間の競争は，類似した製品を生産する少数の企業による競争が大半である．たとえば，インスタントラーメンやソフトドリンクの市場を考えてみよう．そのような市場では，固有のブランド名をもつ類似の製品が，品質や商品の外見のわずかなバリエーションのなかで競い合っている．つまり，特定のブランドのインスタントラーメンはある単独の企業だけしか生産していないが，同様のインスタントラーメンは相当数でまわっている，というのがそれらの市場の状態である．これは，製品差別化（product differentiation）がなされた市場での競争状態である．

少数の差別化された製品をもつ企業が競っている市場はたしかに独占的ではあるが，新しい企業の参入もつねに可能である．そのような意味では，一部完全競争の要素をもっている．この節では，独占的な要素と競争的な要素が混在している最も広くみられる競争形態，つまり，独占的競争（monopolistic competition）下にある市場に注目し，そこでの企業の生産量や価格の決定がどのようなものとなるかを分析する．

4.4.2 独占的競争市場の均衡

図4.6(a)に注目しよう．この図は，独占的競争の短期均衡を示している．右下がりの需要曲線は独占的競争市場におけるある企業の差別化された製品に対する短期の需要を表す．利潤を最大にする生産量は，短期限界収入曲線と短期限界費用曲線（MC）の交点によって定まる．これはこれまでの独占企業の最適決定と同じである．そして，短期平均費用曲線（AC）の下側の矩形は総費用を表すから，シャドウ部分の大きさの利潤が発生していることに注意する（図4.2も参照のこと）．

さてこれが長期の均衡状態ではどうなるだろうか？　独占的競争市場では，利潤が発生していると，市場に新たに企業が参入してくるので，その企業の需要曲線は原点の方向にシフトすると考えることができる．つまり，競合製品が増えるので，その企業の製品に対する需要量は減少する．しかし同時に，その

図4.6 独占的競争

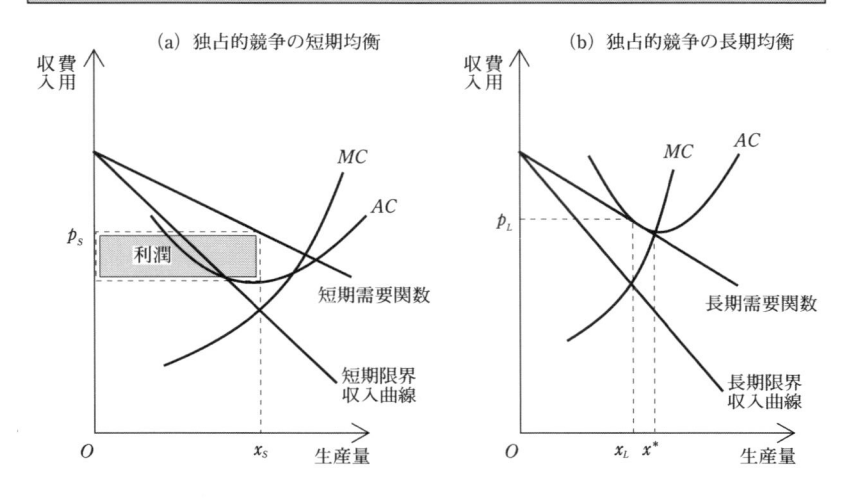

(a) 独占的競争の短期均衡

(b) 独占的競争の長期均衡

製品はその企業だけが生産しているので，長期需要曲線は依然として右下がりである．こうした参入の影響は，利潤がゼロになるまで続く（独占的競争における完全競争的側面）．

最終的な長期均衡は，図4.6(b)に描かれている．この図で，最適生産水準Q_Lにおいて，長期の平均費用曲線が長期需要曲線に接していることに注意しよう．長期均衡では利潤ゼロであるから，(a)の短期の状態と同じような位置関係であれば，利潤が発生していることになるからである．そして，需要曲線が右下がりであるから，その接点x_Lは平均費用曲線（AC）が最小値に達する生産量x^*の左側にくる．このとき，差$x^* - x_L$を過剰能力（excess capacity）とよぶ．

独占的競争の長期均衡の効率性はどうであろうか？　均衡生産x_Lでは，価格P_Lは限界費用を上回っている．その結果，独占の死荷量を考察した図4.3と同様の状況が生まれている．したがって，この場合でも，価格規制によって，価格を下げる（生産を増加させる）ことができれば，消費者余剰部分を増加させることができるであろう．これは過剰能力の存在と相俟って，完全競争の効率性と比較した場合の独占的競争の非効率な側面を明らかにする．しかし一方で，十分に多くの企業が参入して，特定の企業の突出がないような独占的競争では，過剰能力も死荷量もそれほど大きくない（完全競争に接近する）ことが

考えられる．そのような場合，多くの類似した競合製品のなかから選択できるという製品の多様性が消費者にもたらす利益は，独占的競争市場の非効率性を相殺するものとなるかもしれない．

4.5 寡　　占

独占的競争では，短期的な利潤がプラスになると，企業の新規参入が生じて長期的な利潤をゼロにまで押し下げると考えた．ところが，膨大な初期投資やパテント技術のライセンス料といった障壁のために，新規参入が困難な産業部門が存在する．たとえば，自動車産業はそうしたものの1つであり，ほかにもコンピュータ関連の業界に，ごく少数の企業のみが市場シェア獲得にしのぎを削っている部門がある．こうした数社による競争状態は寡占（oligopoly）とよばれる．

寡占状態にある産業の競争分析の焦点は，それらの企業間での戦略的な協調（あるいは，非協力）の意図が，各企業の生産量や価格の決定にどのように反映されるかをみることにある．たとえば，3社の寡占状態にある自動車産業で，最も市場シェアの大きなA社が，大衆車市場でその会社のフラッグシップとなるモデルの価格を大幅に切り下げたとしよう．他のB，C社は，どう反応するだろうか？　自社の同等なモデルの価格も同じ割合で切り下げるだろうか？　そうするなら，A社はさらにそれ以上の価格切り下げで対抗するだろうか？　そもそもA社は，B，C社の反応をどのように予測して最初の値下げに踏み切ったのだろうか？　寡占市場での価格設定や生産量の決定には，こうした競合企業の反応の予想が，重要なファクターとなる．したがって，そのモデルも，企業間の戦略的相互作用が寡占状態での均衡の定義を自然に導くように構成されることになる．

4.5.1　クールノー・モデル

寡占市場における均衡モデルとして代表的なものはいくつか存在するが，ここで考察するのは，19世紀のフランスの経済学者クールノー（Cournot）による寡占市場モデルである．問題を単純化するために，競合企業の数が2社である複占（duopoly）のケースを考える．企業Aと企業Bがまったく同質の（差

別化されていない）製品を供給しており，両者とも需要曲線を知っているとしよう．そして，それぞれの企業が相手の生産数量が価格に影響を与えるということを認識しているとする．そのため，相手企業がどれだけ生産するかを考慮に入れて，自らの生産量を決定する．さらに，両者の生産量の決定は同時になされるとする．すなわち，いずれの側も相手の生産量を事前に知ることはできない．

以上のような状況で，それぞれの企業の最適な生産量の選択はどのように定義されるだろうか？　この種の問題を考察する際，広く用いられている均衡概念にナッシュ均衡（Nash equilibrium）がある[5]．ナッシュ均衡では，それぞれの企業は，競争相手の決定がどのようなものになろうと，それを与件とみて，その与件のもとで自分にとって最適な選択をなすと考える．

たとえば企業Aの決定を例にとろう．Aは相手企業Bの生産量が $x_B=2$ であれば，その2を前提として，自分の最適な生産量 x_A はどれだけかを決定する．たとえば仮に同じ生産量 $x_A=2$ がそのときAにとって最適であれば，この $x_A=2$ は，$x_B=2$ であるとした場合のAの最適な反応を表すことになる．ところが，$x_B=2.5$ であれば，$x_A=2$ はAにとって最適でないかもしれない．したがって，Bの生産量の決定 $x_B=b$ に対するAの反応は b に依存して決定されることになる．これを $x_A=x_A(b)$ とかき，企業Aの反応関数（reaction function）とよぶ．一方，Bもまったく同様にAの選択 $x_A=a$ に対する自らの最適な反応を企業Bの反応関数 $x_B=x_B(a)$ として決定する．このとき，

$$\hat{a}=x_A(\hat{b}),\ \hat{b}=x_B(\hat{a}) \tag{4.7}$$

となるような生産計画の組 $(\hat{a}, \hat{b})$ をみいだすことができれば，双方の企業ともその数量を変更したいとは思わないであろう．なぜなら，双方とも，自分にとって好ましい生産量を，相手が受け入れるからである．したがって，双方ともその生産量を変化させる誘因をなにももたないことになり，それは均衡状態に対応する．これがナッシュ均衡の状態であり，複占モデルに適用した場合は，クールノー均衡（あるいは，クールノー‐ナッシュ均衡）ともいわれる．

---

[5]　ナッシュ均衡は第8章で詳しく論じられる．

4.5.2 利得行列によるクールノー均衡

クールノー均衡の例を，ゲーム論の利得行列（payoff matrix）を用いて説明しよう．ゲーム理論そのものの本格的な解説は第8章に譲り，ここでは相手企業の選択が与えられたとき，自社の最適な反応がどうなるかを理解するために表4.1を用いる．この表は，上記のA，B2社の生産量と，それに対応する利潤の大きさを示したものである．

表の左側2段に書き込まれた $x_A = 2$ および $x_A = 2.5$ は，Aの生産量を表す．一方，上側は，Bの生産量 $x_B = 2$ および $x_B = 2.5$ を示している．表の見方は，次のとおりである．まず，左上の数値 $(\pi_A, \pi_B) = (12, 12)$ に注目しよう．これはそれぞれの利潤を表し，A社の生産量が $x_A = 2$ であり，かつB社の生産量が $x_B = 2$ であるときには，A，Bの利潤がともに12であるということを意味する．同様に，右上の $(13, 11.25)$ はAの生産量が2，Bの生産量が2.5であるときには，Aの利潤は $\pi_A = 13$ であり，Bの利潤は $\pi_B = 11.25$ となることを示す．

この利得行列を用いて，クールノー均衡がどのようなケースに生じるのかをみてみよう．まず，$x_A = 2$ としよう．このとき，表の1行目を横にみて，Bの利潤を調べると，12と11.25である．したがって，$x_A = 2$ であれば，Bにとっては自分の利潤をより大きくする $x_B = 2$ が最適な選択になる．表の2行目を同じく横にみれば，$x_A = 2.5$ である場合のBの最適選択がやはり $x_B = 2$ であることがわかる．したがってこの場合，Aがどのような生産量を選択しようとも，Bにとって最適な生産量は $x_B = 2$ であることがわかる．

次に，表を縦にみて，1列目に注目すれば，$x_B = 2$ であるときのAの利潤をみることができる．このときには，$x_A = 2$ を選択するときの利潤12が，$Q_A = 2.5$ を選択するときの利潤11.25を上回っているので，$x_A = 2$ がAにとっての最適な生産量になる．表の2列目についても同様であり，Bの決定の如何にか

表4.1　A，B社の利得行列

	$x_B = 2$	$x_B = 2.5$
$x_A = 2$	$(\pi_A, \pi_B) = (12, 12)$	$(\pi_A, \pi_B) = (13, 11.25)$
$x_A = 2.5$	$(\pi_A, \pi_B) = (11.25, 13)$	$(\pi_A, \pi_B) = (12.5, 12.5)$

図4.7 クールノー均衡

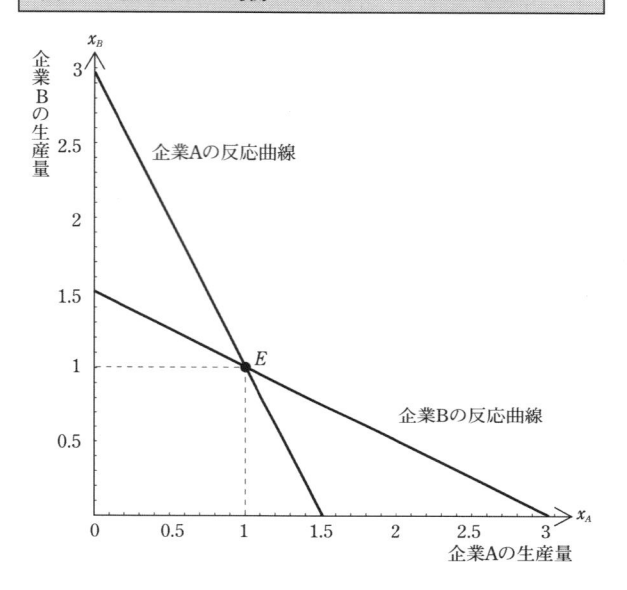

x_B 軸:企業Bの生産量、x_A 軸:企業Aの生産量。企業Aの反応曲線と企業Bの反応曲線が点$E=(1,1)$で交わる。

かわりなく，$x_A = 2$ が A にとってもやはり最適である．結局，$(x_A, x_B) = (2, 2)$ という生産量の組みがこの例における均衡を定めることがわかる．

4.5.3 クールノー均衡の計算

右下がりの線形需要関数（4.1）について具体的に反応関数を求めて，クールノー均衡を計算してみよう．問題をさらに単純化するために，企業A，Bの限界費用関数はつねにゼロであるとしよう：$MC_A = MC_B = 0$．総生産量 x は，両方の企業の生産量の和であるから，$x = x_A + x_B$ である．

まず，$x_B = b$ であるときの企業Aの反応関数を求めよう．利潤最大条件は，企業Aの限界収入 MR_A がその限界費用 MC_A に等しくなることである．Aの収入 R_A は，Aの生産量×価格と定義されるから $x = x_A + b$ より，$R_A = px_A = (3-x)x_A = (3-x_A-b)x_A = 3x_A - x_A^2 - bx_A$ となる．したがって最適条件から

$$0 = MC_A = MR_A = 3 - 2x_A - b$$

を得る．すなわち，$x_A = (3-b)/2$ が $x_B = b$ であるときの A の最適な生産量

である．Bの生産量は一般にどうなるかAにはわかっていないので，bという特定の値ではなく，変数x_Bを用いてこの最適生産を書き換えると，Aの反応関数

$$x_A = x_A(x_B) = \frac{3 - x_B}{2} \tag{4.8}$$

が得られる．Aの生産量が与えられる場合のBの反応関数もまったく同様にして，

$$x_B = x_B(x_A) = \frac{3 - x_A}{2} \tag{4.9}$$

であることがわかる．これを図示したのが図4.7である．

図4.7で，クールノー均衡は2つの反応曲線の交点Eで表される．実際このとき，(4.8)，(4.9) より $(\hat{a}, \hat{b}) = (1, 1)$ で，均衡の条件式 (4.7) がみたされている（練習問題4.3(1)参照）．

クールノー・モデルは，複占企業間の生産量同時決定モデルであった．このほかに，生産量ではなく価格を同時決定するベルトラン・モデル（Bertrand model）もある．

4.5.4 ベルトラン・モデル

19世紀のフランスの経済学者ベルトラン（Joseph Bertrand）によるベルトラン・モデルは，同質的な財を生産している企業間の価格競争を分析するモデルである．そこでは，企業は価格を同時決定し，その価格に応じて市場を通じて数量が決定される．

いま，同一の限界費用をもつA，B2社の複占市場を考え，消費者は価格の安い方の製品を購入するとしよう．また，両者の価格が等しいときには，消費者はどちらの製品を購入するか無差別であるとする．製品が同質であるので，これは理にかなった仮定である．このとき，製品価格に差があれば，当然，より低い価格を設定する企業が市場を独占してしまうことになる．価格が同一ならば，市場は二分されると仮定しよう．この場合のナッシュ均衡はどうなるだろうか？

結論を述べれば，いずれの企業も限界費用に等しい価格を設定し，前提より市場は二分されることになる．これは競争状態での均衡にほかならない．実際，

いま A が限界費用以上に価格を引き上げたとしよう．すると，限界費用で生産している B に市場を独占されてしまうことになる．また，A が価格を引き下げるとすれば，たしかに市場を独占することはできるが，限界費用を下回る価格で生産を続ければ，追加1単位ごとに損失が発生する．いずれにしても，B が限界費用に等しい価格を変えないかぎり，A は価格＝限界費用という戦略を変更するインセンティブをもたない．立場を入れ替えて，B について考えても同じである．

一方，A も B も限界費用を上回る同一の価格を設定すれば，ともに利潤プラスを達成できるのではないだろうか？　たしかにそう思える．しかし，その状態は長く続かないであろう．なぜなら，たとえば A は，B がその価格を維持したままなら，価格をそれより若干下げることによって利潤を確保しつつ同時に市場を独占することができるだろう．したがって，A は戦略を変更する誘因をもつことになり，ナッシュ均衡の定義に当てはまらない．B を主体に考えても同様であり，結局こうした価格引き下げ競争は，限界費用が価格に等しくなるまで続き，その状態に達すれば，お互いに変化するインセンティブがなくなる．これがベルトラン価格競争の均衡状態である．

4.5.5　シュタッケルベルク・モデル

クールノー・モデルは生産量の同時決定であったから，互いに同程度の市場シェアをもつ寡占企業間の競争を記述するのに適している．これに対して，ある突出した企業の行動がその業界全体の動向を左右する寡占産業も考えられる．そのような産業では，部門第1位の企業がまず生産量（あるいは価格）を決定し，他の企業はその決定に追随した形で自らの選択をなすことが考えられる．ここでは，こうした寡占産業の競争モデルであるシュタッケルベルク・モデル（Stackelberg model）をみよう[6]．

クールノー・モデルと同じく，A，B 2つの企業を考え，A が数量先導者（quantity leader）であるとする．すなわち，まず A が生産量を決め，それをみて B が自らの生産量を決めると仮定する．ここで注意しなければならないのは，A は自分の生産量を決定する際，B がそれにどのように反応するかを考慮

---

6)　シュタッケルベルクは20世紀前半のドイツの経済学者．寡占・複占理論を展開した『市場形態と均衡』（1934）で知られる．

して決定するということである．換言すれば，AはBの反応関数を自らの決定に組み込んで最初の提示量を決める．

需要関数がクールノー・モデルと同じく，(4.1)で与えられ，A，Bの限界費用はともにゼロであるとする．まず，Bの決定を考察しよう．BはAの決定 $x_A = a$ を観察してから，それに追随して自らの最適生産量を決定するわけであるから，その反応関数は (4.9) にほかならない．これに対して，Aの反応関数は，(4.9) を考慮して決定されるから，その収入関数は

$$R_A = p x_A = (3 - x_A - x_B) x_A = \left(3 - x_A - \frac{3 - x_A}{2}\right) x_A = \frac{1}{2}(3 x_A - x_A^2)$$

となる．したがって，最適条件 $MR_A = MC_A = 0$ より，Aの最適生産量は $x_A = \frac{3}{2}$ である．このとき，Bの反応関数より，Bの最適生産量は $\frac{3}{4}$ である．したがって，このとき，AとBの費用関数が同じ定数ならば，Aの利潤はBのそれを上回ることになる（練習問題4.3(2)参照）．すなわち，先導して決定したAが，その決定に追随する形で意思決定するBよりも大きな利得を得ていることになる．

4.6 協調と競争：ゲーム理論への架橋

4.6.1 差別化された価格競争

4.5節の冒頭で，企業間の戦略的相互作用をどのように把握するかが，寡占市場における生産量や価格決定プロセスの定義と密接に関連していることを述べた．そのいくつかの例が，すでに述べたクールノー均衡やシュタッケルベルク均衡にほかならない．そこでは，互いに同時・独立に生産量を決定したり，一方の企業の決定に追随したりする戦略を考察した．このほかにも，競合企業数社があえて競争をさけて，互いに暗黙の内に協調しあうこともありうる．たとえば，寡占企業数社が価格をある水準に維持しあうような選択肢が合法的に可能であるなら，その戦略は現実に寡占市場の均衡を定めているかもしれない．ここでは，このような寡占企業間の協調的な均衡とそれを阻む要素を考察しよう．

そのために，複占市場を考え，差別化された製品を生産しているA，B2社が価格競争をしているとしよう．それぞれの製品価格を p_A, p_B とし，それぞ

れが直面している需要を

$$x_A = 10 - 3p_A + p_B \tag{4.10}$$
$$x_B = 10 - 3p_B + p_A \tag{4.11}$$

とする.

　最初に，この両企業は非協力的な関係にあり，お互いに同時・独立にそれぞれの価格を最適な水準に決定しているとしよう．これはクールノー均衡で考察した状態にほかならない．上述のモデルと異なるのは，数量ではなく価格が，選択の対象になっているという点である．それぞれの企業が自らの利潤を最大にするように（生産費用はともにゼロと仮定する）自社の価格のみを決定するとして，反応関数を求めれば，

$$\text{A社の反応関数}: p_B = 6p_A - 10 \tag{4.12}$$
$$\text{B社の反応関数}: p_A = 6p_B - 10 \tag{4.13}$$

となる.

　この点を確かめよう．まず，Aの反応関数について考える．企業Aの利潤 π_A は，生産費用ゼロであるから，$\pi_A = p_A x_A = p_A(10 - 3p_A + p_B) = 10p_A - 3p_A^2 + p_A p_B$ となる．p_B を所与としてこの利潤を最大にする p_A を求める．そのために，価格の引き上げ Δp_A による利潤の増加 $\Delta \pi_A = \pi_A(p_A + \Delta p_A) - \pi_A(p_A)$ を計算し，最適条件 $0 = \Delta \pi_A / \Delta p_A$ に代入すれば，Aの反応関数 (4.12) を得る．Bについてもまったく同様である．この場合のクールノー-ナッシュ均衡は，$(p_A^*, p_B^*) = (2, 2)$ であり，それに対応する利潤は $\pi_A^* = 12 = \pi_B^*$ であることがわかる（練習問題4.3(3)参照）．

4.6.2　価格競争における協調のジレンマ

　企業が同時的に競争するクールノー均衡にある場合，そのときの価格 $(p_A^*, p_B^*) = (2, 2)$ を変化させる誘因は存在しない．しかし，A，B双方が互いに競争しあうのではなく，暗黙の内に結託して，同じ価格を設定することができるとすれば，最適な価格水準はどう変化するだろうか？　いいかえれば，$p_A = p_B$ という条件のもとで，総利潤を最大にするように共通の価格を決定するなら，なんらかの選択の変化が生じるだろうか？

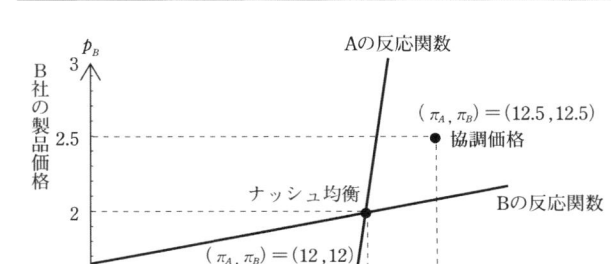

図 4.8　差別化された価格競争と競争・協調解

このとき，A，B は $x_A = 10 - 2p = x_B$ という同じ需要関数をもつことになるから，総利潤は $\pi = p(x_A + x_B) = 20p - 4p^2$ となる．したがって，利潤最大化の価格は $p^* = 2.5$ であり，そのときの利潤はそれぞれ同じ $\pi_A^* = 12.5 = \pi_B^*$ である（図4.8参照）．

協調的な結託が可能であるときの利潤 $\pi_A^* = 12.5 = \pi_B^*$ を，競争的な価格差別競争下での利潤 $\pi_A^* = 12.5 = \pi_B^*$ と比較してみると，興味深い点に気づく．つまり，この2つの企業はクルーノー的な価格競争をめざすより，互いに協調し結託することによってより大きな利益を享受できるという点である．ではなぜ，そのようにしないのであろうか？

いうまでもなく，明らかな価格協定は違法であるから，この場合の協調はあくまで暗黙のもの，つまり，お互いの行動様式に関する推測によって維持される結託でなければならない．では，両者はどのように相手の行動を予測するだろうか？

Aの立場に立って考える．Aが協調的な価格の決定をめざせば，Aはクルー

ノー均衡より0.5高い価格 $p_A=2.5$ を選ぶことになる．このとき，Bもこれに同調するとすれば，上でみた協調的なケースが生じる．しかし，AはBの行動をあらかじめ知りえないので，Bが競争的に価格設定し，自分より0.5逆に安い価格 $p_B=2$ を提示し価格競争にでるとき自分の利潤がどうなるかを考える必要がある．

$p_A=2.5$，$p_B=2$ のとき，それぞれの需要関数の式（4.10），（4.11）に代入して考えれば，$x_A=4.5$，$x_B=6.5$ であるから，利潤は $\pi_A=p_Ax_A=2.5\times4.5=11.25$，$\pi_B=p_Bx_B=2\times6.5=13$ となり，Aはクルーノー型価格競争の際の利潤 $\pi_A^*=12$ より小さい利潤に甘んじなければならなくなる．Bが協調的に行動する可能性もないではないが，それを確実に知る術がないので，この状況はAにとってジレンマとなるであろう．以上のことは，Bを主体にして考えても同様である．このときのA，B双方の価格設定とそれに対応する利潤は，表4.1において，$x_A \to p_A$，$x_B \to p_B$ とおきかえたものになっている．この利得行列は囚人のジレンマ（Prisoners' Dilemma）として知られているものである．この利得行列の2行2列目の利潤 $(\pi_A, \pi_B)=(12.5, 12.5)$ はクルーノー均衡の1行1列目 $(\pi_A, \pi_B)=(12, 12)$ の利潤よりいずれの企業にとっても大きいにもかかわらず，双方とも競争を捨てて協調を選ぶことができない．

現実の価格競争局面では，互いの行動様式を繰り返し観察することができるであろう．その結果，繰り返される競争のある段階では，一定の制限のもとに協調的に行動する余地が生じてくるかもしれない．こうしたより複雑な相互作用の分析は，ゲーム理論の守備範囲である．

練習問題

問題4.1 余剰計算と死荷重

(1) 図4.2において，限界費用曲線と需要曲線の交点で定まる数量・価格の組(0.6, 2.4)（競争市場での数量・価格）に基づいて，消費者余剰と生産者余剰を計算しなさい．

(2) 同じく図4.2において，独占価格のケース（限界費用曲線と限界収入曲線の交点で定まる価格）について，消費者余剰と生産者余剰を計算しなさい．

(3) 図4.2において，独占の死荷重の大きさを求めなさい．

問題4.2 価格差別
(1) 図4.2において，三角形 AOC の面積を計算し，それが利潤に等しいことを確かめなさい．
(2) 二次価格差別のそのほかの例をあげなさい．

問題4.3 複占
(1) (4.1) の需要関数をもつ本文と同じクールノー・モデルで，費用関数がA，Bともに，$C(x_j) = 2x_j^2$ $(j = A, B)$ となる場合について，クールノー均衡を求めなさい．
(2) 企業Aと企業Bの費用関数がともに定数 $C = \dfrac{1}{8}$ であるとき，シュタッケルベルク・モデルにおけるそれぞれの均衡利潤を求めなさい．
(3) 需要関数 (4.10) および (4.11) よりA社とB社の反応関数 (4.12) および (4.13) の導出を詳しく計算し，クールノー‐ナッシュ均衡が $(p_A^*, p_B^*) = (2, 2)$ となることを確かめなさい．

参 考 文 献

西村和雄 (1996)『ミクロ経済学』岩波書店．
Pindyck, R. S. and D. L. Rubinfeld (1998) *Microeconomics*, 4th ed., Prentice Hall.
Shapiro, Carl and Hal R. Varian (1999) *Information Rules: a Strategic Guide to the Network Economy*, HBS Press（千本倖生監訳，宮本喜一訳 (1999)『「ネットワーク経済」の法則』IDG コミュニケーションズ）．
Varian, Hal R. (1999) *Intermediate Microeconomics: a Modern Approach*, 5th ed., W.W. Norton & Company（佐藤隆三訳 (2000)『入門ミクロ経済学』勁草書房）．

第5章　厚生経済学

5.1 はじめに

　経済的取引の効率性をどのように評価するかという論点は，政策論の基礎として重要である．厚生経済学（welfare economics）は，個々の経済主体が合理的に私益を追求した結果として実現する競争均衡（competitive equilibrium）と実現されるべき公益の1つとしてのパレート効率（Pareto efficiency）との関係を，「厚生経済学の基本定理」（fundamental theorem of welfare economics）で明らかにしている．本章の主要な課題は，2つの関連した経済について，その定理を説明することである．すなわち，次節および5.3節で，交換経済における厚生経済学の基本定理を説明し，次に，5.4節および5.5節で，生産可能性フロンティア（production possibility frontier）を定義し，そのうえで生産をともなう経済における厚生経済学の基本定理を説明する．

5.2 交換経済

5.2.1 エッジワースの箱と配分

　エッジワースの箱および次項のパレート効率については第3章ですでに述べたが，後の分析に必要なのでここで復習しておこう．
　個人の消費者AおよびBが，各々，X財およびY財の消費に直面しているケースを考える．いま，X財およびY財の総量が定まっているものとし，各々，$\bar{x}, \bar{y}$と表し，以下，これらの分配問題を考える．
　Aが消費するX財およびY財の数量を，各々，x_Aおよびy_Aと表し，Bが消費するX財およびY財の数量を，各々，x_Bおよびy_Bと表す．各人は，各

図 5.1 エッジワースの箱

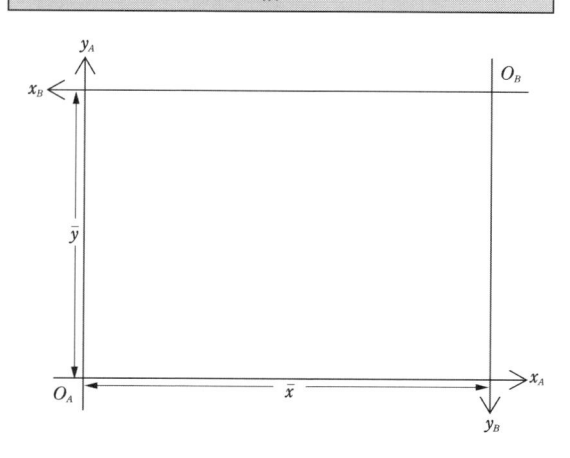

財の総量に規定される財空間に属する任意の点 (x_A, y_A) および (x_B, y_B) について合理的な選好をもつものとする．ただし，x_A, y_A, x_B, y_B は，いずれも非負の実数であるものと仮定する[1]．

一般に，$\bar{x}=x_A+x_B$ および $\bar{y}=y_A+y_B$ をみたす点の組み $((x_A, y_A), (x_B, y_B))$ は，配分（allocation）とよばれる．

図5.1には，各辺の長さが $\bar{x}=x_A+x_B$ および $\bar{y}=y_A+y_B$ となるように，各人の無差別曲線図の原点を位置づけた長方形が描かれている．特に，右上の O_B がBの原点であることに留意しよう．このエッジワースの箱の内部および境界の点で，2人・2財モデルにおける任意の配分を表現することができる．

ここで，任意の配分が，そのエッジワースの箱によって表現できることを改めて例示しておこう．いま，X 財を紅茶，Y 財をワインとし，消費者Aの紅茶およびワインの消費量を，各々，x_A および y_A，消費者Bによる紅茶およびワインの消費量を，各々，x_B および y_B とする．また，紅茶およびワインの総量が与えられており，各々，1000ccおよび750ccであるものとしよう．このとき，A，Bにとって可能な紅茶およびワインの消費量の範囲が定まり，$0 \leq x_A \leq 1000$，$0 \leq y_A \leq 750$，$0 \leq x_B \leq 1000$，$0 \leq y_B \leq 750$ となる．

---

[1] 任意の数量の交換および消費が可能であることを意味し，財の分割可能性の仮定とよばれる．

仮に，Aが紅茶およびワインの双方をすべて占有するなら $(x_A, y_A) = (1000, 750)$ と書けて，財の総量が所与であることから，Bについて $(x_B, y_B) = (1000-1000, 750-750) = (0, 0)$ である．したがって，配分は $((x_A, y_A), (x_B, y_B)) = ((1000, 750), (0, 0))$ と書けて，図5.1の原点 O_B で表される．

また，個人間で財を折半しているなら，$(x_A, y_A) = (500, 375)$，$(x_B, y_B) = (1000-500, 750-375) = (500, 375)$ であるから，配分は $((500, 375), (500, 375))$ と書けて，図5.1の中心の点で表される．

さらに，仮にAが紅茶だけを500cc消費するときは，$(x_A, y_A) = (500, 0)$ であるから，Bについて $(x_B, y_B) = (1000-500, 750-0) = (500, 750)$ となるので，配分は $((x_A, y_A), (x_B, y_B)) = ((500, 0), (500, 750))$ であり，図5.1の境界上に位置する．その他，同様にして財の利用可能な数量が与えられるなら，エッジワースの箱の内部および境界の点で個人間の配分決定のすべての選択肢を表現することができる．

5.2.2 パレート効率とパレート優位

ある配分においてある個人の状態を悪化させることなしに他の個人の状態を改善することができるなら，その配分は，パレート優位（Pareto superior）であるという．

たとえば，図5.2において，点 k から（Bの無差別曲線 U_B^0 に沿って）点 l へ移ると，点 l では，Bの状態が悪化することなしに（特に，このケースでは，Bの状態は変わらない），Aの状態が改善するので，点 l は k に対してパレート優位である．

点 l に対しては，曲線 U_B^0 上にパレート優位な点が存在しない．このとき点 l は，パレート効率的（あるいは，パレート最適（Pareto optimal））であるという．すなわち，ある配分において，ある個人の状態を悪化させることなしに，他の個人の状態を改善することができないなら，その配分はパレート効率的（Pareto efficient）である．

また，定義より，点 k を通るAの無差別曲線 U_A^0 とBの無差別曲線 U_B^0 とで囲まれる領域の内部の点は，点 k に対していずれもパレート優位であり，両者の無差別曲線の接点の軌跡（図5.2の曲線 lm）は，パレート効率的である．

図 5.2 契約曲線

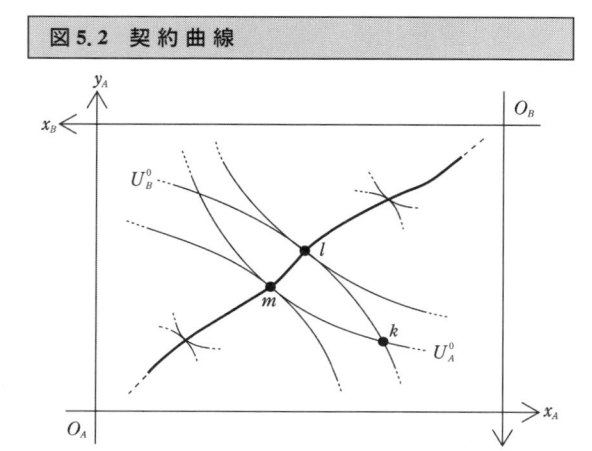

このように，エッジワースの箱に属する任意の配分に対してパレート効率的な配分をとると，AおよびBの無差別曲線の接点の軌跡（図5.2の点lおよびmを通る曲線）として描くことができる．この軌跡は，エッジワースの箱におけるパレート効率的な配分の集合であり，契約曲線（contract curve）とよばれる．エッジワースの箱の任意の点のうち，契約曲線上に存在しない点については，両者の無差別曲線で囲まれる領域が存在して，その内部の点は元のそれに対してパレート優位である．しかし，契約曲線上の点については，その点に対してパレート優位な点が存在しないので，パレート効率的である．

5.2.3 コ　ア

上述の議論では，経済を構成する全メンバーに関して，パレート効率的な交換を考えた．これに関連して，経済を構成するメンバーのうちの少なくとも1人が，集団を形成し，その集団内で（1人のケースでは，当人自らにとって）効率的な交換を考える．

諸個人の一部ないし全員からなる集合を結託（coalition）とよぼう．2人のケースでは，{A}，{B}および{A, B}が，各々，結託である．

すべての結託について，ある配分からの再配分により全メンバーの状態が悪化せず，少なくとも1人の状態が改善する配分が存在しないなら，その配分の集合はコア（core）とよばれる．

図 5.3　コ　ア

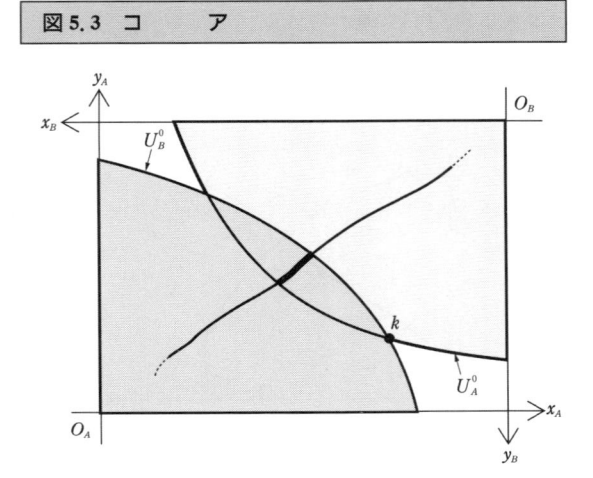

たとえば，図 5.3 の点 k からの再配分を考えると，コアは次の 3 つの領域の共通集合である．すなわち，

(1) 結託 $\{A\}$ については，薄いシャドウの領域で当人の状態が改善する．
(2) 結託 $\{B\}$ については，濃いシャドウの領域で当人の状態が改善する．
(3) 結託 $\{A, B\}$ について，契約曲線で少なくとも一方の個人の状態が改善する．

したがって，コアは，契約曲線のうち両者の無差別曲線で囲まれる領域に属する部分（図 5.3 の太線部分）となる．

5.2.4　交換のインセンティブ

各人が交換に先立って財の一定量を保有している経済を想定しよう[2]．いま，A が保有している X 財および Y 財の数量を x_A^0 および y_A^0 と表し，B が保有している X 財および Y 財の数量を x_B^0 および y_B^0 と表す．これらは，初期保有量（initial holdings）あるいは初期賦存量（initial endowment）とよばれる．その前提で点 k を A, B の初期配分 $((x_A^0, y_A^0), (x_B^0, y_B^0))$ と考え，以下，その配分においてどのような交換のインセンティブが生じるかを考える．

---

[2]　生産部門の固定を意味する．

図 5.4 交換のインセンティブ

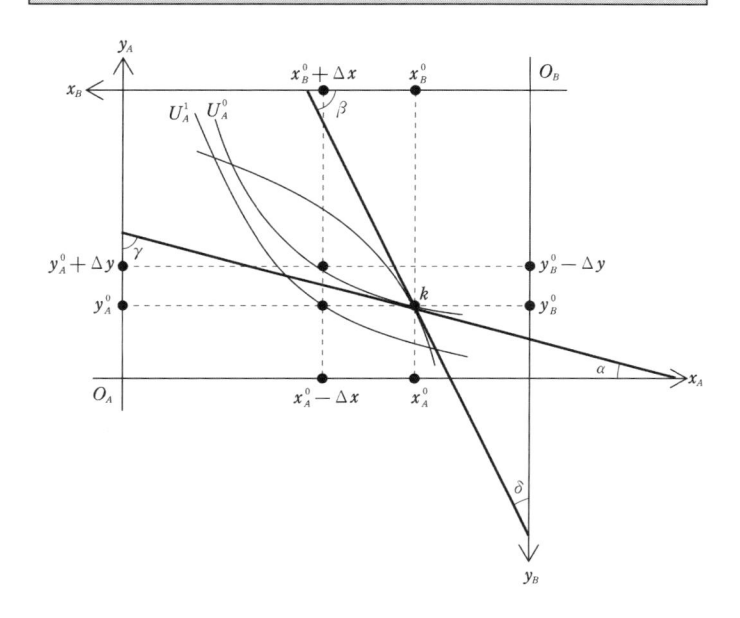

　まず，図 5.4 を用いて，点 k における A の X 財に対する限界評価をみる．いま，他の事情を一定にして，x_A^0 から X 財を Δx だけ減らすと，A の状態が悪化する（すなわち，無差別曲線が，U_A^0 から U_A^1 へシフトする）が，Y 財を Δy だけ増やせば，A に関して点 k と無差別な点が得られる．

　このように，A に関して，Δx だけの X 財の消費量が減少することによって生じた状態の悪化を補うのに，Δy だけの Y 財の消費量の増加を要することが知られているとき，各財の消費量の変化分の比，すなわち $\dfrac{\Delta y}{\Delta x}$ について，Δx を限りなくゼロに近づけると，それは X 財の（Y 財で測定された）限界代替率（marginal rate of substitution; 以下，本節では MRS と略記する）に近づく．この値は，点 k における A の X 財に対する主観的な限界評価を意味し，点 k における無差別曲線 U_A^0 の接線の傾きの絶対値で測定される．これを α としよう．

　他方，点 k における B の X 財に対する MRS は，同様にして，B の無差別曲線 U_B^0 の点 k における接線の傾きの絶対値で測定され，これを β とする．

　それら 2 つの MRS の関係をみるため，β の対角をとると，点 k において

$0<\alpha<\beta$ であることがわかる．すなわち，初期の配分において，個人BがX財をAよりも高く評価している．

他方，点kにおけるAのY財に関するMRSをγとし，BのY財に関するMRSをδとすると，前者の対角をとることにより，$0<\delta<\gamma$であり，初期の配分において，Y財についてはAの方がBよりも高く評価していることがわかる．

以上の分析より，点kでは，追加的1単位の取引量について，

(1) 個人AがX財をBに与えて，それと引き換えにY財を受け取るインセンティブ

および

(2) 個人BがY財をAに与えてX財を受け取るインセンティブ

が同時に生じているので，両者は交換に合意することになる．

このように，個人間でMRSが乖離しているかぎり，消費が留保され，交換が継続することになる．そして契約曲線上の点（すなわち，無差別曲線の接点）に達すると，両者の各財に関するMRSが等しくなり，両者の消費が実現する．

5.2.5　効用フロンティア

契約曲線上で実現している両者の状態の組みの軌跡を効用フロンティア（utility frontier）または効用可能性曲線という．この曲線上の任意の点は，パレート効率的な配分で実現している両者の状態（すなわち，効用水準）の組みである．

たとえば，図5.5の点Kは，図5.4の点kで実現している両者の状態の組みを表している．これに対して，パレート優位な配分で実現している状態の組みは，点Kを始点とする2本の点線で囲まれている領域に属し，そのうち実行可能な（すなわち，エッジワースの箱に属する）配分で実現している組みの集合は，そのシャドウ部分である．その境界，すなわち効用フロンティアの太線部分は，コアで実現している状態の組みである．

一般に（すなわち，図5.5の原点以外では），パレートの基準を用いて，効用フロンティア上の点のうちコアに属していない点（たとえば，図5.5の点MとL）との間での比較は不可能である．その比較不可能性の問題を解決する方法として，次の2つが考えられる．すなわち，経済的厚生（economic

図 5.5　効用フロンティア

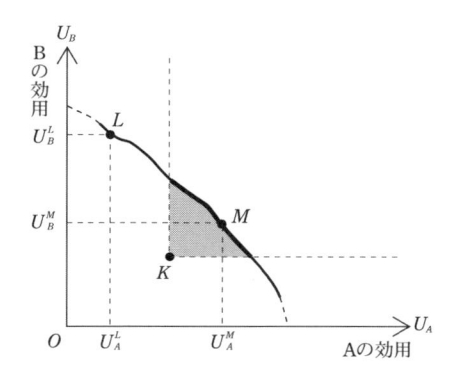

welfare)（あるいは社会的厚生（social welfare））という新しい基準を定義する方法[3]と，その方法を用いないで，効率をパレートの基準よりも緩やかなそれで定義する方法とである．後者が，カルドア‐ヒックス基準とよばれるものである．

5.2.6　カルドア‐ヒックス基準

　カルドア‐ヒックス基準（Kaldor-Hicks criterion）は，ある再配分によって状態が改善するある個人 A およびその再配分によって状態が悪化する別の個人 B が存在して，個人 A から B への潜在的な補償によって，個人 B の状態が改善されるか否かで社会的状態（すなわち，個人 A および B の状態の組み）を比較するものである．ここで，潜在的な補償とは，補償が，実際には，行われないケースを許容していることを意味する．この基準によれば，前述のパレート基準による比較不可能性を克服することができる．

　いま，図 5.5 の点 L から M への移行を考えると，その移行をもたらす再配

---

[3]　経済的厚生を個人 A および B の状態の関数として定義し，ある水準の経済的厚生を実現する各人の状態の組みの軌跡を，効用フロンティアの図に書き加えることができる．たとえば，「最大多数の最大幸福」という功利主義のアイデアを両者の状態の合計の最大化として定式化するなら，その経済的厚生関数は傾きが -1 の直線群として描かれる．そのとき，効用フロンティア上の相異なる 2 点間の比較が可能となる．今泉（2000）を参照．

分によって，個人Aの状態は改善し，個人Bのそれは悪化する．そのときAの効用水準の増加分（すなわち，$U_A^M - U_A^L$）が，Bの効用水準の減少分（すなわち，$U_B^L - U_B^M$）を補償するのに十分であり，その結果，両者が改善されるなら，AからBへの補償を実際に要求しなくても，カルドア-ヒックス基準に照らして，LよりもMの方が望ましいと判断される[4]．

このように，LおよびMの2点間について，$U_A^M - U_A^L > U_B^L - U_B^M$であるかぎり，点$M$の方が$L$よりも望ましいと判断するカルドア-ヒックス基準は，パレート基準よりも社会的状態をランキングする性能が優れている[5]．

しかし，倫理的な見地から，パレート基準の妥当性を次のように主張することができるであろう．すなわち，パレート基準では，効用フロンティア上の任意の点で当事者間の合意が実現しているが，カルドア-ヒックス基準では，状態が悪化した個人，たとえば，点Mにおいて個人Aから補償されるべき個人Bが，実際には補償がないことについて，事後的に合意しないかもしれない．しかし，社会的な評価の際にはそのことが問われないまま，点Mが相対的に望ましいと評価されるので，当事者間の合意（consent）が犠牲にされる恐れがある．

5.3 市 場 経 済

5.3.1 厚生経済学の第1基本定理

前節では，財同士を交換するバーター取引を考察の対象としていたが，本節以降，対価をともなう取引で実現する配分の効率性を論じる．

財の価格は，各々の市場で決まるものとし，X財およびY財の価格を，各々，p_xおよびp_y（ただし，いずれも正の値）とする．個人AおよびBはそれらの価格を所与として行動するものとする．すなわち，各人を，価格受容者（price

---

[4] 理論上，カルドア-ヒックス基準で望ましいとされる状態の条件は，「富」の合計が最大化される状態のそれと同じであり，補償の有無が問われないことになる．Miceli (2000) の序論を参照．

[5] カルドア-ヒックス基準には，論理的な問題もあることが指摘されている．すなわち，2つの相異なる社会的状態（AおよびB）間の移行について，交互にカルドア-ヒックス基準をみたすことがあり，そのときカルドア-ヒックス基準が，状態AがBよりも望ましくかつ状態BがAよりも望ましいという論理的な矛盾をもたらすことになるというものである．この結果は，シトフスキー・パラドクス（Scitovsky paradox）とよばれている．今井・宇沢・小宮・根岸・村上 (1971) あるいは奥野・鈴村 (1988) を参照．

第5章　厚生経済学

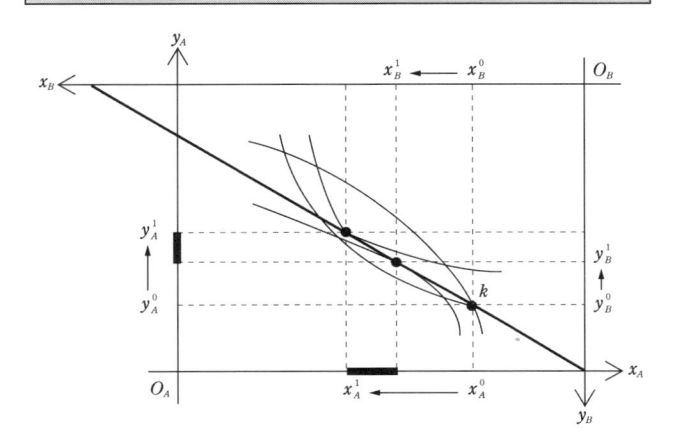

図5.6　調整過程

taker) であるものとし，市場価格で評価された予算制約下で自らの効用を最大化する取引量を決めるものとする．

　まず，図5.6の点 k を通る予算線を考える．その傾きの絶対値は，2財間の一時的な価格比率を表し，個人Aの所得額は $p_x x_A^0 + p_y y_A^0$，個人Bの所得額は $p_x x_B^0 + p_y y_B^0$ である．その予算制約下での個人AおよびBの最適点は，各々，(x_A^1, y_A^1) および (x_B^1, y_B^1) である．x_A^1 および y_A^1 は，各々，個人AのX財およびY財の需要量を意味し，また x_B^1 および y_B^1 は，各々，個人BのX財およびY財の需要量を意味するので，初期の価格体系下で，個人AはX財を販売し，Y財を購入する意思 (willingness) があり，他方，個人BはX財を購入し，Y財を販売する意思があることになる．以下，各財の過不足のない取引が市場メカニズムによってもたらされることを示そう．

　図5.6において，X財に関して，個人Aは $x_A^0 - x_A^1$ だけ販売する意思があり，個人Bは $x_B^1 - x_B^0$ だけ購入する意思がある．前者を，X財の供給量，後者をその需要量とよぶと，初期の価格体系のもとでX財の市場では，(原点 O_A からみると) $x_B^1 - x_A^1$ だけ超過供給量が生じている．他方，Y財については，需要量が $y_A^1 - y_A^0$ であり，供給量が $y_B^0 - y_B^1$ であるから，(原点 O_A からみると) $y_A^1 - y_B^1$ だけ超過需要量が生じている．この不均衡のもとでは取引が留保され，次のように市場メカニズムが機能する[6]．すなわち，いま，ワルラス調整過程

図 5.7 競争均衡

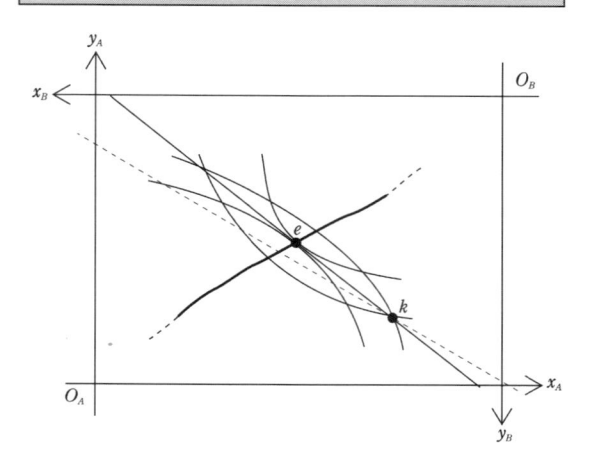

(Warlasian adjustment process) を経由して価格が改訂されるとき，X 財の価格が下落し，Y 財の価格が上昇するので，予算線が点 k を中心に時計回りに回転する．その結果，しだいに不均衡が縮小し，両財の需給が一致する．

そのときの配分を図 5.7 の点 e で表すと，両者の限界代替率が等しいので，取引が実現する．この点を，競争均衡配分 (competitive equilibrium allocation) といい，それが実現しているときの価格を競争均衡価格 (competitive equilibrium price) という．また，競争均衡配分および競争均衡価格の組みを競争均衡 (competitive equilibrium) という．競争均衡配分は，上述のパレート効率的な配分の条件をみたしているので，契約曲線上に存在する．すなわち，競争均衡配分が実現すれば，その配分はパレート効率的である．この結果は，「厚生経済学の第 1 基本定理」とよばれる．この結果を以下に要約的に述べておこう．すなわち，

厚生経済学の第 1 基本定理

すべての経済主体が価格受容者であり，すべての財が市場を経由して取引されるとき，ある配分が競争均衡として実現するなら，その配分はパレート効率

---

6) 以下の説明においては，市場均衡の安定性を仮定している．

図 5.8 効率性概念の関係

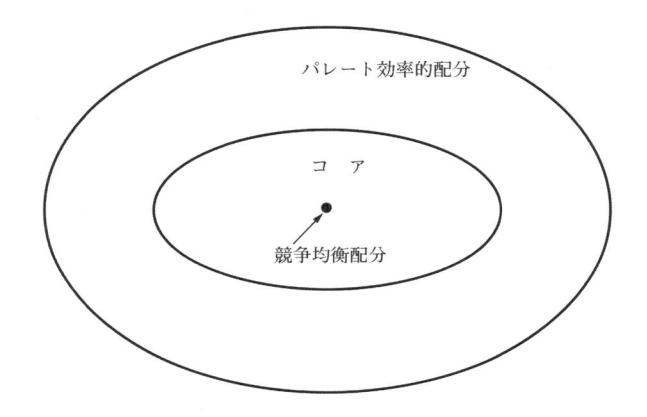

（図：パレート効率的配分の楕円の中にコアの楕円があり、その中に競争均衡配分の点がある）

的である.

　これは，特定の経済環境で実現する市場メカニズムの成果を示すと同時に，「市場の失敗」に関する公共政策の理論的基礎となる．この点は次章で論じられる．

　これまでに定義されたパレート効率的な配分の諸概念の包含関係は，図 5.8 のとおりである.

5.3.2 配分の公正

　個人の消費者 A および B の状態が，自らの消費量の組み (x_A, y_A)，(x_B, y_B) のみに依存するものとし，その状態を $U_A(x_A, y_A)$，$U_B(x_B, y_B)$ と書く[7]．いま，A について A の消費量の組み (x_A, y_A) の代わりに，B の消費量の組み (x_B, y_B) を与えたときに実現する状態を $U_A(x_B, y_B)$ と書く．同様に，B について B の消費量の組み (x_B, y_B) の代わりに，A の消費量の組み (x_A, y_A) を与えたときに実現する状態を $U_B(x_A, y_A)$ と書く．このとき，

7）これは外部効果の捨象を意味する．

図5.9 配分の公平性

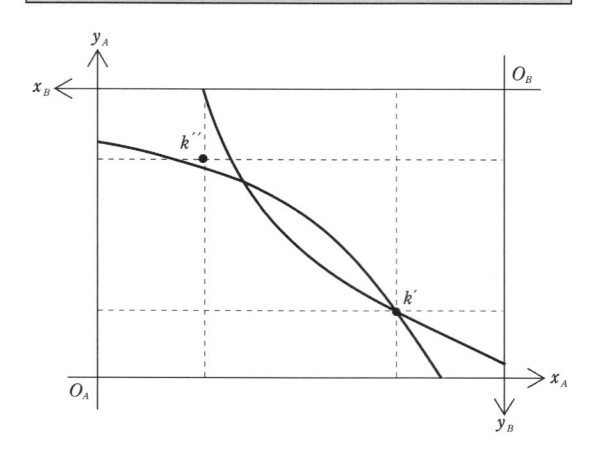

$$U_A(x_A,\ y_A) \geqq U_A(x_B,\ y_B)$$
$$U_B(x_B,\ y_B) \geqq U_B(x_A,\ y_A)$$

なら，配分 $((x_A,\ y_A),\ (x_B,\ y_B))$ は，公平 (equitable) であるという．

たとえば，図5.9の点 k' について，仮に，AにBの消費量の組みを与え，BにAの消費量の組みを与えると，点 k'' を得る．

これを5.2.1項で用いた，A，Bの利用可能な X 財および Y 財の数量が $0 \leqq x_A \leqq 1000$，$0 \leqq y_A \leqq 750$，$0 \leqq x_B \leqq 1000$，$0 \leqq y_B \leqq 750$ のケースでみるために，いま，点 k' を配分 $((x_A,\ y_A),\ (x_B,\ y_B)) = ((800,\ 150),\ (200,\ 600))$ であるものとすると，点 k'' は配分 $((x_A,\ y_A),\ (x_B,\ y_B)) = ((200,\ 600),\ (800,\ 150))$ と書ける．

点 k' を通るA（あるいはB）の無差別曲線の位置から，A（あるいはB）の状態は k'' に移ることによって悪化することがわかる．したがって，定義より，点 k' は公平である．

前述のように，図5.3あるいは図5.4における点 k はパレート効率的な配分ではない．しかし，市場メカニズムの機能によって，配分の公平および効率の両立が可能である．

それを示すために，いま，初期の配分が平等であるケースを考える．ここで

配分が平等であるとは，個人間で各財が折半されていることを意味する．すなわち，個人 A，B の初期の消費量の組みをそれぞれ (x_A^0, y_A^0)，(x_B^0, y_B^0) と書くと，$(x_A^0, y_A^0) = (x_B^0, y_B^0)$ である．このとき両者は，まったく同じ予算線に直面している．これは他者が購入できる消費量の組みのうち自らが購入できないものはまったく存在しないことを意味する．その制約下で，均衡消費量の組み $((x_A^*, y_A^*), (x_B^*, y_B^*))$ が競争均衡配分として実現し，個人 A，B について

$$U_A(x_A^*, y_A^*) \geqq U_A(x_B^*, y_B^*)$$
$$U_B(x_B^*, y_B^*) \geqq U_B(x_A^*, y_A^*)$$

が成立する．したがって，競争均衡で実現する配分は，パレート効率的でありかつ公平である．特に，ある配分がパレート効率的でありかつ公平であるとき，その配分は公正（fair）であるという．

5.3.3 厚生経済学の第 2 基本定理

一般に，競争均衡は，無差別曲線群で表される個々の嗜好および初期の配分に依存して決まる．両者の無差別曲線群を所与とすると，たとえば，図 5.10 の点 $\tilde{k}$ のように初期の配分が偏向しているケースでは，市場メカニズムが，依然として偏向した競争均衡配分をもたらすことになる．

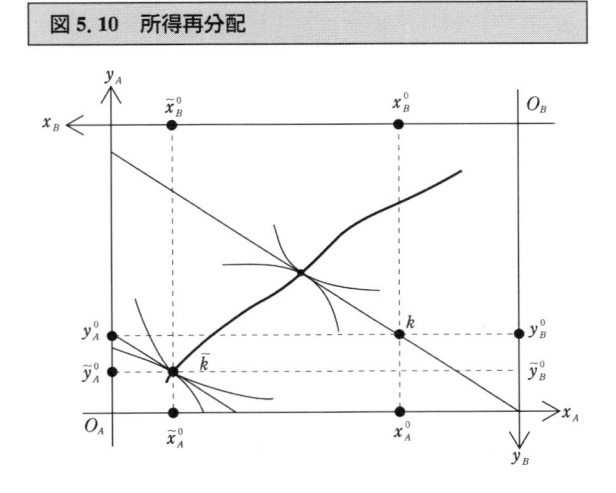

図 5.10　所得再分配

しかし，経済活動の水準に依存しない定額の租税である一括税（lump-sum tax）による再分配を実行して，点$\tilde{k}$からkへ初期配分を移行することにより，競争均衡配分の偏向は緩和する．なぜなら，一括税の適用という意味での再分配政策を実行すると，均衡価格で評価された点$\tilde{k}$を通る予算線は，点kを通る予算線へシフト（このケースでは平行移動）する．その後，市場メカニズムの機能に委ねるなら，所望の競争均衡配分が実現するからである．この結果は，「厚生経済学の第2基本定理」とよばれる．以下，それを要約的に述べておこう．

厚生経済学の第2基本定理
　パレート効率的な任意の配分は，初期の配分に対する再分配政策が可能なら，競争均衡として達成されうる．

　このように，市場メカニズムは，個々の経済主体の合理的行動に基づいてパレート効率的な配分を達成するだけでなく，再分配政策が補完的に機能しさえすれば，パレート効率的な配分を競争均衡配分として達成することもできる．

5.4　生産経済

5.4.1　要素配分

　本節では，生産セクターにおける要素配分のパレート効率を考える．そこで，いま，2つの企業A，Bが，各々，2種類の生産要素K，L財を投入して異なる財を生産するケースを考える．ここで，X財の生産に用いられる要素投入量の組みを(k_A, l_A)，Y財の生産に用いられる要素投入量の組みを(k_B, l_B)と表す．ただし，各要素投入量は正の値であるものとする[8]．K財およびL財の各要素賦存量を$\bar{k}$，$\bar{l}$と表すと，$\bar{k} = k_A + k_B$および$\bar{l} = l_A + l_B$をみたす$((k_A, l_A), (k_B, l_B))$は，生産要素に関する「配分」と解釈することができる．

---

[8]　X財およびY財の生産関数は，標準的な仮定をみたす新古典派型生産関数であるものとする．

5.4.2 契約曲線

ある配分が存在して，一方の財の生産量を減少させることなしには他方の財の生産量を増加させることができないとき，その要素配分はパレート効率的である．

図5.11には，生産要素に関するエッジワースの箱が描かれている．すなわち，企業Aの原点をO_Aとし，横軸に要素Lの投入量，縦軸に要素Kの投入量が測定されている．企業Bの原点O_Bは，エッジワースの箱の辺々の長さが各要素賦存量に等しくなるように位置づけられている．この箱の中に各企業のX財，Y財の等量曲線群が書き込まれており，それらの接点の軌跡は，生産要素に関する契約曲線である．すなわち，この曲線上の配分では，企業間の技術的限界代替率が等しいので，パレート効率的な要素配分が実現している．

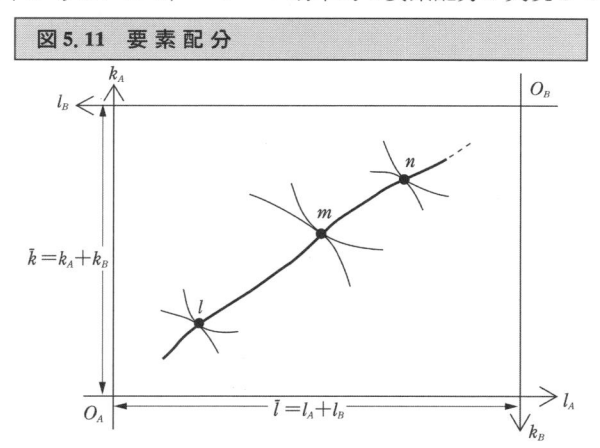

図5.11 要素配分

図5.12には，その生産要素の契約曲線上の配分で実現するX財とY財の生産量の組みの集合が描かれている．これは生産フロンティア（production frontier）または生産可能性曲線とよばれている．いま，図5.11の点mに対応する生産フロンティア上の点をとり，それを図5.12における点Mとする．一般に，生産フロンティア上の点の接線の傾きの絶対値は，限界変形率（marginal rate of transformation；以下，MRTと略記する）とよばれる．これは，効率的な要素配分について，追加的1単位の生産量を増加させるために，どれだけ他方の財を減少させなければならないかを示している．次節では，この概念を用いて，生産および消費のパレート効率を論じる．

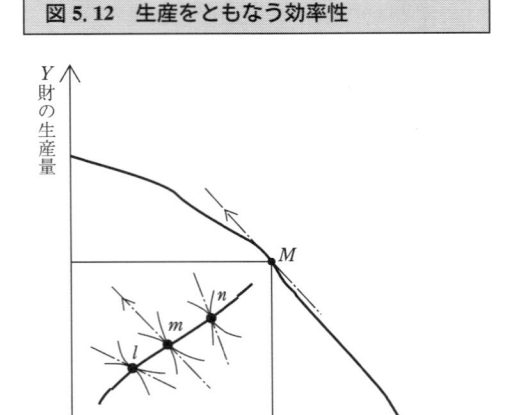

図 5.12　生産をともなう効率性

5.5　生産経済と交換経済

　生産フロンティア上の点（たとえば，M）は，交換経済で取引される各財の総量を意味するので，図5.12のように，生産フロンティアの内側でエッジワースの箱のサイズが定まる（原点および点Mが，各々，図5.11のO_A，O_Bおよびmに対応する）．本節では，点Mで表された各財のパレート効率的な生産量に関して，生産経済と交換経済とが統合された経済でのパレート効率的な配分を考える．

　契約曲線上の点のうち，限界代替率が点Mでの限界変形率よりも小さくなるものをとり，それを点lとしよう．この点について，他の事情を一定にして，X財を1単位減らすと，それによってX財への要素投入量が減るので，その減少分をY財の生産に転用することができるものとしよう．このときY財は点Mにおける限界変形率だけ増加する．

　その増加分を個人Bに与えるとき，Bは，限界代替率に等しいY財を得れば元の状態と無差別であるが，限界変形率はそれを上回っているので，状態が改善することになる．したがって，点lは，パレート効率的でない．

　次に，限界変形率よりも限界代替率が大きくなる契約曲線上の点nについ

ても同様の議論が成立する．すなわち，点 n から，他の事情を一定にして，X 財を1単位減らすと，Y 財を点 M における限界変形率だけ増やすことができる．これを個人Bに与えても，Bは，限界代替率に等しい Y 財を得れば，元の状態と無差別であるが，限界変形率がそれを下回っているので，状態が悪化することになる．したがって，点 n も，パレート効率的でない．

ところが点 m は，限界代替率が限界変形率に等しいので，パレート効率的である．したがって，生産経済と交換経済とを統合した経済では，パレート効率的な配分の条件は以下の3つに要約される．すなわち，

(1) 個人間の限界代替率の均等
(2) 企業間の技術的限界代替率の均等
(3) 限界代替率および限界変形率の均等

である．

個人および企業が合理的な選択を行うとき，前者は，限界代替率が財の価格比率に等しくなる取引量を決定し，後者は，限界変形率が価格比率に等しくなる生産決定を行う．価格受容者の仮定のもとでは，個人および企業が直面する財の価格比率は共通であるから，均衡で，各人の限界代替率および限界変形率が価格比率に等しく，パレート効率的である．このように，生産をともなう経済においても競争均衡は，パレート効率的となる．

練習問題

問題 5.1 エッジワースの箱におけるパレート効率の定義をパレート優位との関係で説明しなさい．

問題 5.2 個人AおよびBが，各々，$(\bar{x}_A, \bar{y}_A)$ および $(\bar{x}_B, \bar{y}_B)$ を初期に保有している交換経済で，無差別曲線が $x_i y_i =$ 正の定数，$i = A, B$ であるとき，以下の問いに答えなさい．
(1) 契約曲線を求めなさい．
(2) 上で求めた契約曲線をエッジワースの箱に図示しなさい．
(3) 価格体系を導入して，競争均衡が契約曲線に属することを示しなさい．

問題 5.3 生産および消費の効率が同時に実現する条件を説明しなさい．

参考文献

細江守紀・大住圭介編(1990)『ミクロ・エコノミックス』有斐閣.
今井賢一・宇沢弘文・小宮隆太郎・根岸隆・村上泰亮(1971)『価格理論II』岩波書店.
今泉博国(2000)「市場と経済厚生」,細江守紀・今泉博国・慶田収編『現代ミクロ経済学』勁草書房,第3章.
Miceli, T. J. (1998) *The Economics of Law: Tort, Contract, Property, and Litigation*, Oxford University Press(細江監訳(1999)『法の経済学-不法行為,契約,財産,訴訟』九州大学出版会).
西村和雄(1990)『ミクロ経済学』東洋経済新報社.
奥野正寛・鈴村興太郎(1988)『ミクロ経済学II』岩波書店.

第6章　市場の失敗

6.1　はじめに

　第3章で学んだように，完全競争市場においては，社会的総余剰が最大化されるという意味で，社会的効率性が達成されるのであった．そこでは消費者の効用最大化行動と生産者の利潤最大化行動の結果，すべての財に対して限界代替率と価格の比が一致し，さらに，生産のための限界費用と財の価格が一致するという意味で調和のとれた帰結が実現される．

　しかし，現実には市場が完全競争の条件をみたしていることは稀であり，そのような市場では非効率な生産と消費が行われることになる．すなわち，さきに述べた限界条件がもはや成り立たなくなってしまう．このように資源配分を市場の自由な取引にだけ任せておいた結果，資源配分の効率性が達成されなくなることがある．このような状況を市場の失敗（market failure）という．

　市場が失敗する理由やその原因を明らかにすることは，ミクロ経済学の大きな目的の1つであり，昨今話題となっている環境問題や公共政策などの理解を深めるためにもきわめて重要なことである．6.2節では本章の主題である市場の失敗がどのような経済環境のもとで，どのような理由で発生するのか，いくつかの例を用いて理解する．6.3節では生産活動において発生する外部性が市場を失敗させる仕組みについて分析する．さらに，市場の失敗を是正する方策を探るために，政府の介入の効果とコースの定理の意味を検討する．最後に，6.4節では公共財の最適な供給について分析する．そもそも公共財とは何なのか，なぜ，市場メカニズムに任せておいては公共財が最適に供給されずに，市場が失敗してしまうのか，また，公共財と私的財の最適供給条件はどのように違うのか，などについて考察する．

市場の失敗を引き起こす原因の代表的なものにはほかにも独占や寡占の存在，情報の非対称性や不確実性の存在などがある．

6.2 市場の失敗

6.2.1 市場の失敗とは何か

市場メカニズムはいくつかの条件をみたすときには，社会的に効率的な資源配分を実現することができる．それらの条件の第1は，すべての経済主体は価格に対してなんら影響を及ぼすことができず，与えられた市場価格のもとで最適な行動をとるという完全競争の条件である．第2は凸性の条件とよばれるもので，限界代替率逓減の法則や限界生産性逓減の法則などが成り立つことを要求するものである．これらの法則は，通常のミクロ経済学では想定されている条件である．第3はすべての財には市場が成立しているという条件である．すなわち，どのような財にも排他的な所有権が設定されており，また，それらの権利を取引する市場も存在しているということである．これは市場の普遍性の条件とよばれる．

現実にはこれらの条件は必ずしもみたされることはなく，そのときには市場メカニズムはうまく機能せず，市場がパレート最適な資源配分に失敗することになる．このような市場の失敗は狭義の市場の失敗とよばれる．市場が第1の条件をみたさずに失敗する例としては，独占市場や寡占市場があげられる．これらの市場では企業は価格支配力をもち，社会的総余剰の最大化が達成されないことはすでにみてきたとおりである．生産の面で第2の条件がみたされない例としては費用逓減産業の例があげられる．身近なところでは水道や電気などの公益事業がこれにあたる．これらは通常膨大な固定費用を必要とし，生産規模の増大にしたがって平均費用が逓減していく．したがって，生産規模が小さく平均費用がかなり大きいときには，私企業による当該財の供給は行われない．また，生産規模が十分に大きくなり私企業による供給が可能となっても，今度は独占の問題が発生する．第3の条件がみたされず市場が失敗する理由の代表的なものに，外部性の存在や公共財の存在，情報の非対称性や不確実性の存在などがある．外部性とはある経済主体の行動が，市場メカニズムを経ることなしに，他の経済主体の効用や利潤などに影響を与えることをいう．これらの影

響といったものは市場での取引が行われることはないので，外部性の大きさが最適な規模に制御される必然性はなく，往々にして市場は失敗してしまう．公共財とは，6.4節で詳しく説明するが，ひとたびそれが供給されると，誰もが対価を支払うことなく，自由にそれを消費できるような財のことをいう．したがって，そのような財の必要性が社会的に認められていても，誰もが進んでそのような財を供給しないか，たとえ供給したとしても供給量は過小になってしまうので，市場は公共財の最適な供給には失敗してしまう．

　市場の失敗という言葉を広い意味でとると，資源配分の効率性のみならず，社会厚生上求められる公正性にも関わってくる．たとえ市場が効率的な資源配分に成功したとしても，それが社会的に受け入れられるような所得配分である保障はどこにもない．狭義の市場の失敗にこの問題を加えたものを広義の市場の失敗という．

　市場の失敗をさらに広く解釈すると，失業や景気変動などのマクロ的諸問題をも含めるべきであるかもしれない．しかし，本章ではこれを狭い意味に理解し，第3の条件がみたされない市場の資源配分のパレート効率性についてのみ関心を注ぐことにする．

6.2.2　市場の失敗の例

　この項では，市場が失敗する代表的な例をとりあげ，なぜ市場が失敗してしまうのか，その理由を直感的に理解することにしよう．

例6.1　外　部　性

　ある湖で養殖業者がマスの養殖をしている．その湖岸にはある工場が立地していて，工場排水を湖に垂れ流している．その工場排水が養殖業者に損害を与えているのはいうまでもない．簡単化のために，養殖業者がとることができる行動は養殖を継続することか，中止することであり，工場がとることができる行動は操業を停止するか，1単位の生産を行うか，2単位の生産を行うかであるとしよう．彼らの利潤は彼らがどのような行動をとるかによって決まる．それを表したのが表6.1である．

　この表は利得表とよばれるものであり，それぞれの数字の組みの左側には工場の利潤が，右側には養殖業者の利潤が記入されている．表6.1の読み方は次

表 6.1 利　得　表

		養殖業者	
		中止	継続
	0 単位	0, 0	0, 10
工場	1 単位	9, 0	9, 7
	2 単位	12, 0	12, 1

のようになる．いま工場が1単位操業したとする．そのとき養殖業者が操業を中止すれば，工場の利潤は9，養殖業者の利潤は0となり，養殖業者が操業すれば，工場の利潤は9，養殖業者の利潤は7となる．この表から，工場の生産量が大きくなると，養殖業者が事業を継続した場合の利潤が減少していることがわかる．これは工場排水による水質の悪化によって，養殖のための環境が悪化し，マスの生産量が減少したことを示している．このようにある経済主体の行動が他の経済主体の利潤などに影響を与える現象は外部性とよばれる．工場は養殖業者に対して，外部性を発生させているのであるが，その外部性自体そのものは工場の利潤になんらの影響を与えることはないので，工場は2単位の生産を行うことになる．その結果，工場が1単位の生産を行うときと比べて（どちらの場合も養殖業者は養殖を続けるのであるが），両者の利潤の和は小さくなり，市場は効率的な生産に失敗することになる．

例 6.2　公　共　財

　ある喫茶店と書店の境界に共有の放置された花壇がある．その花壇に花を植えれば店の前が華やかになり，多くの客が来店することにより収入の増加が見込まれる．花1本当たりの価格を3とし，花壇に植えられる花の本数を x で表そう．また花壇の花に対する喫茶店の需要関数は価格を p とすれば，$p = D_1(x) = -\frac{1}{3}x + 4$，書店の需要関数は $p = D_2(x) = -\frac{1}{3}x + 3$ であるとしよう[1]．これらの需要関数はそれぞれ図6.1の D_1D_1，D_2D_2 のように描ける．このとき，2つの店は自発的に費用を負担して，共有の花壇に花を植えようとするだろうか．またその結果，社会的な効率性は達成されるのであろうか．図

---

[1] 需要関数については第1章1.4.1項の個別需要曲線の項を参照．

図 6.1 公共財

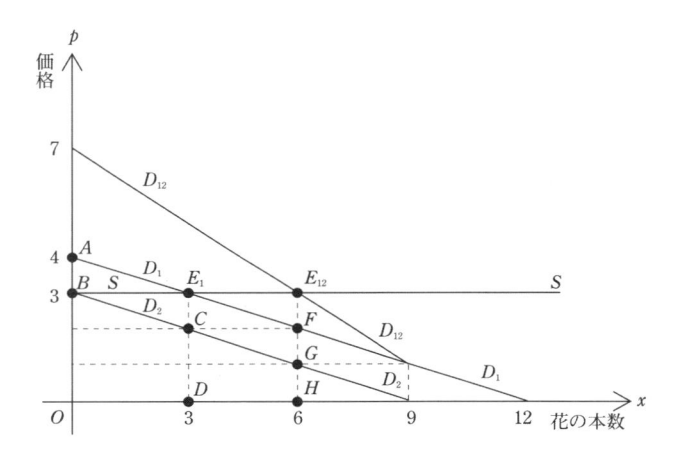

6.1 をみてみよう.

喫茶店の需要曲線 D_1D_1 だけが供給曲線 SS と交わっているので，2 つの店の自由な意思に任せておくと，書店は 1 本の花も植えることなく，喫茶店は 9 の費用を負担して 3 本の花を植えることになる．このときの社会的な効率性を社会的総余剰を用いて測ってみよう．ここでいう社会的総余剰とは，生産者余剰はゼロになるので[2]，書店と喫茶店の消費者余剰の和である．書店は自らが花を植えなくても，喫茶店が植えてくれるのであれば，「花壇の花」という財（サービス）を消費することができる．したがって，3 本の花が植えられているときの書店の消費者余剰は，書店は費用を分担していないので，四角形 $BODC$ の面積（= 7.5）で表される．一方，喫茶店は費用をすべて負担しているので，喫茶店の消費者余剰は三角形 ABE_1 の面積（= 1.5）になる．したがって，このときの社会的総余剰は 9 になることがわかる．

次に，花の本数が 6 本のときの社会的総余剰を計算し，3 本のときと比較してみよう．ここで，6 本という花の本数は 2 つの需要曲線 D_1D_1 と D_2D_2 を足しあわせた曲線 $D_{12}D_{12}$（図 6.1 を参照）が供給曲線 SS と交わったときの本数であ

---

2) 第 3 章図 3.10 からもわかるように，供給曲線が水平になる場合，生産者余剰は 0 になる．

る.花の本数が6本であるときの喫茶店の便益[3]を金額に換算すると四角形 $AOHF$ の面積（$=18$）になり，書店のそれは四角形 $BOHG$ の面積（$=12$）で表されることになる．また，6本の花を植えるための費用は四角形 $BOHE_{12}$ の面積（$=18$）になるので，結局，このときの社会的総余剰は12になる．このことより，花を植えることを彼らの自由な意思に任せていては，社会的な効率性は達成されず，市場が失敗してしまうことがわかる．

例6.3 共有地の悲劇

ある村に4人の酪農家がいて，その村のなかに共同で牧草地をもっている．そして，そこには誰もが自由に牛を放牧することができる．どの人も牛を3頭まで買うことができて，牛1頭の価格は2である．酪農家 i が放牧する牛の数を x_i とし，酪農家 i の利潤 π_i は次の式で表されるとする．

$$\pi_i = x_i[18-(x_1+x_2+x_3+x_4)]-2x_i, \quad i=1, 2, 3, 4.$$

ここで，$[18-(x_1+x_2+x_3+x_4)]$ は牛1頭当たりの生産性であり，放牧される牛の数が増えれば増えるほど牧草地の餌が減り，その値は小さくなっていくことを示している．彼らは自分の利潤が最大になるように自分が放牧する牛の数を決定する．このような状況のとき，彼らは何頭ずつの牛を放牧し，いくらずつの利潤を得ることができるのだろうか．この問題を解くために表6.2をみてみよう．この表はある酪農家の利潤を表しており，左側の列の数字はその人が放牧する牛の数であり，一番上の行の数字はその他の人たちが放牧する牛の数の合計である．たとえば，自分が放牧する牛の数が2頭で，他の3人が放牧する牛の合計が4頭であるとき，放牧される牛の合計数は $2+4=6$ なので，牛1頭当たりの生産性は $18-6=12$ となり，この酪農家の利潤は $2 \times 12 - 2 \times 2 = 20$ となることを示している．

この表からもわかるように，他の人たちが何頭牛を放牧しようとも，自分は常に3頭の牛を放牧することが，その人にとって最もよい行動である．このことは他の人たちについてもいえるので，結局，全員がそれぞれ3頭ずつの牛を放牧し，各人が12の利潤を得ることになる．

---

[3] 便益については第3章の消費者余剰の項を参照.

表 6.2 共有地の悲劇

		\multicolumn{10}{c}{他人が放牧する牛の数}

		0	1	2	3	4	5	6	7	8	9
自分が放牧する牛の数	0	0	0	0	0	0	0	0	0	0	0
	1	15	14	13	12	11	10	9	8	7	6
	2	28	26	24	22	20	18	16	14	12	10
	3	39	36	33	30	27	24	21	18	15	12

　ここで，酪農家たちが1人当たり2頭ずつの牛を放牧したとしよう．そうすると，彼らはそれぞれ16の利潤を得ることができる．このことは，彼らは自分の利潤が最大になるように自分が放牧する牛の数を3と決めたはずなのに，結果的には利潤が最大化されず，市場が失敗してしまうことを示している．このような市場の失敗は一般に共有地の悲劇と呼ばれている．

6.3　外　部　性

6.3.1　外部性とは何か

　市場が失敗する原因の1つに外部性 (externality) の存在があげられる．はじめに外部性とは何かを説明して，その後で外部性の存在がなぜ市場の失敗を引き起こすのかを説明しよう．

　外部性とはある消費者の効用水準やある企業の生産能力などが，他の消費者や企業の行動によって付随的に影響を受けること，あるいは，その影響それ自体のことをいう．他の経済主体になんらかの悪い影響を及ぼす外部性は負の外部性 (negative externality)，あるいは，外部不経済 (external diseconomy) とよばれ，良い影響を与えるものは正の外部性 (positive externality)，あるいは，外部経済 (external economy) とよばれる．ある企業が生産を行う際に，工場から騒音や悪臭を近隣の住宅地に撒き散らし，住民の閑静な生活環境を損なうのであれば，それは負の外部性の例である．その街に工場ができたおかげで人口が増え，新しいショッピングセンターができ，バスの便も増えて生活が便利になったのであれば，工場のオープンは近隣の住民に正の外部性を与えたこと

になる．また，ある外部性はある経済主体にとっては正の外部効果を与えるものであっても，他の経済主体に対しては悪い影響を与えていることもある．たとえば，近所から聞こえてくるピアノの音色を心地よく聞いている人もいれば，不快に感じる騒音としか思わない人もいるのはそのような例の1つである．

外部性のうち，その影響が市場における価格を通じて間接的に及ぼされるものを金銭的外部性（pecuniary externality）といい，市場での取引を経ない直接的な影響を技術的外部性（technological externality）という．さきほどの，工場の移転が生活を便利にした例や工場が騒音や悪臭を撒き散らす例は技術的外部性である．一方，その工場が技術革新により生産量を増大させ，製品の市場価格を引き下げることによってライバル企業の利潤を減らすことになれば，それは金銭的外部性の例である．技術的外部性は市場の失敗を引き起こすが，金銭的外部効果は価格機構の中で作用するので，市場の効率性を損なうものではない．われわれの関心は市場の失敗にあるので，これ以降，外部性といえば技術的外部性のことをさすことにする．

6.3.2 完全競争市場における外部性

理論的には正の外部性も市場の失敗を引き起こしてしまうのであるが，現実には公害問題をはじめ多くの経済的，社会的問題は負の外部性によるものが多い．そこでこの項では，生産活動の副産物として発生する負の外部性が，社会の効率性に与える影響を簡単なモデルを用いて分析してみよう．

企業が完全競争市場において生産活動を行っているが，それらの企業は生産と同時に負の外部性，たとえば騒音や悪臭，を発生させている例を考えよう．もし，それらの企業がそのような騒音や悪臭による損害を補償する必要がなければ，それらの企業は生産を行うにあたっては，私的費用（private cost）である自らの生産費用のみを考慮して生産量を決定すればよい．しかし，企業の生産にかかわる社会的費用（social cost）はそれらの企業の私的費用と外部性による損害の費用の和である．したがって，このような場合には私的限界費用が社会的限界費用より小さくなるため，企業は社会的総余剰を最大にする生産量以上の生産を行い，過度の外部不経済を生じさせ，市場は効率的な資源配分に失敗することになる．

このことを完全競争市場を表す図6.2を用いて説明しよう．価格をp，生産

図 6.2 完全競争市場

図 6.3 完全競争市場における負の外部性

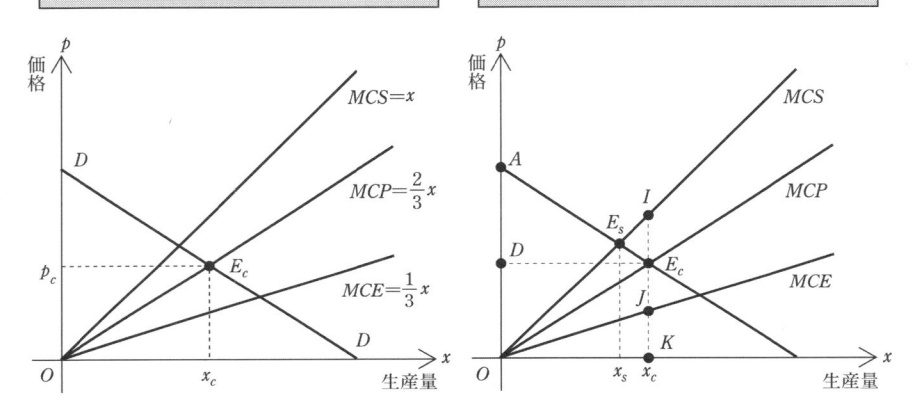

量を x で表し，逆需要曲線は $DD = -\frac{2}{3}x + 600$ で，市場全体の供給曲線は $MCP = \frac{2}{3}x$ で与えられているとしよう．第 3 章で学んだように，市場均衡は供給曲線と逆需要曲線の交点 E_c となるので，この市場全体では $x_c = 450$ の生産が行われ，均衡価格は $p_c = 300$ となることがわかる．さて，ここで企業は生産活動を行う際に負の外部性を発生させていることを思い出そう．曲線 MCE はこの市場で発生する限界外部費用を表しており，$MCE = \frac{1}{3}x$ で与えられていると仮定しよう．したがって，社会的限界費用曲線 MCS は $MCS = MCP + MCE = x$ で与えられることになる．

さて，企業が外部不経済を発生させながら，$x_c = 450$ の生産を行っているときの社会的総余剰を求めてみよう（図 6.3）．第 3 章で学んだように，消費者余剰は三角形 ADE_c の面積で表され，生産者余剰は三角形 DOE_c の面積で与えられる．しかし，このとき三角形 OJK の面積に相当する負の外部費用が発生しているので，社会的総余剰は三角形 AOE_c の面積から三角形 OJK の面積を引いたものになる．ここで，線分 IE_c と線分 JK の長さが等しいことにより，三角形 OJK と三角形 OIE_c の面積は等しくなり，結局，社会的総余剰は三角形 AOE_s の面積から三角形 E_sIE_c の面積を差し引いたものになる．

一方，曲線 MCS は社会的限界費用を表しているので，社会的総余剰を最大にする生産量は $x_s = 360$ であり，それは企業の利潤を最大にする生産量 $x_c = 450$ より小さくなっている．このときの消費者余剰は三角形 ACE_s の面積

図6.4 死荷重

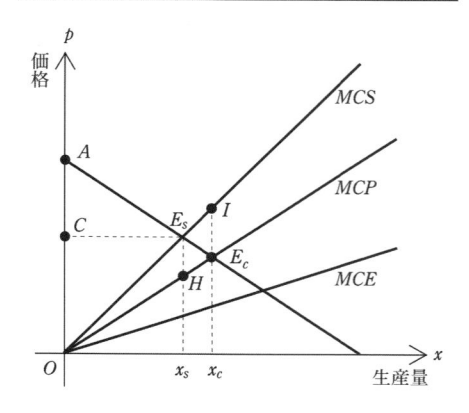

になり，生産者余剰は四角形 $COHE_s$ の面積で与えられる（図6.4）．そして，三角形 OE_sH の面積にあたる負の外部費用が生じているので，社会的総余剰は差し引き三角形 AOE_s の面積で表されることになる．つまり，社会的に最適な点 E_s での社会的総余剰は，企業の利潤を最大にする点 E_c での社会的総余剰より三角形 E_sIE_c の面積の分だけ大きくなっている．この三角形 E_sIE_c の面積は負の外部性による死荷重（デッドウェイト・ロス（deadweight loss））とよばれる．

　以上のことからわかったことを簡単にまとめてみよう．まず1つは，繰り返しになるが，外部性が存在すれば完全競争市場においては社会的総余剰は最大化されないということである．いいかえれば，第5章で学んだ厚生経済学の基本定理が成り立たないということである．これは外部不経済の発生に関して規制が行われていない完全競争市場では，企業は生産量を決定するにあたって私的限界費用のみを考慮するため，社会的に最適な水準以上の生産が行われ，その結果として過大な負の外部性が生じるということを意味している．2つめは，生産活動により外部不経済が発生するのであれば，社会的に最適な負の外部性の大きさはゼロにはならないということである．たしかにわれわれは騒音や悪臭のない環境での生活を望むのであるが，生産活動が必要であるかぎりこの負の外部性から逃れられないのである．

6.3.3 政府の介入

前項では，負の外部性が存在する場合，市場を自由な競争に任せると社会的効率性が失われることをみてきた．そこで，外部不経済を抑制し社会的総余剰を最大化するためには，政府による市場への介入が考えられる．

もし，政府が負の外部性により発生する損害の大きさや需要曲線，限界費用曲線などにかかわる情報を正確に知ることができるのであれば，政府はなんらかの方法で生産量を社会的に最適な水準に制御することができる．最も直接的な方法は，市場での生産量の総量を $x_s = 360$ に規制することである．

次に，政府が限界外部費用を正確に知ることができるのであれば，生産者に対して生産物1単位当たり限界外部費用と同じ額だけの課税を行うことで，政府は社会的総余剰を最大化することができる．なぜならば，この課税により企業の私的限界費用曲線 MCP は社会的限界費用曲線 MCS と同じものになり，企業の利潤最大化行動が社会の効率性をもたらすことになるからである．そして，このときの税収額は三角形 OE_sH の面積（＝21600）で表されることになる．このように，他の経済主体に及ぼしていた負の外部性による損害の費用を，その発生者に負担させるようにすることを外部性を内部化する（internalize）という．

また，政府は社会的に最適な生産量 x_s における社会的限界費用と私的限界費用の差に相当する金額（ここでは120）を生産物1単位当たりに課税するこ

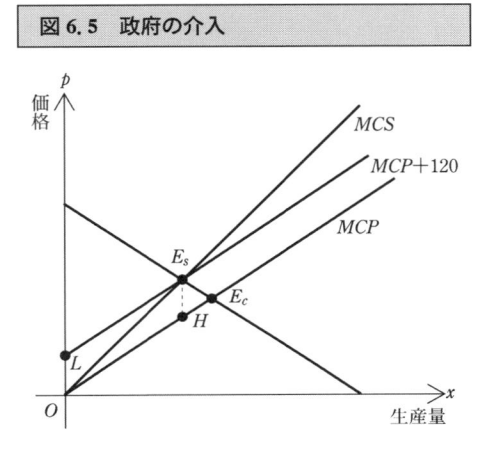

図6.5 政府の介入

とによっても，外部性を内部化することができる．この課税の方法はピグー的課税とよばれる．ピグー的課税を行うと，図6.5のように企業の私的限界費用曲線は120だけ上にシフトすることになり，均衡点はE_cからE_sへと移動してパレート最適が達成される．このときの税収額は四角形$LOHE_s$の面積（＝43200）で示される．

　これら2つの課税の仕方による税収額は異なるが，社会的総余剰を最大にするという意味では同じ効果をもっている．しかし，これらの課税は資源配分の効率性についてのみ効果的な役割を果たすが，所得配分についてはなんら考慮されていないことに注意しておこう．また，政府はどのようにして限界外部費用などを正確に求めることができるのかなど，実行可能性に関して問題は少なくない．

6.3.4　独占市場における外部性

　この項では独占市場における負の外部性の効果を図6.6によって分析しよう．完全競争市場では，社会的効率性の基準からみて過大な生産が行われ，過度の外部不経済が発生したのであった．ところが，独占市場では生産量が社会的に最適な生産量を上回ることも，下回ることもありうる．

　6.3.2項と同じ逆需要曲線と供給曲線を想定しよう．完全競争市場と同様に，

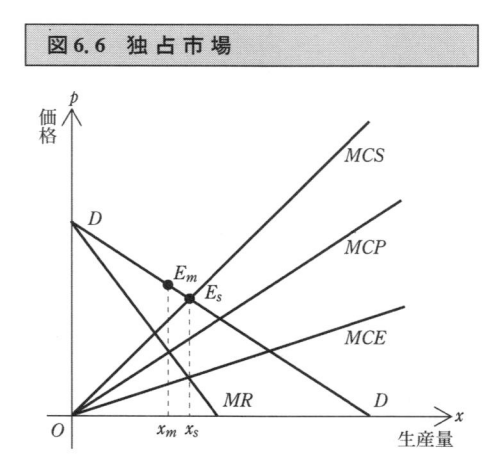

図6.6　独占市場

独占企業は外部費用を無視し，私的費用のみを考慮して生産量を決定する．独占市場における生産量は限界収入曲線 MR と私的限界費用曲線 MCP の交点によって決まるので，この市場では，$x_m = 300$ の生産が行われることになる．

このことは負の外部性が発生するときでも，独占生産量 x_m は社会的に最適な生産量 x_s より少なくなりうることを示している．どうしてこのようなことになるのであろうか．独占企業は自らが生産する財の価格をその限界費用より高く設定しようとするため，社会的効率性からみて生産量が過小になる力が働く．一方，独占企業は社会的限界費用ではなく，私的限界費用に基づいて生産量を決定しようとするため，生産量は過大になる力が働く．どちらの効果が大きくなるかは需要の価格弾力性と外部不経済の大きさに依存する．需要の価格弾力性がかなり大きいものであれば，x_m は完全競争市場における生産量 x_c よりわずかに少ないものとなるので[4]，外部不経済が生じるときには，x_m は x_s より大きくなるかもしれない．一方，限界外部費用が十分に小さければ，社会的限界費用と私的限界費用はほとんど同じになるので，x_m は x_s より少なくなる傾向にある．

次に，社会的総余剰の大きさを図6.7(a)によって比較してみよう．外部性が存在しない場合，完全競争市場における社会的総余剰は独占市場におけるそれより大きいものであった[5]．しかし，外部性が存在するときには，必ずしもこの関係は成り立たない．x_m は完全競争市場における生産量 x_c より必ず小さいので，もし，x_m が x_s より大きければ，$x_s < x_m < x_c$ という関係が成り立ち，このとき生産量が x_s に近いほど社会的総余剰は大きくなるので，独占市場での社会的総余剰は完全競争市場のそれよりも大きくなる．一方，x_m が x_s より小さい場合には，どちらの市場の死荷重が大きいかを調べなければならない．

負の外部性が存在する独占市場での消費者余剰は図6.7(b) の三角形 ABE_m の面積，生産者余剰は四角形 $BOGE_m$ の面積となり，このとき三角形 OFG の面積に相当する負の外部経済が発生しているので，社会的総余剰は差し引き四角形 $AOFE_m$ の面積で表される．これは，この負の外部性を発生させている独

---

[4] 完全競争においては，価格が与えられれば個々の企業の需要曲線は水平になるので，需要の価格弾力性は無限大になる．したがって需要の価格弾力性が大きくなるほど，完全競争の状態に近づくことになるので，このことがいえる．

[5] これについては第4章4.2.4項の独占の効率性分析の項を参照．

図 6.7　独占市場における負の外部効果

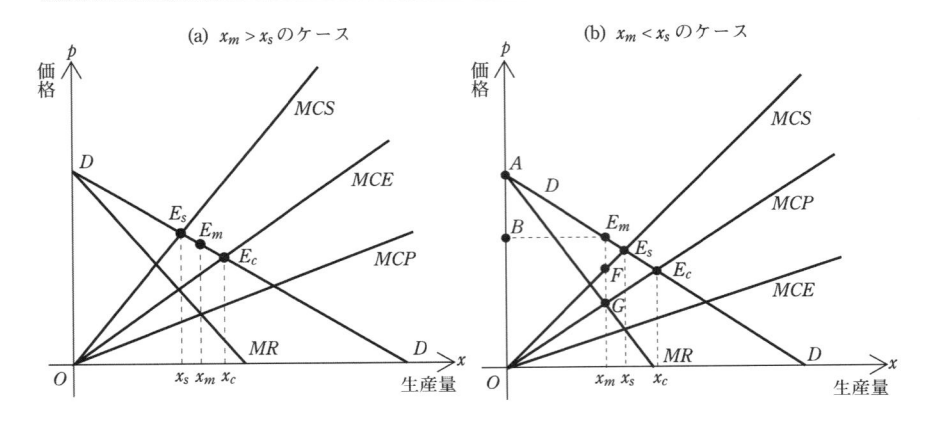

(a) $x_m > x_s$ のケース

(b) $x_m < x_s$ のケース

占市場の社会的総余剰が，三角形 $E_m F E_s$ の面積の分だけ，外部性が存在しない完全競争市場の社会的総余剰より小さくなっていることを示している．この面積 $E_m F E_s$ がこの独占市場の死荷重を表しているので，面積 $E_m F E_s$ と完全競争市場での死荷重を表す三角形 $E_s I E_c$ の面積の大小が，外部性が存在するときの，独占市場と完全競争市場の効率性の良し悪しを決定することになる．

最後に，政府の介入の効果についてみてみよう．完全競争市場では，負の外部性を発生させている企業に対して，適切な課税を行うことで社会的効率性を達成することができたが，独占市場では必ずしもそうはならない．x_m が x_s より小さいときには，政府は，課税ではなく，補助金を与えることにより生産量を増加させ，社会的総余剰を増加させることができる．

6.3.5　コースの定理

6.3.3項では負の外部性が発生する完全競争市場では，政府が適切な課税を行うことによって，パレート最適な資源配分を実現することができることをみた．その特徴は課税という政府の介入によって，外部性を内部化することにあった．これとは対照的に，外部性が発生する原因となる財に関してなんらかの法的な権利を配分すれば，外部性が市場取引の対象となり，外部性を吸収することができると考えられる．これはコースの定理（Coase theorem）とよばれ，

適切に法的な権利が付与されれば，当事者間の自発的な交渉によって，社会的な効率的な資源配分をもたらすことができるということを主張するものである．

コースの定理が意味するところを6.2.2項の例6.1を用いて説明しよう．この湖に関する権利が明確でなければ，工場は大量の汚水を湖に垂れ流してしまい，養殖業者に損害を及ぼすことになる．その結果，養殖業者は養殖を続けても1の利潤しか得ることができず，両者の利潤の和は13になる．

さて，養殖業者がこの湖の環境を維持する権利をもっているものとしよう．そうすると，養殖業者は水質汚染の代償として，たとえば，工場に対して生産量1単位当たり8の補償金を請求することができるとしよう．養殖業者にそのような権利を付与することで，利得表は表6.4のようになる．このとき，工場は1単位の生産を行い，養殖業者は養殖を行うことになり，彼らの得る利潤は工場が1，養殖業者が15になる．この結果，両者の利潤の和が16になるという意味で社会的な効率性が達成される．

次に，工場がこの湖の環境を汚染できる権利をもっているとしよう．この場合は，工場は生産量を減少させるための補償として，たとえば，生産量1単位当たり5の補助金を養殖業者に求めることができるとしよう．これにより利得

表6.3 利 得 表

		養殖業者 中止	養殖業者 継続
工場	0単位	0, 0	0, 10
	1単位	9, 0	9, 7
	2単位	12, 0	12, 1

表6.4 養殖業者が権利をもつケース

		養殖業者 中止	養殖業者 継続
工場	0単位	0, 0	0, 10
	1単位	1, 8	1, 15
	2単位	−4, 16	−4, 17

表6.5 工場が権利をもつケース

		養殖業者 中止	養殖業者 継続
工場	0単位	10, −10	10, 0
	1単位	14, −5	14, 2
	2単位	12, 0	12, 1

表は表6.5のようになる．このときも自らの利潤を最大化するために，工場は1単位の生産を行い，養殖業者も事業を継続することになる．ただし，彼らの得る利潤は工場が14，養殖業者が2となり，利潤の配分は先程とはまったく異なったものになる．しかし，両者の利潤の和は16になり，社会的な効率性が達成されることに変わりはない．

　以上のことを簡単にまとめてみよう．コースの定理は，市場の失敗を解消するためには政府の市場への介入以外にも方法がある，ということを示している．そして，その特徴は外部性を発生させている者にそれを発生させる権利を与えるか，外部性を受けている者にそれを発生させない権利を付与するかにより，外部効果を市場化することにあるといえる．コースの定理が主張していることは，1つめは，交渉にかかわる障害が何もないとすれば，適切に法的な権利を付与することにより，当事者たちの利潤の和を最大にするという意味で効率的な配分が達成されるということ．2つめは，効率性は誰にその権利を与えるかということにかかわらず達成されるが，誰がその権利を得るかということは利潤の配分に大きな影響を与える，と要約できるであろう．

　コースの定理は政府が直接市場に介入せずに資源の効率的配分を達成させる方法をわれわれに教えてくれるものであるが，この定理が主張することを現実に実行するには多くの障害がある．いくつかあげるとすると，まず，誰がどのような権利をもっているのか，あるいは，誰にどのような権利を付与すべきなのかを確定することは容易ではない．さらに，当事者を特定することは多くの場合，長い時間と大きな費用を要するであろう．また，交渉のための費用がとても高くなると，それは交渉による利益より大きくなり，そもそも交渉が行われることはない．たとえ交渉が行われたとしても，交渉によって得られる利益の大きさは当事者の交渉力に大きく依存する．さらに，外部不経済にかかわる費用などの正確な情報がないと，交渉の結果は非効率的に終わってしまう，などの問題があげられるであろう．

6.4 公共財

6.4.1 公共財とは何か

　前節では市場の失敗が生じる原因の1つとして，負の外部性の効果について説明した．ここでは，正の外部性をもつ典型的な財である公共財を分析の対象とし，公共財の供給に関して市場メカニズムがうまく働かない理由を明らかにする．

　これまでの各章で取り扱ってきた財は，実は私的財（private goods）とよばれるものであった．暗に仮定されてきた特徴の第1は，対価を支払わない者にはその財を消費させないことができる，という性質をもつことである．たとえば，ある人が買ったパンはその人の所有物であり，通常それを他の人が食べることはできない．このような性質を排除性（property of exclusion）という．2つめは競合性（property of rivalry）とよばれるもので，誰かがその財を消費すれば，他の人はその人と同時にその財を消費することができないという性質である．要するに，ある人がそのパンを食べてしまったとき，他の人はそのパンを食べることができないということである．別の言い方をすると，他の人にもパンを食べさせるためにはさらに費用がかかるということを意味する．

　公共財（public goods）とは私的財の対極に位置するともいえる財である．すなわち，その財をある1人の消費者に供給するときには，他のいかなる消費者もその消費から排除できないか，しようとしても膨大な費用がかかるという意味で非排除性（non-excludability）をもち，多くの消費者が同時にその財を消費することができ，しかも，ある消費者がその財の消費に新規に参加しても既存の消費者の消費を妨げたり，減少させたりしないという意味で非競合性（non-rivalrous）をもつ財であると定義される．いいかえれば，非競合性とは誰かのためにその財を供給したならば，他の消費者のためにその財を供給する追加的費用はかからないということを意味している．公共財の例としてしばしばあげられるのは国防や警察のサービスである．ある国を外国の侵略から守るとき，その国に住む特定の誰かひとりだけを侵略から守らないことは不可能であり（非排除性），また，その国に子供が産まれて国防サービスを受ける者が増えたとしても，他の国民が受ける国防サービスの量に変化はない（非競合性）．

表 6.6　財 の 分 類

	排除性あり	排除性なし
競合性あり	私的財	共有財産 準公共財
競合性なし	クラブ財	公共財

　われわれは非排除性と非競合性の2つの性質を尺度にすべての財を分類することができる．公共財とはそれらの2つの性質を同時にもつ財であり，私的財とはその両方ともたない財であることはすでに説明したとおりである．一方，非排除性と非競合性のどちらか片方のみの性質をもつ財も数多く存在する．たとえば，高速道路は混雑現象が起こらないかぎり競合性はなく，料金所を設けることで通行料金を支払わない利用者を排除するのは容易である．このように競合性をもたないが排除性をもつ財はクラブ財（club goods）とよばれ，利用者がある一定水準に達していない映画館や遊園地などがその例としてあげられる．また，非排除性は備えているが，競合的な財も存在する．これらの性質をもつ財は共有財産（common property），あるいは，準公共財（impure public goods）とよばれるが，その経済学的意味は6.4.3項で詳しく解説することにする．

　以上の分類を簡単にまとめると表6.6のようになる．もっとも現実的には，排除性や競合性のあるなしは厳密に定義しうるものではなく，ある程度の基準として判断すべきものであろう．

6.4.2　公共財の供給

　前項で定義された公共財は非排除性と非競合性をもつため，競争的な市場メカニズムに任せていては効率的な資源配分は達成しえない．すなわち，公共財は供給されないか，されても社会的に最適な量より少なくなってしまう．たとえば，そのサービスを受ける者の数が膨大で非排除性がほぼ完全にはたらく国防や警察サービスなどは，市場の成立さえ確保できないであろう．なぜなら，ひとたびそれらのサービスが供給されたならば，どの消費者も対価を支払うことなくそれらを享受することができる．さらに，これらのサービスに対して自

図6.8 公共財の最適供給条件

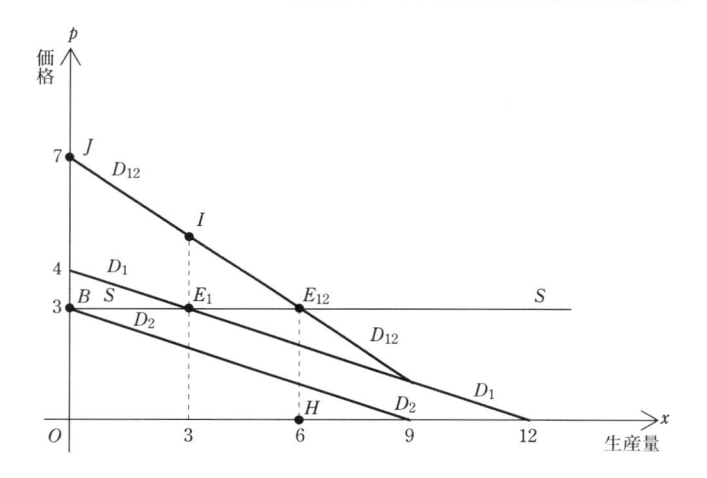

分が費用を負担したとしても，その供給量にほとんど影響を与えることはない．その結果，どの消費者も費用負担を回避しながらそのサービスを享受しようとするので，すなわち，そのサービスにただ乗り（free ride）しようとするので，市場メカニズムのもとではそれらのサービスは供給されなくなってしまう．

6.2.2項の例6.2を用いて公共財の最適供給条件を示し，市場メカニズムに任せていては公共財が一般には過小に供給されることを説明してみよう．この経済が喫茶店と書店のみからなるとすると，「花壇の花」という財が公共財であることは明らかであろう．「花壇の花」が喫茶店と書店に供給するサービスの水準は同じであるが，それから受ける便益は必ずしも同じではない．喫茶店と書店の限界便益を表す需要曲線 D_1D_1 と D_2D_2 の形状が異なるのはそのためである．公共財は非競合性をもつので，社会全体が受ける総便益は喫茶店と書店が受ける便益の合計になる．したがって，社会全体の需要曲線は D_1D_1 と D_2D_2 を垂直に足しあわせた曲線 $D_{12}D_{12}$ となる．

さて，公共財の最適供給条件はどのように表されるであろうか．図6.8より明らかなように，社会的総余剰（総便益マイナス総費用）は6本の花が供給されるときに最大になる（三角形 JBE_{12} の面積）．すなわち，このときに公共財は最適に供給されていることになり，このときに成り立つ社会全体の限界便益

が限界費用と等しくなるということが公共財の最適供給条件になる．図6.8では需要曲線 $D_{12}D_{12}$ と供給曲線 SS が交わっていることがこの条件を表している．次に，市場メカニズムでは6本の花の供給に失敗することを示そう．例6.2で説明したように喫茶店は自発的に3本の花を供給した．したがって，あと3本の花が植えられることになると社会的効率性が達成されることになる．しかし，花の本数が3本以上になると，どちらの需要曲線も供給曲線を下回り，すなわち，追加的に花を植えることの限界費用が個人の限界便益を上回ってしまい，彼らの自発的な供給を望むことができなくなってしまう．

6.4.3 共有地の悲劇

近年，世界的な規模で環境破壊が進み，われわれの生活や経済活動に決して好ましくない大きな影響を及ぼすにいたっている．ここで，破壊の対象となっている環境という財は，主に共有財産，あるいは，準公共財とよばれるものである．それらの財は，その対価を支払わない人を排除することができないか，あるいは，そのためには膨大な費用がかかるという意味で排除性をもたず，その財の消費に関しては，同時に多くの人たちによる消費はできないという意味で，競合性をもっているというものであった．これらの財は排除性がないために，基本的には誰でもその財にアクセスできるので，過剰に消費，あるいは，利用される傾向がある．その結果，過剰消費が引き起こす負の外部性は無視できなくなるほど大きくなり，社会全体の利益が低く抑えられることになるのがしばしばである．このような現象は共有地の悲劇（tragedy of commons）とよばれ，環境問題などの大きな原因の1つになっている．生産活動にかかわる負の外部経済の問題では，いわゆる加害者や被害者とよべる人たちを区別することができたが，共有地の悲劇の問題の場合，通常それは同じ人たちであることが多い．このことも共有地の悲劇の特徴の1つである．

共有地の悲劇を引き起こす例としては，都会の公園や渋滞しやすい一般道路，定額料金で利用できるインターネット，所有権が設定されていない水資源や漁業資源をはじめ自然環境が創り出すさまざまな有用な動植物などがあげられる．定額料金で利用できるインターネットは余分な時間接続したままであっても，その限界費用はゼロなので，利用者はインターネットにアクセスしたままでいる．その結果，回線に混雑現象が発生し，インターネットのサービスの質が低

下する．また，漁業権が設定されていない漁場では，誰でもがその漁場にアクセスできるので，漁獲量が過大になりやすく，しだいに水産資源が枯渇してきて，その資源の持続可能性が危うくなってくる．

最後に，共有財産が引き起こす市場の失敗を描いた6．2．2項の例6．3に戻ろう．これは牛を育てる牧草という資源が過剰消費され，社会全体の生産性が低下したという例であった．そこでは，各酪農家は自分の利潤が最大になるように，自らが放牧する牛の数を決定したはずなのに，結果的には非効率な生産が行われた．その理由を詳しく説明すると以下のようになるであろう．ある酪農家が牛を追加的に1頭放牧することには，まったく逆の2つの効果がある．1つは自分の所有する牛が増えることによる自分の利潤の増加というプラスの効果である．2つめは放牧される牛が増加することにより，牛1頭当たりの生産性が減少するというマイナスの効果，すなわち，外部不経済の効果である．プラスの効果は牛を追加的に放牧した人が1人で享受するのであるが，負の外部性の効果は自分自身も含めて全員で平等に負担することになる．この例では，追加的な放牧により自分自身が受けるプラスの効果は，自分が負担するマイナスの効果より大きいので，誰もが1頭でも多くの牛を放牧しようとする．しかし，全員が少しでも多く牛を放牧しようとすると牛の数が多くなりすぎ，牛1頭当たりの生産性の減少というマイナスの効果が所有する牛の数の増加というプラスの効果を凌駕するようになり，結果的に各人の利潤は減少することになる．

練習問題

問題 6.1 6.3.2項では $MCE = \frac{1}{3}x$ の限界外部費用が発生するケースを分析したが，この問題では $MCE = -\frac{1}{3}x$ の限界外部費用が発生するケースを考える．すなわち，生産活動を行う際に，正の外部性が発生したと仮定する．
(1) 正の外部性が発生しているときの市場均衡を求めなさい．
(2) 正の外部性が発生しているときの社会的総余剰を求め，6.3.2項の負の外部性が発生しているときの社会的総余剰と比較しなさい．
(3) このとき市場の失敗は起きているか．もしそうであるならば，死荷重の大きさはいくつか．

問題 6.2 10人の住人からなるある街の公園に，公共財である「花壇の花」を植える問題を考える．花が植えられる花壇の数を x，各住人が x 個の花壇から得られる便益を金額に換算すると，$-0.1x^2+2x$ であるとする．さらに，1つの花壇を作るためには費用が2かかるものと仮定する．
(1) 個人で自発的に花壇に花を植えようとする人は何人いるか．
(2) いくつの花壇に花を植えるのが社会的な効率性の観点からみて最適であるか．

問題 6.3 外部性の例としてとりあげた共有地の悲劇について以下の問いに答えなさい．
(1) 村が酪農家に対し放牧する牛1頭当たり6の税金を課税し，その徴収した税金を残りの3人に均等に配分することになった．このとき，彼らは1人当たり何頭の牛を放牧することになるか．そして，それぞれいくらの利潤をあげることになるか．
(2) 村が4人の酪農家を合併させ，1つの協同組合を作らせたとしよう．その協同組合は牛を12頭まで買うことができて，牛1頭の価格は2であるとする．組合が放牧する牛の数を x とすると，その利潤 π は $\pi = x(18-x) - 2x$ で表される．このとき，組合は何頭の牛を放牧して，いくらの利潤をあげることができるか．
(3) 上記以外に村が共有地での放牧に介入して，酪農家たちの利潤を最大化する方法はあるか．

問題 6.4 以下の記述のうち正しいものはどれか．
(1) 電力やガスなどわれわれの生活の基盤となる財は公共財である．
(2) 外部性とは市場メカニズムを経由して他の経済主体に影響を与えることである．
(3) 市場の失敗とは，市場メカニズムが最適な資源配分をもたらすことができないことをいう．
(4) 政府が供給する財やサービスはすべて公共財である．
(5) コースの定理は外部性の大きさに相当する課税を行うことによって，社会的効率性を達成することができることを主張するものである．

問題 6.5 地上波によるテレビ放送やケーブルテレビは公共財であるか．それらが民間企業によって供給されるのはなぜか．

参考文献

細江守紀・今泉博国・慶田收編（2000）『現代ミクロ経済学』勁草書房．
西村和雄（1988）『ミクロ経済学』東洋経済新聞社．
野口悠紀雄（1982）『公共経済学』日本評論社．
奥野政寛・鈴村興太郎（1988）『ミクロ経済学Ⅱ』岩波書店．
Perloff, Jeffrey M. (1999), *Microeconomics,* Addison-Wesely.

第 7 章　不確実性と情報

7.1　はじめに

　これまでの章でさまざまな形で分析されてきた消費者行動や生産者行動の理論は，情報の完全性という条件のもとで展開されてきた．しかし，現実の世界をみてみれば，経済主体の間で情報が完全であることは稀である．たとえば，明日の天気は確率的にしか予測しえないものであるし，明日の株式市場や外国為替市場の動向を完全に読むことはできない．また，企業間取引において，取引相手が契約不履行をするかもしれないし，もしかしたら倒産してしまうかもしれない．あるいは，思いがけぬ天災に見舞われて，取引そのものができなくなるかもしれない．

　このように考えると，われわれの住む世界は不確実な状況によって取り囲まれている，といっても過言ではない．したがって，すべての消費者や生産者といった経済主体は，このような不確実な状況において自らの行動を決定しなければならないのである．

　このような不確実性下の意思決定の問題を扱う不確実性の経済学は，近年著しく研究が進められてきており，経済学の大きな研究分野の1つとなっている．この章の目的は，この不確実性の経済学について基本的なフレームワークを示して，不確実性下の経済主体の経済行動を分析することである．

　ここでは，まず，不確実な状況において行動の基準となる期待効用という概念を導入し，これによって，不確実な状況を回避したいと考えるか，また，逆に好ましいと考えるのか，といった人々の態度を明らかにする．

　次に，しばしば人々は不確実な状況において，保険を購入する．保険の役割とは，不利益が発生する可能性があるような不確実な状況において，それに備

えて，その被害を緩和することである．不確実性を回避したいと考える人々が，どのように保険を購入するかについて説明する．

また，財の品質について，売り手はよく知っているが，買い手は知らない，といったことはよくあることである．このように，経済主体の保有する情報量が偏っている状態を情報の非対称性とよぶ．情報の非対称性が存在している場合には，さまざまな問題が発生する．すなわち，逆選択やモラルハザードといった問題である．このような問題について，いかなる理由で発生するのか，また，それにどう対処するのか，ということについて説明する．

7.2 不確実性と経済行動

7.2.1 不確実性の世界

前章まで，われわれは消費者や生産者といった経済主体は，経済行動を行ううえで必要な情報を完全に有しており，その結果生じる事態を確実に予見しうるものであると仮定してきた．しかし，このような仮定が現実の問題として成り立ちうるか，となるときわめて困難である．われわれは，毎日自動車を運転するにも，シャワーを用いるのにも不確実な状況というものに直面する．宝くじに当選して思わぬ収入を得たり，逆に地震や台風のような天災に巻き込まれるかもしれない．企業は，株式市場や外国為替市場の不確定な動きに注意を払わなければならない．このように，現実社会において，われわれはさまざまな不確実性に直面している．したがって，われわれは不確実性をともなう状況のもとで意思決定を行わなければならないということである．不確実性下の意思決定の問題は，これまでの分析手法とは異なる要素を含んでいるため，これまでとは異なったアプローチが必要となってくる．ここでは，その基本的なフレームワークを述べていくことにする．

7.2.2 プロスペクト

不確実性というものを理解するために，具体的な例をあげてみてみることにしよう．

例7.1 コインを投げ，表が出たら1万円，裏が出たら0円の賞金を得るとい

うゲームに，参加料5000円を支払って，所得2万円をもつ個人が参加する．

この例では，この個人は，コイン投げで表が出たら，賞金の1万円から参加料5000円を引いた分の5000円を新たに得て，裏が出た場合には，逆に参加料5000円を失うことになる．したがって，この個人は，$\frac{1}{2}$の確率で2万5000円，かつ，$\frac{1}{2}$の確率で1万5000円の富を有していることになる．一方，もしこの個人がゲームに参加しなければ，確実に2万円の富を有していることになる．この例の示している状況は，不確実性もしくはリスク（危険）をともなう状況であるということができる．このような不確実性下で実際に発生する事柄を結果という．ここでは，2万5000円や1万5000円が結果である．不確実性下におけるそれぞれの結果と，対応する発生確率の組みを次のように書き，プロスペクトと名づけることにする．

$$\left[25000円, \ 15000円 \ ; \ \frac{1}{2}, \ \frac{1}{2} \right]$$

次に，別の例をあげてみることにする．

例7.2 100万円を所有する個人が，天災などにより50万円を失う可能性がある．被害の発生する確率は0.01である．

この状況をプロスペクトとして表せば，

$$[100万円, \ 50万円 \ ; \ 0.99, \ 0.01]$$

となる．このような状況を好ましくないと考えるこの個人は，「保険料が5000円で，被害が発生した場合には保険金50万円が支払われる」という保険に加入することを考える．保険に加入すると，この個人はリスクを回避することができる．保険に加入することによって，この個人は直面するプロスペクトを，

$$[99万5000円, \ 99万5000円 \ ; \ 0.99, \ 0.01]$$

に変更することができるのである．リスクを回避したいと考える人々は，この保険に加入しようと考える，と思われる．このような保険の理論については後の節で詳しく述べることにしたい．

7.3 不確実性に対する評価

7.3.1 期待収益

このような不確実性に直面する個人は，どのような基準でプロスペクトを評価し，行動を選択するのであろうか．

プロスペクトの結果が収益で表されている場合，その評価を行う基準として，まず考えられるのは，期待収益，つまり，収益の期待値である．すなわち，個人は期待収益を最大化するように行動するという考え方である．この考え方に基づけば，さきの例7.1ではゲームに参加する場合（期待収益は2万円）と参加しない場合（確実な所得2万円）は無差別ということになる．また，例7.2では，保険に加入する場合も加入しない場合も，期待収益は同一の99万5000円で無差別となり，保険に特に加入するというインセンティブはない．

この期待収益最大化仮説では，人々がリスクを回避しようとする行動を説明することはできない．このことを明確に示しているのが次のセント・ペテルスブルグの逆説（Saint Petersburg paradox）である．

7.3.2 セント・ペテルスブルグの逆説

次のゲームを考える．コインを繰り返し投げ，1回目に表が出たら2万円，2回目に初めて表が出たら4万円，3回目に初めて表が出たら8万円の賞金が得られる，というように，n回目に初めて表が出たら2^n万円の賞金が得られる．コインの表が出た時点でこのゲームは終了する．

人々は，このゲームに参加するのにどれだけ参加料を支払ってよいと考えるだろうか．このゲームで高い賞金が得られる可能性は非常に低い．たとえば，このゲームで32万円の賞金が得られるのは，1回目から4回目までのコイン投げで裏が続き，5回目に初めて表が出る場合である．この確率は$\frac{1}{32}$である．ゆえに，現実に人々がこのゲームに高い参加料を支払って参加するとは考えにくい．

ところが，さきの期待収益最大化仮説に基づくならば，人々は高額の参加料を支払ってでも，このゲームに参加することになるのである．

このことを確かめるために，期待収益を計算してみよう．1回目に表が出る

確率は $\frac{1}{2}$,2回目に表が出る確率は $\frac{1}{4}$,3回目に表が出る確率は $\frac{1}{8}$,というように,n 回目に初めて表が出る確率は $\left(\frac{1}{2}\right)^n$ となる.よって,期待収益は,

$$2\times\left(\frac{1}{2}\right)+4\times\left(\frac{1}{4}\right)+8\times\left(\frac{1}{8}\right)+\cdots+2^n\times\left(\frac{1}{2}\right)^n$$
$$=1+1+1+\cdots$$
$$\to\infty$$

となる.

したがって,期待収益最大化仮説に基づけば,人々はいかなる高額な参加料を支払ってもこのゲームに参加するはずである.さきにも述べたように,このようなことは現実には考えられない.このセント・ペテルスブルグの逆説の意味するのは,人々が期待収益最大化に基づいて行動するというのは妥当性がないということである.

このように,人々の不確実性下での行動を理解するためには,次の期待効用という概念を導入する必要がある.期待効用という考え方の導入によって,不確実性下における人々のリスク回避行動を説明できるようになるのである.

7.4 期待効用

7.4.1 期待効用仮説の導入

前節では,人々の不確実性を評価する基準を改めて定める必要性が示された.不確実性の経済学が発展してきた過程では,人々の不確実性のもとでの行動基準についてさまざまな議論がなされてきたが,現在では,期待効用仮説が用いられている.期待効用仮説に基づく期待効用理論(expected utility theory)とは,フォン・ノイマン(von Neumann)とモルゲンシュテルン(Morgenstern)らによって確立されたものである.期待効用理論とは,各個人はさまざまな収益に対してそれぞれの効用をもっており,不確実な収益機会に対しては,その効用の期待値である期待効用で評価する,というもので,各個人は期待効用が最大になるように行動する,と仮定される.ここでは,この期待効用理論について平易に説明しておくことにしよう.

7.4.2 期待効用理論

いま，結果 x_1, x_2 が，それぞれ確率 P_1, P_2 ($P_1+P_2=1$) で発生するものとする．これをプロスペクトの形で表せば，次のようになる．

$$L=[x_1, x_2; P_1, P_2], \quad \text{ただし } 0\leq P_1, P_1\leq 1, P_1+P_2=1$$

そして，結果 x_1, x_2 に対する効用を $U(x_1)$, $U(x_2)$ と表すものとする．

このとき，期待効用 (expected utility) とは，得られると考えられる効用の期待値，すなわち，

$$P_1 U(x_1)+P_2 U(x_2)$$

として表される[1]．不確実性の存在する状況のもとで，直面するプロスペクトをこの期待効用を用いて評価する，というのが期待効用理論である．期待効用理論は，フォン・ノイマン-モルゲンシュテルンにより確立されたので，ここで用いられる効用関数をフォン・ノイマン-モルゲンシュテルン効用関数とよ

---

[1] 期待効用理論が成立するためには，消費者行動の理論における選好についての仮定に加えて，さらに多くの仮定が必要となる．ここでその説明を若干補っておきたい．プロスペクトの集合を£とする．£の要素 L, L' の選好関係を以下のように定めておく．

$L \gtrsim L'$ ⇔ L を L' より選好するか，または無差別である
$L > L'$ ⇔ L を L' より選好する
$L \sim L'$ ⇔ L と L' は無差別である

この選好関係について次の5つの仮定を設ける．

仮定1 反射性 (reflexivity)　　任意の $L\in$ £ に対して，$L \gtrsim L$
仮定2 完備性 (completeness)　　任意の $L, L' \in$ £ に対して，$L \gtrsim L'$ または $L' \gtrsim L$
仮定3 推移性 (transitivity)　　$L, L', L'' \in$ £ に対して，$L \gtrsim L'$ かつ $L' \gtrsim L''$ ならば $L \gtrsim L''$
仮定4 連続性 (continuity)　　$L, L', L'' \in$ £ に対して，$L > L' > L''$ ならば，$\lambda L+(1-\lambda)L''> L' > \mu L+(1-\mu)L''$ となる $0<\lambda, \mu<1$ が存在する．
仮定5 独立性 (independence)　　任意の $L, L', L'' \in$ £ および $0\leq\lambda\leq 1$ に対して，$L > L'$ ならば，$\lambda L+(1-\lambda)L''>\lambda L'+(1-\lambda)L''$

これら5つの仮定がみたされるとき，次の定理が成立する．

定理（期待効用定理）　上の5つの仮定が成立するならば，

$$L \gtrsim L' \quad \Leftrightarrow \quad P_1 U(x_1)+P_2 U(x_2) \geq P_1' U(x_1')+P_2' U(x_2')$$

となる実数値関数 U が存在する．U は正の一次変換を含めて一意である．

この関数 U はフォン・ノイマン-モルゲンシュテルン効用関数とよばれている．期待効用理論では，このフォン・ノイマン-モルゲンシュテルン効用関数による期待効用を基準にして不確実な状況を評価する．

ぶ．人々はこのフォン・ノイマン - モルゲンシュテルン効用関数による期待効用を基準にして不確実な状況を評価する，という仮説を期待効用仮説といい，この仮説のもとでは個人は期待効用を最大化する行動をとる．このフォン・ノイマン - モルゲンシュテルン効用関数は，各人にとって基数的性質をもつが，効用の個人間比較を許容するものではない．

7.5 リスクに対する態度とリスク・プレミアム

7.5.1 リスクに対する態度

前節の期待効用理論に基づく期待効用によって，人々はリスクに対する評価をする．ここでその具体的な例をみてみることにする．

例7.3 1万円の所得をもつ個人が，確率 $\frac{1}{2}$ で5000円を得て，確率 $\frac{1}{2}$ で5000円を支払うというギャンブルをする．この個人の効用は，

$$U(5000)=50, \quad U(10000)=100, \quad U(15000)=120$$

と表されるとする．

この場合，この個人の期待効用を計算すれば，

$$\frac{1}{2}U(15000)+\frac{1}{2}U(5000)=\frac{1}{2}\times 120+\frac{1}{2}\times 50=85$$

となる．また，その期待収益を計算すれば，

$$\frac{1}{2}\times 15000+\frac{1}{2}\times 5000=10000$$

となる．この期待収益に対する効用は，

$$U(10000)=100$$

である．したがって，ギャンブルによる期待効用は，その期待収益による効用よりも小さくなっている．このような個人をリスク回避的であるという．このような個人のリスクに対する態度を一般的な形で定義することにしよう．

いま，確実な収益 x に対して，次のプロスペクトを提示する．ただし，

$h>0$ とする.

$$\left[x-h,\ x+h\ ;\ \frac{1}{2},\ \frac{1}{2} \right]$$

すなわち，x より小さい $x-h$ を確率 $\frac{1}{2}$，x より大きい $x+h$ を確率 $\frac{1}{2}$ でとるプロスペクトである．このような資産を危険資産といい，一方，確実な収益を安全資産という．人々がこのプロスペクトと安全資産 x のどちらを選好するか，つまり，どちらの期待効用が大きいかによって人々のリスクに対する態度を分類することができるのである．

安全資産 x を危険資産 $\left[x-h,\ x+h\ ;\ \frac{1}{2},\ \frac{1}{2} \right]$ より選好する個人をリスク回避的（risk averse）であるという．危険資産 $\left[x-h,\ x+h\ ;\ \frac{1}{2},\ \frac{1}{2} \right]$ を安全資産 x より選好する個人をリスク愛好的（risk loving）であるといい，無差別の場合はリスク中立的（risk neutral）であるという．これを期待効用を用いて示せば，

$$\text{リスク回避的} \Leftrightarrow U(x) > \frac{1}{2}U(x-h) + \frac{1}{2}U(x+h)$$
$$\text{リスク愛好的} \Leftrightarrow U(x) < \frac{1}{2}U(x-h) + \frac{1}{2}U(x+h)$$
$$\text{リスク中立的} \Leftrightarrow U(x) = \frac{1}{2}U(x-h) + \frac{1}{2}U(x+h)$$

となる．

図7.1　リスク回避者の効用関数

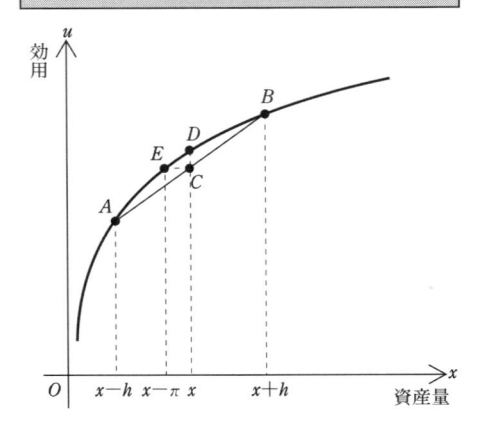

図 7.2　リスク愛好者の効用関数

図 7.3　リスク中立的個人の効用関数

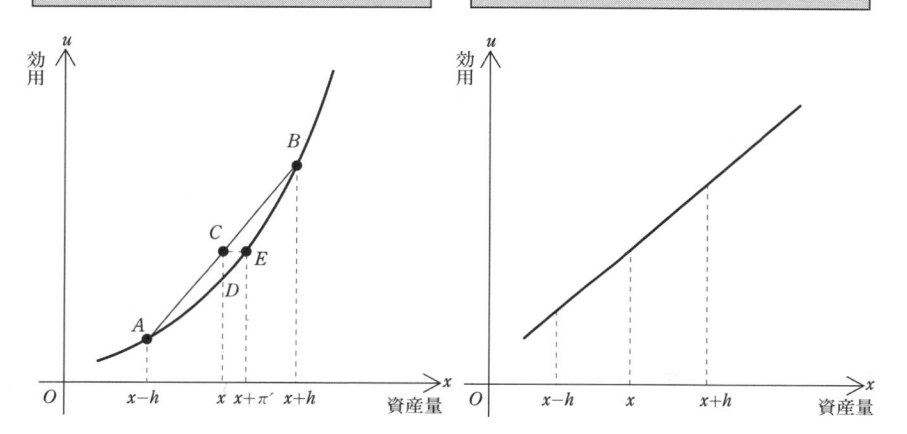

リスク回避的個人（risk averter，リスク回避者）の効用関数を図によって表せば，図7.1のようになる．

リスク回避者の効用関数 U は，図7.1のように右上がり凹関数として表される．すなわち，所得の限界効用は逓減する．そして，期待所得が等しいならば，危険資産より安全資産を選好することから，効用関数が線分 AB より上方に位置することになる．

また，リスク愛好的個人（risk lover，リスク愛好者）やリスク中立的個人の効用関数は，図7.2や図7.3により表される．

リスク愛好者の効用関数は図7.2のように凸関数として表される．リスク回避者の場合とは逆に，線分 AB が効用関数の上方に位置している．またリスク中立的個人の効用関数は図7.3のように線形の関数として表される．

以上のように，効用関数の相違によって，人々のリスクに対する態度は3つに分類される[2]．実社会においてはリスク愛好者もいないわけではないが，全

---

[2]　効用関数がリスク回避的，リスク愛好的，リスク中立的であるための必要十分条件は，次の定理によって示される．

定理　効用関数 U が2回連続微分可能ならば，次が成立する．

$$\text{リスク回避的} \Leftrightarrow \Delta^2 U(x)/\Delta x^2 < 0$$
$$\text{リスク愛好的} \Leftrightarrow \Delta^2 U(x)/\Delta x^2 > 0$$
$$\text{リスク中立的} \Leftrightarrow \Delta^2 U(x)/\Delta x^2 = 0$$

体からみれば数少ないといってよい．多くの場合，人々はリスク回避者であると仮定される．

リスク回避者は，先のセント・ペテルスブルグの逆説ではどのように行動するであろうか．この個人のリスク回避の効用関数を $U(x) = \log x$ として考えてみると，このゲームの期待効用は次のようになる．

$$\left(\frac{1}{2}\right)\log 2 + \left(\frac{1}{4}\right)\log 4 + \left(\frac{1}{8}\right)\log 8 + \cdots$$
$$= \left(\frac{1}{2} + \frac{2}{4} + \frac{3}{8} + \cdots + \frac{n}{2^n} + \cdots\right)\log 2$$

（　）内を X とおくと，

$$\left(\frac{1}{2}\right)X = \frac{1}{4} + \frac{2}{8} + \cdots + \frac{n-1}{2^n} + \cdots$$

であるから，

$$X - \left(\frac{1}{2}\right)X = \frac{1}{2} + \frac{1}{4} + \frac{1}{8} + \cdots + \frac{1}{2^n} + \cdots = 1$$

よって，$X = 2$．ゆえに，期待効用は，$2\log 2 = \log 4$．

したがって，参加料を y とすると，

$y < 4$ ならこのゲームに参加し，$y > 4$ なら参加せず，$y = 4$ なら無差別

ということになるのである．

7.5.2　リスク・プレミアム

個人のリスク回避やリスク愛好の程度を測る指標として，保険プレミアムやリスク・プレミアムというものがある．さきのプロスペクトと安全資産 x に対して，リスク回避者の効用関数は

$$U(x) > \frac{1}{2}U(x-h) + \frac{1}{2}U(x+h)$$

という関係になっているので，

$$U(x-\pi) = \frac{1}{2}U(x-h) + \frac{1}{2}U(x+h)$$

この定理を用いて効用関数の性質を判定することができる．

となる $\pi > 0$ が存在する．この π が保険プレミアムである．すなわち，安全資産を危険資産より選好するリスク回避者は，このプロスペクトを，その期待収益 $x\,(=\frac{1}{2}(x-h)+\frac{1}{2}(x+h))$ より低い価値に評価しており，x より割り引くことのできる最大の値が π であるということを示している．図7.1において CE の大きさが π に該当する．

逆にリスク愛好者の場合は，

$$U(x) < \frac{1}{2}U(x-h)+\frac{1}{2}U(x+h)$$

となっているから，

$$U(x+\pi') = \frac{1}{2}U(x-h)+\frac{1}{2}U(x+h)$$

となる $\pi' > 0$ が存在する．この π' がリスク・プレミアムである．すなわち，安全資産より危険資産を選好するリスク愛好者は，このプロスペクトをその期待収益 x より高く評価しており，確実資産をこのプロスペクトと無差別にするためには，x に π' を加えなければならないということを示している．図7.2における CE の大きさが π' にあたる．

リスク中立的な人の場合，このプロスペクトとその期待収益 x は無差別であるので，リスク・プレミアムも保険プレミアムも 0 である．

7.6 期待効用の無差別曲線

7.6.1 期待効用の無差別曲線とその形状

結果が収益 x_1^0, x_2^0 であるプロスペクト

$$[x_1^0,\ x_2^0\ ;\ P_1,\ P_2],\ \text{ただし}\ 0 \leqq P_1,\ P_2 \leqq 1,\ P_1 + P_2 = 1$$

を考える．これと発生確率が等しく，かつ期待効用が等しいプロスペクトについて，収益の組みの集合を考える．すなわち，$P_1 U(x_1^0) + P_2 U(x_2^0) = U^0$ とすれば，

$$\{(x_1,\ x_2)\,;\,P_1 U(x_1) + P_2 U(x_2) = U^0\}$$

これは，発生確率が等しい場合に，$(x_1^0,\ x_2^0)$ と無差別となる収益の組み

図7.4 リスク回避者の無差別曲線

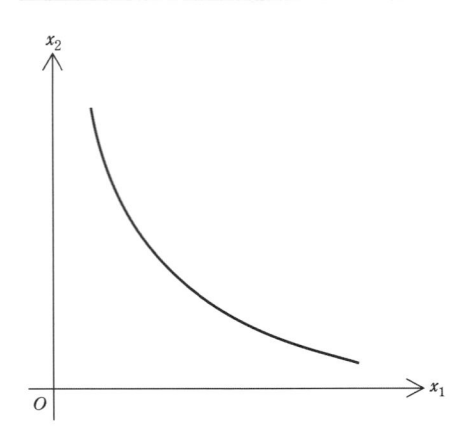

(x_1, x_2)の集合であるから，期待効用U^0に関する無差別曲線という．この無差別曲線とリスクに対する態度の関係についてみていくことにする．

第1章の消費者行動の理論における議論と同様に，効用関数は実現値x_1，x_2に対して単調増加であるため，無差別曲線は，$x_1 x_2$平面上で右下がりとなることがわかる[3]．

次に，個人の効用関数がリスク回避的であるときや，リスク愛好的，リスク中立的のとき，無差別曲線はどのような形状となるかをみていくことにする．

まず，リスク回避者の無差別曲線については，注3の無差別曲線の傾きの式をx_1で微分してみれば，原点に対して凸の曲線となることが示される．したがって，リスク回避者の無差別曲線とは右下がり凸の曲線である．さまざまな効用水準に対応してこのような無差別曲線群が描かれる．そして，右上の曲線ほど高い効用水準に対応することになる．図7.4に表されるようにリスク回避者の無差別曲線は原点に対して凸の曲線として描かれる．

---

3) 効用関数の性質の如何にかかわらず，無差別曲線が右下がりであることは，無差別曲線$P_1 U(x_1^0) + P_2 U(x_2^0) = U^0$の接線の傾き

$$\frac{\Delta x_2}{\Delta x_1} = -\frac{P_1 \Delta U(x_1)/\Delta x_1}{P_2 \Delta U(x_2)/\Delta x_2}$$

が負となることからもわかる．第1章の消費者行動の理論におけると同様に，この値の絶対値は限界代替率を表す．

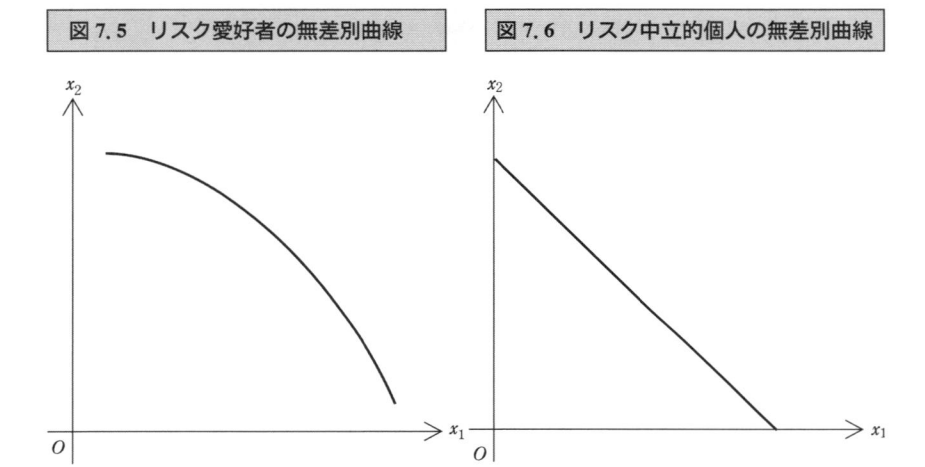

図 7.5　リスク愛好者の無差別曲線

図 7.6　リスク中立的個人の無差別曲線

　同様にして，リスク愛好者の無差別曲線は右下がり凹の曲線となることを示すことができる．また，リスク中立的個人の無差別曲線は直線となる．

7.6.2　無差別曲線と保険プレミアム

　次に，リスク回避者の無差別曲線と保険プレミアムとの関係を考えてみる．図7.7において，プロスペクト $[x_1^0, x_2^0; P_1, P_2]$ に対応する点を A とし，この点を通る無差別曲線を描く．また，$P_1 x_1 + P_2 x_2 = P_1 x_1^0 + P_2 x_2^0 = U^0$ となる直線を描く．この直線上の点は，実現確率 (P_1, P_2) のもとでは，点 A で表現されるプロスペクトと等しい期待収益をもたらすので，等期待収益直線とよばれる．また，原点から45°の直線を引く．この直線上の点は $x_1 = x_2$ となるから，どちらが実現しても収益は同じである．そのため確実性直線とよばれる．この確実性直線と無差別曲線の交点を B，等期待収益直線との交点 C とする．なお，点 B での無差別曲線の接線の傾きは，先の計算より $-P_2/P_1$ となる．これは等期待収益直線の傾きと同じである．点 C は点 A と期待収益が同じで，かつ不確実性のない点である．つまり，$(P_1 x_1^0 + P_2 x_2^0, P_1 x_1^0 + P_2 x_2^0) = (U^0, U^0)$ である．一方，点 B は，不確実なプロスペクトである点 A と無差別な確実収益の点であるから，保険プレミアムの定義により，$(U^0 - \pi, U^0 - \pi)$ となる．図7.7ではこのことを表している．

図7.7　無差別曲線と保険プレミアム

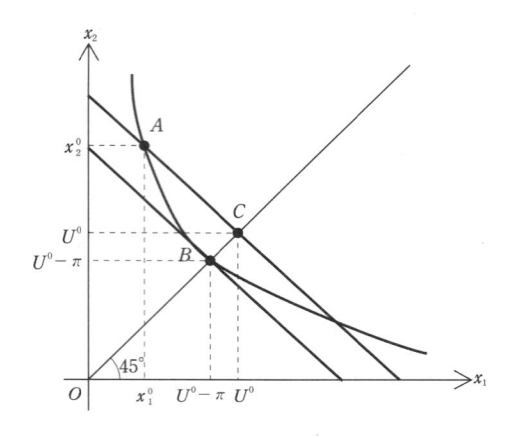

7.7　保険の理論

7.7.1　保険の役割

　われわれの日常生活にはさまざまな不確実性がとりまいている．病気になることもあれば，不慮の事故に遭うこともある．予期せぬ天災で被害を被ることもある．保険は，不測の事態が発生したときに，その被害を緩和するための制度である．保険には，健康保険，自動車保険，火災保険，生命保険などさまざまなものがあるが，加入者が被害の発生するしないにかかわらず一定の保険料を負担して，もし被害が発生したら保険会社から保険金が支払われる，といった制度になっている．これまでの議論よりわかるように，リスク回避者は期待収益を減らしてでもリスクを回避したいと考える．ここに保険に対する購入動機が発生するのである．ここでは，リスク回避者の保険購入行動をみていくことにする．

7.7.2　保険の最適購入

　いま，次のプロスペクトに直面しているリスク回避者を考える．

$$[x_1^0,\ x_2^0;P_1,\ P_2],\ P_1+P_2=1,\ x_1^0,\ x_2^0\ は収益で\ x_1^0<x_2^0$$

すなわち，これは，確率 P_1 で x_1^0 が発生し，確率 P_2 で x_2^0 が発生する，というリスクのある状況であり，この個人は，P_1 の確率でアンラッキーな結果が発生するリスクに直面しているともいうことができる．

ここで次のような保険を考える．保険料は1口当たり q 円であり，x_1^0（アンラッキーな結果）が実現したときの保険金は1円であるとする．よりリスクの少ない状況を好むこの個人が，この保険を z 口購入するとすると，x_1^0 と x_2^0 のどちらが実現しても zq 円を保険料として支払わなければならないが，もし，アンラッキーな結果である x_1^0 が実現した場合には，保険金として z 円を受け取ることができる．したがって，この個人は，この保険に加入することによって，さきのプロスペクトを

$$[x_1,\ x_2;P_1,\ P_2],\ x_1=x_1^0+z-zq,\ x_2=x_2^0-zq$$

というプロスペクトに変えることができる．

2つの式から z を消去すると，

$$x_2-x_2^0=q/(1-q)(x_1^0-x_1)$$

これを x_1x_2 平面上に描くと図7.8の直線になる．この直線上の点 $(x_1,\ x_2)$ それぞれに対して z が定まる．

このリスク回避者の最適保険需要量を求めるためには，この個人の期待効用最大化問題を考える必要がある．図7.8では，上の直線と無差別曲線が同一平面上に表されている．この個人がこの直線上で期待効用を最大化するのは，図7.8における直線と無差別曲線が接する点においてである．リスク回避的なこの個人は，図7.8の直線と無差別曲線とが接する点 $(x_1,\ x_2)$ に対応する z を需要することになる[4]．すなわち，これが最適保険需要量である．

---

[4] ここで，リスク回避者の最適保険需要量が満足する必要条件について述べておく．本文中に述べたように，期待効用を最大化する保険需要量は，直線

$$x_2-x_2^0=q/(1-q)(x_1^0-x_1)$$

と，この個人の無差別曲線とが接する点で定まる．したがって，直線の傾きと無差別曲線の接線の傾きが等しくなることから，

図 7.8　保険の最適購入

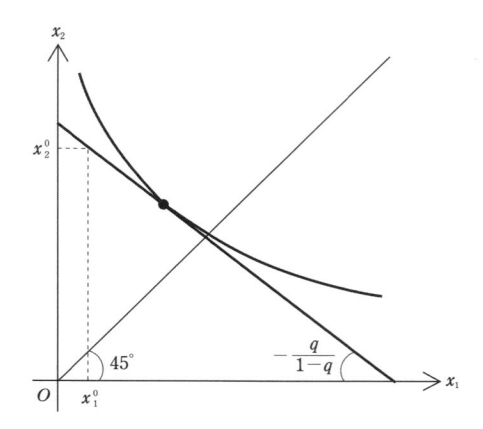

一方，保険会社は通常の場合，リスク中立的と仮定される．保険会社の1口当たりの期待収益は，確率1で保険料 q 円が得られ，確率 P_1 で保険金1円を支払わねばならないから，$q-P_1$ となる．したがって，$q \geqq P_1$ となるよう保険料を設定することになる．すなわち，1口当たりの保険料はアンラッキーな実現値が実現する確率以上に設定される．さらに，このような保険産業の完全競争下での長期均衡では，$q=P_1$，すなわち，1口当たりの保険料はアンラッキーな結果が実現する確率に等しくなる．

7.8　逆　選　択

7.8.1　情報の非対称性

取引を行う経済主体にとって，財に関する情報を保有するということは非常に重要である．しかし，取引される財の品質などの情報について，売り手側は完全に知っているが，買い手側は知らない，というような状況はありうること

$$\frac{P_1 \Delta U(x_1^0 + z - zq)/\Delta x}{P_2 \Delta U(x_2^0 - zq)/\Delta x} = q/(1-q)$$

が成立する．よって，このリスク回避者にとって，上式を満足するような x_1, x_2 に対応する z が最適保険需要量ということになる．

である．このように，取引を行う各経済主体が保有する情報量の間に格差が存在する状態のことを情報の非対称性とよぶ．ここでは，情報の非対称性が存在する場合に発生する問題についてみていくことにする．

7.8.2 レモンの市場

情報の非対称性が存在する市場の例として，次のような中古車市場を考えてみることにする．

例7.4 1台の中古車を売りたいと考えている人が2人，買いたいと考えている人が1人いるとする．売り手の1人は，高品質の中古車を売ることを考えており，他の1人は低品質の中古車を売ることを考えている．買い手は，このことを知っているが，どちらの中古車が高品質であり，また，低品質なのかわからない．高品質の中古車の売り手は，最低80万円で手放してよい，と思っており，低品質の中古車の売り手は，最低10万円で手放してもよいと思っている．一方，買い手は，高品質の中古車には100万円，低品質の中古車には20万円を支払ってもよいと考えている．

この中古車の取引の例では，購入しようと考えている中古車に対して，買い手は，$\frac{1}{2} \times 100万円 + \frac{1}{2} \times 20万円 = 60万円$を最大支払ってもよい，と考えていることになる．しかし，この金額では，高品質の中古車の売り手は，車を売ろうというインセンティブを失ってしまい，この取引から撤退する．そして，売り手は低品質の中古車の売り手だけになる．したがって，低品質であると考えられる中古車に対して，買い手が60万円を支払って購入することはないだろう．取引金額は，10万円から20万円の間で決定される．この例においては，買い手が中古車の品質について観察できるのなら，問題は発生しない．しかし，買い手が中古車の品質について十分な情報をもたないため，売り手と買い手の間に情報の非対称性が生まれて，このような問題が発生してしまうのである．

アカロフ（Akerlof）は，情報の非対称性が存在する中古車市場について，逆選択とよばれる現象が発生することを，次のストーリーによって説明している．

いま，さまざまな品質の中古車が取引される中古車市場があるとする．取引される中古車の品質について，売り手は知っているが，買い手は知らないもの

とする．ただし，買い手はこの市場で取引される中古車の平均的水準はわかるものとする．したがって，この市場では，実際には品質の良い車も悪い車も同じ価格で取引されることになる．中古車の品質についての情報をもたない買い手は，悪い品質の車をつかまされるのを恐れ，高い価格で中古車を購入することができない．そのため，市場の中古車価格は相対的に低いものとならざるをえない．相対的に低い価格のもとでは，高い品質の中古車を供給しようと考えていた売り手は，供給するインセンティブをなくし，この市場から退出してしまうことになる．すると，この中古車市場の中古車の平均的品質水準は低下し，買い手にとっては，さらに低い価格でしか購入できなくなる．これにより，市場に残っていた相対的に高い品質の中古車の売り手がさらに退出してしまうことになる．このような状況が繰り返されると，最終的には市場には粗悪品の中古車のみが出回ることになる．この市場では高い品質の車が排除され，粗悪品のみが残る，ということから，この現象を逆選択（adverse selection）とよぶ．また，この逆選択の発生する原理を，粗悪品の中古車のことをレモン（lemon）ということから，レモンの原理とよんでいる．

　さきの例では，買い手側に情報が不足したために逆選択の問題が発生したが，売り手側に情報が不足する場合にも，同様に逆選択の問題が発生する．これを自動車保険を例にとって考えてみよう．保険会社は自動車保険の売り手であり，ドライバーが買い手である．ドライバーに優良なドライバーと悪質なドライバーがいる場合を考える．保険会社は優良なドライバーと悪質なドライバーを区別することができずに，すべてのドライバーに一律に高い保険料を課すことになる．すると，優良なドライバーは保険に加入しようとしなくなる．したがって保険に加入するのは相対的に優良でないドライバーということになる．よって保険会社はさらに保険料を高くせざるをえず，ますます相対的に良質なドライバーは保険に加入しないことになり，結局，非常に悪質なドライバーのみが保険に加入する，ということになる．

7.8.3　逆選択への対応策

　このような逆選択の問題を解決する方法としては，次のようなものが考えられる．

(1) 政策的対応

先の中古車市場についていうならば，供給量や価格を政府がコントロールするという方法がある．一定量の供給量が保証されたり，これ以上は下がらないという最低価格が決められているなら，中古車市場の存続が可能となる．また，車検制度を強化することによって，ある程度の中古車の品質が保たれるようなら，情報の非対称性の問題は緩和される．

(2) シグナリング

情報を多く保有する経済主体が情報の不足している経済主体に対して，なんらかのシグナルを送ることをシグナリングという．さきの中古車市場についていうならば，高品質の中古車の売り手が，買い手に対してなんらかの保証を与えることによって，問題は解消されるのである．たとえば，もし中古車の買い手が，購入後に粗悪品であるとわかった場合，売り手が一定額を支払う，というような保証をすることである．このような保証は粗悪品の中古車の売り手にはできないので，売り手にとってはこの保証が自らの供給する車が高品質であることのシグナルとして機能するのである．

(3) 自己選抜メカニズム

情報の不足する経済主体が複数の契約を提示して，情報を保有する経済主体のタイプを選別するという方法がある．さきの自動車保険の例でいうならば，保険会社がドライバーに対して，高い保険料で高い保険金が支払われる契約と，低い保険料で低い保険金が支払われる契約を提示する．ドライバーは自分が悪質ならば，前者を，優良ならば後者を選択するので，保険会社はドライバーをみわけることができる．

7.9 モラルハザード

情報の非対称性に起因するもう1つの大きな問題は，モラルハザード（moral hazard），日本語でいえば道徳的危険，とよばれる問題である．これはリスク回避のために加入する保険によって引き起こされる現象であり，経済的非効率をもたらすものである．これを自動車保険の例を用いて説明してみよう．

ドライバーは自動車保険に加入することにより，事故が発生したとき，その損害を減少させることができる．この事実はドライバーの行動に影響を与える，

と考えられる．つまり，ドライバーは，保険によって，事故が発生したとしても損害を保証されるので，注意深く運転するというインセンティブを失ってしまい，このことが結果的に事故率を上昇させてしまうことになるのである．

この問題が発生する原因は，保険会社がドライバーの行動を観察することができない，ということにある．すなわち，情報の非対称性である．保険会社がドライバーの行動を観察できれば，注意深い運転が行われた程度に応じて保険料などを決めることができる．しかし，通常そのようなことは不可能である．保険会社はドライバーの運転の注意深さには無関係な形で保険を販売するので，ドライバーは注意深く運転するインセンティブを失うのである．

同様の議論は健康保険にも適用される．医療費を全額保険会社が支払うというような健康保険に加入している人々は，健康に気を使うということはなくなり，また，安易に病院に行って診察を受けることになるだろう．これは社会的にみれば，過剰な医療の消費がなされることにほかならないのである．

このようなモラルハザードの問題は，保険以外のところでもみられる．経営に行き詰まった企業や金融機関を，公的資金を投入して救済するという場合には，経営者は，経営努力をしなくても破綻することはなく経営は続けられる，と考えて，十分な経営努力をしなくなる恐れがある．

モラルハザードの問題を解決する方法としてはどのようなものがあるだろうか．本質的には，保険会社が加入者の行動を観察できれば，モラルハザード問題は解決する．加入者の行動を観察することをモニタリングといい，これにかかるコストをモニタリング・コストという．モニタリングが可能な状況ならば，モニタリングを行ってモラルハザード問題は解決するが，支払うモニタリング・コストが高くなりすぎてしまっては，これを行うことはできない．

次の方法としては，保険会社が被害額や医療費の全額を保証する，ということをせずに，一部を保険加入者の負担とすることにより，モラルハザードの程度を減少させることができる．実際に行われている方法としては，控除というものがある．保険会社は被害額や医療費が一定額以上のものしか負担しないというものである．また，共同保険といって，被害額の一定割合を加入者負担とするようなものもある．これらのように，保険加入者にモラルハザードを起こさないようなインセンティブを与えることにより，その程度を減少させることができる．

練習問題

問題7.1 ある個人の所得が，$\frac{9}{10}$ の確率で100万円，$\frac{1}{10}$ の確率で1万円になるとする．この個人の効用関数が $U(x) = x^{1/2}$ であるとき，期待所得と期待効用を求めなさい．

問題7.2 100万円を所有する個人が，1割の確率でその所得をすべて失ってしまうリスクにさらされているとする．また，その効用関数は $U(x) = \log x$ である．この個人が，1口当たりの保険料が1万円で，被害が発生したとき，1口当たり10万円の保険金が支払われるという保険に加入するとき，何口加入すべきかを答えなさい．

問題7.3 問題7.1と問題7.2の個人のリスクに対する態度を述べなさい．

問題7.4 情報の非対称性に起因する問題として，逆選択とモラルハザードという問題がある．これらに対処するために，さまざまな方法がとられている．以下の事項はその方法の一部であるが，どのようにしてこれらの問題に有効となりうるのかを説明しなさい．

　家電製品の無料修理補償，セールスマンの歩合給，強制加入の公的医療保険

参考文献

Akerlof, G. (1970) "The Market for Lemons," *Quarterly Journal of Economics*, 84, pp. 488-500.

細江守紀（1987）『不確実性と情報の経済分析』九州大学出版会．

井堀利宏（1996）『入門ミクロ経済学』新世社．

西村和雄（1996）『ミクロ経済学』岩波書店．

酒井泰弘（1982）『不確実性の経済学』有斐閣．

酒井泰弘（1991）『リスクと情報：新しい経済学』勁草書房．

佐々木宏夫（1991）『情報の経済学』日本評論社．

鈴村興太郎・奥野正寛（1985）『ミクロ経済学Ⅰ』岩波書店．

武隈慎一（1989）『ミクロ経済学』新世社．

第8章 ゲームの理論

8.1 はじめに

　ゲーム理論は，1944年，フォン・ノイマン（J. von Neumann）とモルゲンシュテルン（O. Morgenstern）の著書『ゲームの理論と経済行動』によって成立した．1950年代初期には，ナッシュ（J. F. Nash）によって，ナッシュ均衡などの概念が開発され，以後，ゲーム理論は経済分析の有用なツールとなったのである．1970年代は，ゲーム理論が正当に評価されない時期であったが，しかしながら，この時期にもハーサニ（J. C. Harsanyi）やゼルテン（R. Selten）を中心に，ゲーム理論は確実に学問的進歩を遂げていた．そして，1980年代には，情報経済学の成立と発展とともに，ゲーム理論の重要性と有効性が広く認識されるようになったのである．1994年，ナッシュ，ハーサニ，ゼルテンの3人はノーベル経済学賞を受賞した．ゲーム理論は，現在では経済学に必要不可欠な基本ツールである．本章では，このような立場から，ゲーム理論の基礎と応用とを初等的に解説する．特に非協力ゲームに注目し，標準型ゲームおよび展開型ゲームとよばれるゲームをとりあげ，ナッシュ均衡やサブゲーム完全均衡などの概念を説明する．また，ゲーム理論のミクロ経済学への応用例として，簡単な複占市場モデルや参入阻止モデルを紹介する．

8.2 ゲームの概念

　ゲームとは，複数の意思決定者が，自分たちの決定が相互に影響しあうことを認識しつつ，それぞれの意思決定を行う状況のことをいう．ここで，重要な点が2つある．第1に，ゲームにおいては，複数すなわち2人以上の意思決定

者が登場しなければならない．第2に，自分の決定が相手に影響を及ぼし，かつ，相手の決定が自分に影響を及ぼすということを，すなわち自分たちが相互依存関係にあるということを，ゲームに登場する意思決定者たちは十分に認識していなければならない．いくつかの例を考えることにしよう．以下の(1), (2), (3), (4)の例はゲームであるが，(5), (6)の例はゲームではない．

(1) ある国の大手ビール会社4社が，それぞれの年間生産量を決定しようとしている．

(2) あるバス会社の労働組合と経営陣とが，賃上げをめぐって交渉を行っている．

(3) アメリカが日本にオレンジの関税引き下げを要求し，両国の担当大臣が会議を行っている．

(4) OPEC（石油輸出国機構）の各国が，それぞれ，石油の年間輸出量を決定しようとしている．

(5) ある電力会社が，今後10年間の電力需要を予測しながら，新規発電所を建設するか否かを決めようとしている．

(6) ある町内において，呉服店および鮮魚店が次の土曜日に値引きセールを行うか否かを決めようとしている．

明らかに，(1), (2), (3), (4)の例では，複数の意思決定者が，自分たちがなんらかの相互依存関係にあることを認識しており，したがって，これらの例はゲームであると考えられる．(5)の例は，登場する意思決定者が1人であるから，ゲームではない．(6)の例は，登場する意思決定者は複数であるが，通常これら2人の意思決定者は相互依存関係にあるとは認識しておらず，したがって，これもゲームではない．

以上で，ゲーム理論におけるゲームのイメージが把握できるであろう．たしかに，野球やサッカーなどのスポーツや，トランプや将棋などの卓上遊戯も，もちろんゲームの一種である．しかしながら，企業競争，労使交渉，国際貿易などの経済現象や社会現象も，やはりゲームの一種なのである．このような各種のゲームにおいて，経済主体がどのように意思決定を行うかを研究するのがゲーム理論である．

なお，ゲームは大別すると，まず協力ゲームと非協力ゲームとに分類される．ゲームの参加者たちに拘束的な協力関係が課されているものを協力ゲー

(cooperative games) といい，そうでないものを非協力ゲーム (noncooperative games) という．さらに非協力ゲームは，その表現形式に応じて，標準型ゲームと展開型ゲームとに分類される．本章では，特に非協力ゲームに注目することとし，以下，標準型ゲームおよび展開型ゲームを中心に解説する．

8.3 標準型ゲーム

標準型ゲームとは，非協力ゲームの一種で，①プレイヤー，②戦略，③利得の3つの構成要素から成り立つゲームである．プレイヤー（player）とは，ゲームに参加して意思決定を行う経済主体のことである．戦略（strategy）とは，プレイヤーが意思決定すべきさまざまな選択肢のことである．利得（payoff）とは，プレイヤーがゲームの終了時に獲得する効用のことである．まず，標準型ゲームの代表である非ゼロ和2人ゲームについて述べよう．

8.3.1 非ゼロ和2人ゲーム

非ゼロ和2人ゲーム（non-zero-sum two-person game）においては，プレイヤー1とプレイヤー2の2人のプレイヤーが意思決定を行う．プレイヤー1は戦略 $i=1,2,\cdots,m$ をもち，この m 個の戦略のなかから意思決定を行い，他方，プレイヤー2は戦略 $j=1,2,\cdots,n$ をもち，この n 個の戦略のなかから意思決定を行う．そして，プレイヤー1が戦略 i をとり，プレイヤー2が戦略 j をとると，ゲームが終了したとき，プレイヤー1は利得 a_{ij} を獲得し，プレイヤー2は利得 b_{ij} を獲得する．ただし，2人のプレイヤーの利得合計 $a_{ij}+b_{ij}$ は一般に0でないものとする．

例として，"恋人たちのジレンマ" という有名な非ゼロ和2人ゲームを紹介することにしよう．このゲームは "逢引のジレンマ" あるいは "両性の闘い" などとよばれることもある．さて，恋人同士の男女が，明日の休日にどこに行くかを決めようとしている．男はボクシング観戦を望んでいるが，女はバレエ鑑賞を望んでいる．ところが，現在，この2人は連絡をとることが不可能な状態にあり，各自それぞれ，明日の行き先を決めなければならない．つまり，2人は非協力の状態で意思決定しなければならないのである．果たして2人は無事に出会うことができるであろうか．

表8.1 恋人たちのジレンマ

		プレイヤー2	
		1	2
プレイヤー1	1	(2, 1)	(−1, −1)
	2	(−5, −5)	(1, 2)

　いま，このような状況をゲーム理論的に解釈してみよう．男をプレイヤー1，女をプレイヤー2とする．プレイヤー1すなわち男の戦略はボクシング（$i=1$）とバレエ（$i=2$）であり，プレイヤー2すなわち女の戦略もボクシング（$j=1$）とバレエ（$j=2$）である．そして，2人の戦略の組み合わせによって，明日の休日がどのようになるかを考慮して，2人の利得を設定すれば，以上の状況は表8.1のように表すことができる．もし男がボクシングを選び，女もボクシングを選んだ場合，男は女に会えたうえ，ボクシング観戦したいという希望もみたしたので利得を2とする．しかし，女は男には会えたが，バレエ鑑賞したいという希望はみたされないので利得を1とする．同様に，逆のケースとして，もし男がバレエを選び，女もバレエを選んだ場合，男の利得は1とし，女の利得は2とする．次に，互いに自分の希望をみたすため，それぞれ自分の行きたい方を選択するならば，すなわち男がボクシング，女がバレエを選択する場合は，それぞれの希望はみたされるものの，そもそも相手に会えないので，両方の利得をいずれも−1とする．最後に，互いに相手の希望をみたすために，それぞれ相手の行きたい方を選択するならば，すなわち男がバレエ，女がボクシングを選択する場合は，それぞれの希望はみたされないうえ，そもそも相手に会えないので，両方の利得をいずれも−5とする．

　以上が非ゼロ和2人ゲームの1つの例である．この例では，2人のプレイヤーがそれぞれ2つの戦略をもっていた．しかしながら，より一般には，上述のとおり，プレイヤー1はm個の戦略$i=1,2,\cdots,m$をもち，プレイヤー2はn個の戦略$j=1,2,\cdots,n$をもつ．したがって，より一般には，非ゼロ和2人ゲームは表8.2のような形式で表現される．なお，このような表には双行列（bimatrix）という名称が与えられている．

表8.2　非ゼロ和2人ゲーム

		プレイヤー2		
	1	2	⋯⋯⋯⋯⋯	n
1	$(a_{11},\ b_{11})$	$(a_{12},\ b_{12})$	⋯⋯⋯⋯⋯	$(a_{1n},\ b_{1n})$
2	$(a_{21},\ b_{21})$	$(a_{22},\ b_{22})$	⋯⋯⋯⋯⋯	$(a_{2n},\ b_{2n})$
⋮	⋮	⋮	$(a_{ij},\ b_{ij})$	⋮
m	$(a_{m1},\ b_{m1})$	$(a_{m2},\ b_{m2})$	⋯⋯⋯⋯⋯	$(a_{mn},\ b_{mn})$

(プレイヤー1)

　この表8.2の双行列の第i行がプレイヤー1の戦略i（$=1,2,\cdots,m$）に対応し，また第j列がプレイヤー2の戦略j（$=1,2,\cdots,n$）に対応している．そして，プレイヤー1が戦略iをとり，プレイヤー2が戦略jをとったときのプレイヤー1の利得a_{ij}およびプレイヤー2の利得b_{ij}が，この双行列のi行j列に記載されるのである．

　なお，非ゼロ和2人ゲームとは，2人のプレイヤーの利得合計$a_{ij}+b_{ij}$が一般には0でないゲームと述べたが，しかしながら実は，利得合計$a_{ij}+b_{ij}$はつねに0となってもかまわない．プレイヤー1,2がいかなる戦略i,jをとっても，利得合計$a_{ij}+b_{ij}$がつねに0となるゲームは，特にゼロ和2人ゲーム（zero-sum two-person game）という名称が与えられているが，しかしながらゼロ和2人ゲームは非ゼロ和2人ゲームのきわめて特殊なケースにほかならない．2人ゲームについては，ゼロ和であるか非ゼロ和であるかは，実は前者が後者に含まれるという意味において，その区別はそれほど重要ではない．

8.3.2　ナッシュ均衡

　以上で，非ゼロ和2人ゲームの例と定式とが示された．さて，このような非ゼロ和2人ゲームの解には，ナッシュ均衡という概念が用いられる．

　いま，非ゼロ和2人ゲームにおいて，ある戦略の組み$(i^*,\ j^*)$は，次の2つの条件（8.1）および（8.2）をみたすときナッシュ均衡（Nash equilibrium）であるという．

$$a_{i^*j^*} \geqq a_{ij^*} \quad (i=1, 2, \cdots, m) \tag{8.1}$$

$$b_{i^*j^*} \geqq b_{i^*j} \quad (j=1, 2, \cdots, n) \tag{8.2}$$

　この定義を簡単に説明しよう．まず，(8.1) は，プレイヤー 2 の戦略 j を $j=j^*$ に固定して，プレイヤー 1 の戦略 i のみを動かしたとき，$i=i^*$ においてプレイヤー 1 の利得 a_{ij^*} が最大になるということを意味する．他方，(8.2) は，プレイヤー 1 の戦略 i を $i=i^*$ に固定して，プレイヤー 2 の戦略 j のみを動かしたとき，$j=j^*$ においてプレイヤー 2 の利得 b_{i^*j} が最大になるということを意味する．そして，これら両方の条件を同時にみたす戦略の組み (i^*, j^*) がナッシュ均衡である．

　それでは，恋人たちのジレンマのナッシュ均衡を求めることにしよう．まず，最初に，$j=1$ すなわち第 1 列を固定して，$i=1, 2, \cdots, m$ と行を動かす．このとき，プレイヤー 1 の利得は，$i=1$ であれば 2 であり，$i=2$ であれば -5 であるから，最大値である 2 に○をつける．同様に，$j=2$ すなわち第 2 列を固定して，$i=1, 2, \cdots, m$ と行を動かす．このとき，プレイヤー 1 の利得は，$i=1$ であれば -1 であり，$i=2$ であれば 1 であるから，最大値である 1 に○をつける．

　次に，$i=1$ すなわち第 1 行を固定して，$j=1, 2, \cdots, n$ と列を動かす．このとき，プレイヤー 2 の利得は，$j=1$ であれば 1 であり，$j=2$ であれば -1 であるから，最大値である 1 に△をつける．同様に，$i=2$ すなわち第 2 行を固定して，$j=1, 2, \cdots, n$ と列を動かす．このとき，プレイヤー 2 の利得は，$j=1$ であれば利得は -5 であり，$j=2$ であれば利得は 2 であるから，最大値である 2 に△をつける．

　これらの手続きは表 8.3 に示されている．○が施された箇所はナッシュ均衡の定義の (8.1) をみたしているところであり，△が施された箇所はナッシュ均衡の定義の (8.2) をみたしているところである．かくして，恋人たちのジレンマでは，○と△の両方がそろっているのは，1 行 1 列および 2 行 2 列であるから，ナッシュ均衡は $(i^*, j^*)=(1, 1)$ または $(2, 2)$，いいかえるならば（ボクシング，ボクシング）または（バレエ，バレエ）となる．

表 8.3 ナッシュ均衡

		プレイヤー2	
		1	2
プレイヤー1	1	(②, △)	(-1, -1)
	2	(-5, -5)	(①, △)

8.3.3 ナッシュ均衡の合理性

すでに述べたとおり，(8.1) の意味するところは，プレイヤー 2 の戦略 j を $j=j^*$ に固定して，プレイヤー 1 の戦略 i のみを動かしたとき，$i=i^*$ においてプレイヤー 1 の利得 a_{ij} が最大になるということである．他方，(8.2) の意味するところは，プレイヤー 1 の戦略 i を $i=i^*$ に固定して，プレイヤー 2 の戦略 j のみを動かしたとき，$j=j^*$ においてプレイヤー 2 の利得 $b_{i,j}$ が最大になるということである．(8.1) も (8.2) も，ほぼ同じ内容を意味していることは明らかである．したがって，これらをまとめるならば，ナッシュ均衡とは，端的には次のようなものであるということができよう．すなわち，相手の戦略を固定して自分の戦略のみを動かしたときに自分の利得が最大になるということが，2 人のプレイヤーいずれにも同時に成立するような戦略の組がナッシュ均衡である．

それでは，このようなナッシュ均衡が，なぜゲーム理論において合理的な均衡概念として用いられるかという理由を考えることにしよう．このことを検討するには例を考えるのがよい．そこで，表 8.4 の 2 人ゲームとそのナッシュ均衡を参照することにしよう．

表 8.4 ナッシュ均衡の合理性

		プレイヤー2	
		1	2
プレイヤー1	1	(2, 3)	(1, 4)
	2	(1, 0)	(3, 2)

この2人ゲームのナッシュ均衡は $(i^*, j^*) = (2, 2)$ であり，プレイヤー1は均衡利得3を，プレイヤー2は均衡利得2を，それぞれ獲得する．いま，すでにゲームが終了して，このナッシュ均衡が成立したものと想定し，そしてこのときの各プレイヤーの心理状態を考えよう．

まず，プレイヤー1は，戦略 $i=2$ をとったわけであるが，こうしてゲームが終了して，プレイヤー2が戦略 $j=2$ をとったことが知られると，$i=1$ をとらず $i=2$ をとってよかったと思えることになる．実際，もしも $i=1$ をとっていたならば，プレイヤー2が $j=2$ をとっていた以上は，利得は1しか得られなかったことになる．したがって，プレイヤー1は，$i=2$ という戦略をとったことに後悔することはなく，すなわちプレイヤー1が戦略を変更するインセンティブ（誘因）はなんら存在しないのである．

同様に，プレイヤー2は，戦略 $j=2$ をとったわけであるが，こうしてゲームが終了して，プレイヤー1が $i=2$ をとったことが知られると，戦略 $j=1$ をとらず $j=2$ をとってよかったと思えることになる．実際，もしも $j=1$ をとっていたならば，プレイヤー1が $i=2$ をとっていた以上は，利得は0しか得られなかったことになる．したがって，プレイヤー2も，$j=2$ という戦略をとったことに後悔することはなく，すなわちプレイヤー2も戦略を変更するインセンティブはなんら存在しないのである．

結局，この例から明らかなように，いったんナッシュ均衡が成立すると，いずれのプレイヤーも，自分のとった戦略に後悔することなく，また自分のとった戦略を変更するインセンティブをもたない．このような意味において，ナッシュ均衡は非協力ゲームの合理的な均衡概念として利用されるのである．

8.3.4 ナッシュ均衡とパレート最適

ナッシュ均衡の概念は，非協力ゲームにおける1つの合理的な均衡概念である．それは，前述したとおり，いったんナッシュ均衡が成立すれば，いかなるプレイヤーも戦略を変更するインセンティブが存在しないからである．

ところで，いま，"囚人のジレンマ"という有名かつ重要な非ゼロ和2人ゲームを考えることにしよう[1]．共犯を行った2人の囚人が，証拠不十分のまま，

---

[1] 囚人のジレンマの経済問題への応用については，第4章4.6節を参照せよ．

別々の部屋に留置されている．検事は，証拠不十分であるため，少なくとも1人の自白を得たいと考え，次のように提案を行った．2人とも自白しなければ，証拠不十分であるから2人とも1年の刑とする．2人とも自白すれば，2人とも罪を認めたことになるので，2人とも8年の刑とする．また，1人が自白し，1人が自白しないときは，自白した方は正直なことに免じて無罪とし，自白しなかった方は嘘をついたので10年の刑とする．このとき，2人の囚人は，この検事の提案に対して，自白しないか，自白するかをそれぞれ選ばなければならない．

このような状況を非ゼロ和2人ゲームで表現しよう．まず，プレイヤー1は囚人1，プレイヤー2は囚人2である．また，プレイヤー1の戦略は，自白しない（$i=1$）と自白する（$i=2$）であり，プレイヤー2の戦略も，自白しない（$i=1$）と自白する（$j=2$）である．そして各プレイヤーの利得は，2人とも自白しなかったときはそれぞれ-1，2人とも自白したときはそれぞれ-8，1人が自白して1人が自白しなかったときは，自白した方が0，自白しなかった方が-10であるとしよう．このような状況を双行列で表すと，表8.5のようになる．

さて，この囚人のジレンマのナッシュ均衡は，$(i^*, j^*) = (2, 2)$ すなわち（自白する，自白する）となる．このナッシュ均衡がいったん成立したとき，囚人1は，囚人2が戦略$j=2$をとった以上，自分の利得は$i=1$をとったときの-10か$i=2$をとったときの-8であるから，$i=2$をとっていてよかったと思うことになる．同様に，囚人2も，囚人1が戦略$i=2$をとった以上，自分の利得は$j=1$をとったときの-10か$j=2$をとったときの-8であるから，$j=2$をとっていてよかったと思うことになる．かくして，得られたナッシュ

表8.5　囚人のジレンマ

		プレイヤー2	
		1	2
プレイヤー1	1	$(-1, -1)$	$(-10, 0)$
	2	$(0, -10)$	$(-8, -8)$

均衡に合理的な解釈が与えられるわけである．

しかしながら，この囚人のジレンマを，あらためて第三者的立場から見直すとき，$(i^*, j^*) = (2, 2)$というナッシュ均衡に，ある種の違和感が生じてくる．それは$(i^*, j^*) = (2, 2)$という結果は，2人の囚人が別々に留置され非協力状態にあったからであり，もしも2人が対話をもつことができ協力状態にあったならば，むしろ別の結果が生じたのではないかということである．実際，2人の囚人の懲役年数を合計すると，(2, 2)すなわち（自白する，自白する）のケースは16年と最長であり，それに対して(1, 1)すなわち（自白しない，自白しない）のケースはわずか2年である．

このように，ナッシュ均衡は非協力ゲームの合理的な均衡概念であるにもかかわらず，ある種の違和感が生じることもあるわけである．以下，このことに関連して，パレート最適という概念を導入することにしよう．一般に，非協力ゲームにおいて，いかなるプレイヤーも，他のプレイヤーの利得を減少させることなしには，自分の利得を増大させることのできない状態にあることをパレート最適（Pareto optimum）という．

そこで，囚人のジレンマにおけるパレート最適の概念を検討しよう[2]．いま，図8.1のように，横軸をプレイヤー1の利得，縦軸をプレイヤー2の利得として2次元グラフを描き，均衡利得$(-8, -8)$をプロットし，さらに他の3つの利得$(-1, -1)$, $(-10, 0)$, $(0, -10)$もプロットしてみよう．このとき，ある点に対して，その北東方向（真北と真東を含む）に他の点が存在しなければ，その点はパレート最適である．そうでなければ，少なくとも1人のプレイヤーが他のプレイヤーの利得を減少させることなく，自分の利得を増加させることができる他の点が存在することになり，パレート最適ではない．

かくして，この図8.1から明らかなように，均衡利得$(-8, -8)$は，その北東方向に他の利得$(-1, -1)$が存在している．したがって，戦略の組み(2, 2)すなわち（自白する，自白する）はナッシュ均衡であったけれども，パレート最適ではない．結局，囚人のジレンマにおける$(i, j) = (2, 2)$という戦略の組みは，非協力ゲームであるがゆえにナッシュ均衡という1つの合理的な結果をもたらすが，しかしまた，非協力ゲームであるがゆえにパレート最適ではな

---

[2] パレート最適の概念の詳しい説明およびそれを用いた分析は第3章3.3節と第5章5.2節にある．

図8.1 囚人のジレンマ

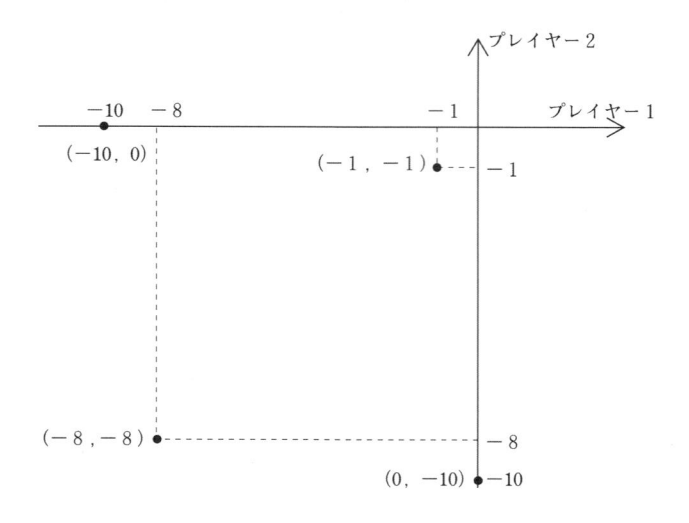

```
                               ↑ プレイヤー2
                               |
   −10   −8                   −1
  ●─────┐                     ┃      → プレイヤー1
(−10, 0)│              (−1,−1)●---−1
        │                     |
        │                     |
        │                     |
        │                     |
        │                     |
        │                     |
        │                     |
        ●─────────────────────┃--−8
(−8,−8)                       |
                       (0,−10)●−10
```

く，ある種の違和感をもたらしているのである．

　ナッシュ均衡の概念は，前述したとおり，非協力ゲームの合理的な均衡概念であり，たとえそれがパレート最適でないとしても，その有意性が揺らぐことはない．しかしながら，それが非協力ゲームの範囲内での均衡概念であるがゆえに，違和感を生じさせることもある．囚人のジレンマがその一例であるが，その違和感を覚えたならば，非協力状態のもたらす非効率性を学びとるべきであろう．また，われわれの日常においても，非協力状態が囚人のジレンマに似た状況を数多く産み出しているかもしれないことを，やはり学びとっておくべきかもしれない．

　なお，本節の最後に，混合戦略（mixed strategy）および純粋戦略（pure strategy）という用語を紹介しておく．どのようなゲームでもナッシュ均衡が得られるわけではないことは，明らかであろう．このようにナッシュ均衡が存在しない場合，ゲーム理論では戦略の概念を拡大して"混合戦略"という概念を用い，従来の意味での戦略を"純粋戦略"とよぶことにしている．混合戦略の概念は，ゲーム理論をさらに学習する際には重要になってくる（鈴木光男（1981）などを参照するとよい）．

8.4 展開型ゲーム

前節では，非協力ゲームの中の標準型ゲームを取り扱った．標準型ゲームとは，端的には，①プレイヤー，②戦略，③利得という3要素から構成されるゲームであった．なお，このような標準型ゲームは時間的な見地からは，各プレイヤーは全員同時にプレイを行うと解釈されている．

本節では，今度は非協力ゲームのもう1つである展開型ゲームを取り扱う．展開型ゲームとは，端的には，①プレイヤー，②ゲームツリー，③行動，④情報集合，⑤利得の5要素から構成されるゲームである．そして，このような展開型ゲームは時間的な見地からは，各プレイヤーは定められた順番（この順番のことを手番（move）という）にしたがってプレイを行うと解釈されるものである．

8.4.1 展開型ゲームの例

まず，例として，硬貨合わせゲームとよばれる展開型ゲームを紹介することにしよう．硬貨合わせゲームとは，基本的には，次のようなゲームである．まずプレイヤー1が，10ペニー硬貨を左手か右手かのどちらかに握る．そして次にプレイヤー2が，プレイヤー1が硬貨を左右のどちらの手に握ったかを言い当てるべく，左か右かを口頭で述べる．プレイヤー2が言い当てることができたときは，プレイヤー1はプレイヤー2に10ペニーを支払う．また，プレイヤー2が言い当てることができなかったときは，逆にプレイヤー2がプレイヤー1に10ペニーを支払う．

本節では，2種類の硬貨合わせゲームを考えることにする．まず，硬貨合わせゲームⅠでは，通常想定するように，プレイヤー1の左右の選択がプレイヤー2にわからないものとする．次に，硬貨合わせゲームⅡでは，いくぶん違和感があるかもしれないが，プレイヤー2がいわば万能者であり，プレイヤー1の左右の選択がプレイヤー2にわかるものとする．図8.2および図8.3は，それぞれ，硬貨合わせゲームⅠおよび硬貨合わせゲームⅡを展開型ゲームとして表現したものである．硬貨合わせゲームⅠが図8.2のように，硬貨合わせゲームⅡが図8.3のように，それぞれ描かれることが把握できれば展開型ゲームの核心

図 8.2 硬貨合わせゲーム I

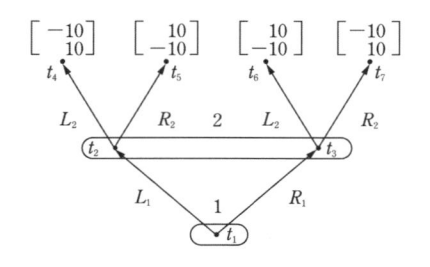

$\begin{bmatrix} -10 \\ 10 \end{bmatrix}$ $\begin{bmatrix} 10 \\ -10 \end{bmatrix}$ $\begin{bmatrix} 10 \\ -10 \end{bmatrix}$ $\begin{bmatrix} -10 \\ 10 \end{bmatrix}$

t_4 t_5 t_6 t_7

L_2　R_2　2　L_2　R_2

(t_2)━━━━━━━(t_3)

　　L_1　1　R_1

　　　∇t_1

図 8.3 硬貨合わせゲーム II

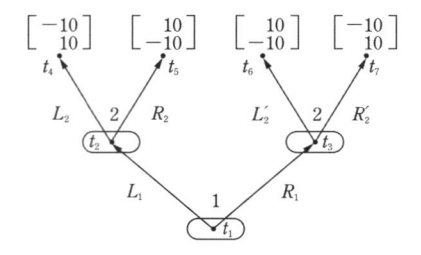

$\begin{bmatrix} -10 \\ 10 \end{bmatrix}$ $\begin{bmatrix} 10 \\ -10 \end{bmatrix}$ $\begin{bmatrix} 10 \\ -10 \end{bmatrix}$ $\begin{bmatrix} -10 \\ 10 \end{bmatrix}$

t_4 t_5 t_6 t_7

L_2　2　R_2　L'_2　2　R'_2

(t_2)　　　　(t_3)

　　L_1　1　R_1

　　　∇t_1

部分は理解できる.以下,これら2つの硬貨合わせゲームについて,あえて類似の文章をつらねて説明を行うことにする.2つの硬貨合わせゲームについて,どこが同じで,どこが違うかに十分に注意すること.

(1) 硬貨合わせゲーム I

硬貨合わせゲーム I は,図8.2のような展開型ゲームとして表現される.この図8.2において,展開型ゲームの5要素が,どのように示されるかを説明しよう.

①プレイヤー

プレイヤーは,1および2である.展開型ゲームにおいては,プレイヤーは,後述する情報集合のところに記載される.

②ゲームツリー

ゲームツリー(game tree)とは,節および枝の集まりである.図8.2では,節は$t_1, t_2, t_3, t_4, t_5, t_6, t_7$の7個の点であり,枝はこれらの節から節への6本の矢印である.

節とは,プレイヤーが選択を行うところ(選択節)であるか,ゲームが終わるところ(終了節)である.図8.2では,t_1はプレイヤー1が左か右かを選択する節であり,t_2, t_3はプレイヤー2が左か右かを選択する節である.また,図の最上部のt_4, t_5, t_6, t_7はゲームが終了する節である.

③行動

行動(behavior)とは,各プレイヤーが決定すべき選択肢のことであり,ゲームツリーの枝のことと考えてよい.図8.2では,プレイヤー1の行動は,L_1お

および R_1 である．プレイヤー2の行動は，L_2 および R_2 である．

④情報集合

情報集合（information set）とは，各プレイヤーの選択節のなかで，無差別なものの集合である．図8.2においては，プレイヤー1の情報集合は $\{t_1\}$ であり，プレイヤー2の情報集合は $\{t_2, t_3\}$ である．

プレイヤー1の選択節は t_1 だけであるから，$\{t_1\}$ が自動的に情報集合となる．プレイヤー2の選択節は t_2 および t_3 であるが，硬貨合わせゲームⅠではプレイヤー2はプレイヤー1の選択を知ることができず，すなわち t_2 と t_3 は無差別であり，したがって $\{t_2, t_3\}$ が情報集合となる．なお，情報集合は，図8.2に示されているとおり，それが含む節を丸状に囲んで表される．

⑤利得

利得は，図8.2の終了節の上部に記載されているところの4つの縦ベクトル，すなわち，

$$\begin{bmatrix} -10 \\ 10 \end{bmatrix}, \begin{bmatrix} 10 \\ -10 \end{bmatrix}, \begin{bmatrix} 10 \\ -10 \end{bmatrix}, \begin{bmatrix} -10 \\ 10 \end{bmatrix}$$

である．第1成分がプレイヤー1の利得であり，第2成分がプレイヤー2の利得である．

(2) 硬貨合わせゲームⅡ

硬貨合わせゲームⅡは，今度は図8.3のような展開型ゲームとして表現される．硬貨合わせゲームⅡについても，この図8.3において，展開型ゲームの5要素が，どのように示されるかを説明しよう．

①プレイヤー

プレイヤーは，1および2である．展開型ゲームにおいては，プレイヤーは，後述する情報集合のところに記載される．

②ゲームツリー

ゲームツリーとは，節および枝の集まりである．図8.3では，節は $t_1, t_2, t_3, t_4, t_5, t_6, t_7$ の7個の点であり，枝はこれらの節から節への6本の矢印である．

節とは，プレイヤーが選択を行うところ（選択節）であるか，ゲームが終わるところ（終了節）である．図8.3では，t_1 はプレイヤー1が左か右かを選択

する節であり，t_2, t_3 はプレイヤー2が左か右かを選択する節である．また，図の最上部の t_4, t_5, t_6, t_7 はゲームが終了する節である．

③行動

行動とは，各プレイヤーが決定すべき選択肢のことであり，ゲームツリーの枝のことと考えてよい．図8.3では，プレイヤー1の行動は，L_1 および R_1 である．プレイヤー2の行動は，L_2, R_2, L_2', R_2' である．

④情報集合

情報集合とは，各プレイヤーの選択節のなかで，無差別なものの集合である．図8.3においては，プレイヤー1の情報集合は $\{t_1\}$ であり，プレイヤー2の情報集合は $\{t_2\}$ と $\{t_3\}$ である．

プレイヤー1の選択節は t_1 だけであるから，$\{t_1\}$ が自動的に情報集合となる．プレイヤー2の選択節は t_2 および t_3 であるが，硬貨合わせゲームIIではプレイヤー2はプレイヤー1の選択を知ることができ，t_2 と t_3 は区別されるので，したがって $\{t_2\}$ と $\{t_3\}$ が情報集合となる．なお，情報集合は，図8.3に示されているとおり，それが含む節を丸状に囲んで表される．

⑤利得

利得は，図8.3の終了節の上部に記載されているところの4つの縦ベクトル，すなわち，

$$\begin{bmatrix} -10 \\ 10 \end{bmatrix}, \begin{bmatrix} 10 \\ -10 \end{bmatrix}, \begin{bmatrix} 10 \\ -10 \end{bmatrix}, \begin{bmatrix} -10 \\ 10 \end{bmatrix}$$

である．第1成分がプレイヤー1の利得であり，第2成分がプレイヤー2の利得である．

以上，硬貨合わせゲームIと硬貨合わせゲームIIについて，それらの展開型ゲームとしての5つの要素を説明してきた．硬貨合わせゲームIでは，プレイヤー2はプレイヤー1がどのような選択をしたかを知らないと想定した．これに対して硬貨合わせゲームIIでは，プレイヤー2はプレイヤー1がどのような選択をしたかを知っていると想定している．この相違点によって，上述のとおり図8.2と図8.3とは，③の行動と④の情報集合とが異なってくる．この点について，もう少し詳しく論じておこう．

第8章 ゲームの理論 215

硬貨合わせゲームIIでは，上述のとおり，プレイヤー1の行動は L_1, R_1 であり，プレイヤー2の行動は L_2, R_2, L_2', R_2' である．L_2 は，プレイヤー1が L_1 を選択していると知って，プレイヤー2が選択した行動である．同様に R_2 も，プレイヤー1が L_1 を選択していると知って，プレイヤー2が選択した行動である．また，L_2' はプレイヤー1が R_1 を選択していると知って，プレイヤー2が選択した行動である．同様に R_2' も，プレイヤー1が R_1 を選択していると知って，プレイヤー2が選択した行動である．かくして，硬貨合わせゲームIIでは，プレイヤー2については4つの行動が考えられている．換言すれば，硬貨合わせゲームIIにおいては，プレイヤー2は自分が t_2 にいるのか，t_3 にいるのかを知ったうえで，それぞれの場合について左右の選択をするのであり，それゆえ4つの行動が考えられているわけである．なお，これに応じて硬貨合わせゲームIIでは，プレイヤー2の情報集合が，$\{t_2\}$ と $\{t_3\}$ の2つになることは容易に理解できるであろう．

以上，展開型ゲームについて，2つの例をとおして簡単に説明してきた．展開型ゲームにおいては時間の概念が導入され，それにともなって，ゲームがどのような経路をとるか，そしてプレイヤーがどのような情報をもっているかということに重点がおかれてくる．ゲームの経路がゲームツリーで表され，そしてプレイヤーのもつ情報が情報集合で表されることが，展開型ゲームの重要な特徴である．

8.4.2 展開型ゲームの標準化

展開型ゲームにおけるナッシュ均衡を求めるには，展開型ゲームそのままではなく，展開型ゲームを標準型ゲームに転換しなければならない．展開型ゲームを標準型ゲームになおすことを標準化という．以下，展開型ゲームの標準化について述べるが，そのためには，行動の概念と戦略の概念とを説明しなければならない．行動とは，すでに述べたとおり，各情報集合におけるプレイヤーの選択肢である．戦略とは，行動の組みのことである．つまり，戦略とは，各情報集合から1つずつ行動をとりだして作る組み合わせのことである．

以下，硬貨合わせゲームIおよび硬貨合わせゲームIIの2つの展開型ゲームについて，標準化を行ってみよう．

まず硬貨合わせゲームIにおいては，プレイヤー1の行動は情報集合 $\{t_1\}$

表8.6 硬貨合わせゲームIの標準化

プレイヤー2

		L_2	R_2
プレイヤー1	L_1	$(-10, 10)$	$(10, -10)$
	R_1	$(10, -10)$	$(-10, 10)$

におけるL_1とR_1であるが，プレイヤー1の情報集合は1つだけであるから，プレイヤー1の戦略もL_1およびR_1である．また，プレイヤー2の行動は，情報集合$\{t_2, t_3\}$におけるL_2とR_2であるが，プレイヤー2の情報集合はやはり1つだけであるから，プレイヤー2の戦略もL_2およびR_2である．つまり，硬貨合わせゲームIにおいては，プレイヤー1，2とも情報集合は1つだけであるから，行動と戦略とが一致しているのである．

これで硬貨合わせゲームIにおける戦略が得られたので標準化が可能となる．プレイヤー1が戦略L_1，プレイヤー2が戦略L_2をとれば利得は$(-10, 10)$，プレイヤー1が戦略L_1，プレイヤー2が戦略R_2をとれば利得は$(10, -10)$となる．また，他方，プレイヤー1が戦略R_1，プレイヤー2が戦略L_2をとれば利得は$(10, -10)$，プレイヤー1が戦略R_1，プレイヤー2が戦略R_2をとれば利得は$(-10, 10)$となる．以上より，図8.2の展開型ゲームを標準化すると表8.6のようになる．

次に，硬貨合わせゲームIIの標準化を行うことにしよう．このとき硬貨合わせゲームIIでは，プレイヤー2はプレイヤー1の選択を知ったうえで自分の選択を行うということを，注意しておかなければならない．

さて，プレイヤー1の行動は，情報集合$\{t_1\}$におけるL_1とR_1であるが，プレイヤー1の情報集合は1つだけであるから，プレイヤー1の戦略もL_1およびR_1である．また，プレイヤー2の行動は，情報集合$\{t_2\}$におけるL_2とR_2，そして情報集合$\{t_3\}$におけるL'_2とR'_2である．そこで$\{t_2\}$，$\{t_3\}$から行動を1つずつとりだして組み合わせを作ると，プレイヤー2の戦略は(L_2, L'_2)，(L_2, R'_2)，(R_2, L'_2)，(R_2, R'_2)の4つになる．

たとえば，プレイヤー1が戦略L_1を選択し，プレイヤー2が戦略(L_2, L'_2)

表 8.7 硬貨合わせゲーム II の標準化

		プレイヤー 2			
		(L_2, L_2')	(L_2, R_2')	(R_2, L_2')	(R_2, R_2')
プレイヤー 1	L_1	$(-10, 10)$	$(-10, 10)$	$(10, -10)$	$(10, -10)$
	R_1	$(10, -10)$	$(-10, 10)$	$(10, -10)$	$(-10, 10)$

を選択すると，実際にプレイヤー 2 がとる行動は L_2 であり，行動 L_2' の方は実行されない．しかしながら，このとき，

$$\{t_1\} \;\rightarrow\; L_1 \;\rightarrow\; \{t_2\} \;\rightarrow\; L_2 \;\rightarrow\; t_4$$

という経路でゲームはプレイされ，そして，利得 $(-10, 10)$ が獲得される．あるいはまた，プレイヤー 1 が戦略 R_1 を選択し，プレイヤー 2 が戦略 (L_2, L_2') を選択すると，実際にプレイヤー 2 がとる行動は L_2' であり，行動 L_2 の方は実行されない．しかしながら，このとき，

$$\{t_1\} \;\rightarrow\; R_1 \;\rightarrow\; \{t_3\} \;\rightarrow\; L_2' \;\rightarrow\; t_6$$

という経路でゲームはプレイされ，そして，利得 $(10, -10)$ が獲得される．このようにして，硬貨合わせゲーム II の標準化を試みると，結局，図 8.3 の展開型ゲームは表 8.7 のように標準化されることになる．

8.4.3 完全情報ゲーム

ここで，完全情報ゲームおよび不完全情報ゲームという概念を導入する．ゲームを展開型で表したとき，すべての情報集合が，ただ 1 つの節しか含まなければ完全情報ゲーム（perfect information game）といわれる．完全情報ゲームでないものは不完全情報ゲーム（imperfect information game）といわれる．すなわち，展開型ゲームにおいて，少なくとも 1 つの情報集合が，複数個の節を含んでいれば，それは不完全情報ゲームである．前述の硬貨合わせゲーム I は不完全情報ゲームであり，硬貨合わせゲーム II は完全情報ゲームである．

ところで，展開型ゲームのナッシュ均衡を求めるには，展開型ゲームを標準型ゲームに転換して双行列形式で表し，そして通常の方法で均衡を導出すればよかった．完全情報ゲームも，それが展開型ゲームである以上，そのような標

図 8.4 完全情報ゲーム

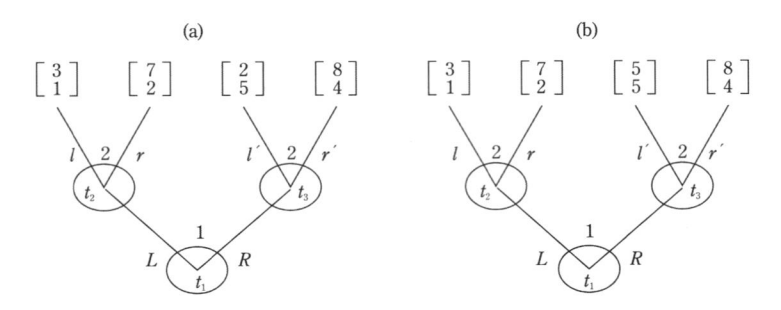

(a)

$\begin{bmatrix} 3 \\ 1 \end{bmatrix}$ $\begin{bmatrix} 7 \\ 2 \end{bmatrix}$ $\begin{bmatrix} 2 \\ 5 \end{bmatrix}$ $\begin{bmatrix} 8 \\ 4 \end{bmatrix}$

l 2 r l' 2 r'
　　t_2　　　　t_3

　　　　1
　　L　　R
　　　　t_1

(b)

$\begin{bmatrix} 3 \\ 1 \end{bmatrix}$ $\begin{bmatrix} 7 \\ 2 \end{bmatrix}$ $\begin{bmatrix} 5 \\ 5 \end{bmatrix}$ $\begin{bmatrix} 8 \\ 4 \end{bmatrix}$

l 2 r l' 2 r'
　　t_2　　　　t_3

　　　　1
　　L　　R
　　　　t_1

準化の手続きをとってナッシュ均衡を求めればよい．例として，図8.4の(a)，(b)の2つの完全情報ゲームをとりあげよう．これらを標準化することは容易であり，それぞれ表8.8の(a)，(b)のようになる．そして，これらの表からナッシュ均衡を求めることも容易であり，(a)のナッシュ均衡は (L, rl') となり，そして，(b)のナッシュ均衡は (L, rl') または (R, ll') の2つになる．

こうして，完全情報ゲームのナッシュ均衡は，標準化によって容易に求めることができる．しかしながら，明らかに完全情報ゲームは展開型ゲームの中でも特殊な情報構造をもっている．それゆえ，このように単純に標準化してナッシュ均衡を求めるだけでよいのかということが，しばしば問題となる．図8.4(a)の完全情報ゲームの場合は，得られるナッシュ均衡が1つだけであるから問題はないであろう．それでは，図8.4(b)の完全情報ゲームの場合は2つのナッシュ均衡が得られているが，問題はないであろうか．

図8.4(b)の完全情報ゲームを詳細に検討しよう．いま，情報集合 $\{t_2\}$ に注目

表 8.8 完全情報ゲームの標準化

(a) プレイヤー2

		ll'	lr'	rl'	rr'
プレイヤー1	L	(3, 1)	(3, 1)	(7, 2)	(7, 2)
	R	(2, 5)	(8, 4)	(2, 5)	(8, 4)

(b) プレイヤー2

		ll'	lr'	rl'	rr'
プレイヤー1	L	(3, 1)	(3, 1)	(7, 2)	(7, 2)
	R	(5, 5)	(8, 4)	(5, 5)	(8, 4)

する．このとき，プレイヤー2は自分が情報集合 $\{t_2\}$ にいることを知っているわけであるから，l を選択して利得1を得るか，r を選択して利得2を得るかであろう．それゆえ，プレイヤー2は情報集合 $\{t_2\}$ では，より大きな利得が得られる r を選択すべきである．同様に，情報集合 $\{t_3\}$ に注目すると，プレイヤー2は自分が情報集合 $\{t_3\}$ にいることを知っているわけであるから，l' を選択して利得5を得るか，r' を選択して利得4を得るかである．それゆえ，プレイヤー2は情報集合 $\{t_3\}$ では，より大きな利得が得られる l' を選択すべきであろう．

かくして，図8.4(b)の完全情報ゲームにおいては，プレイヤー2の最適反応は rl' でなければならない．このように完全情報ゲームでは情報集合が唯一の節しかもたないがゆえに，最終プレイヤーの最適反応は確定してしまうわけである．そこで，いま図8.4(b)の完全情報ゲームにおいて，プレイヤー2の最適反応が rl' であるということを，すでに得られている2つのナッシュ均衡に照会してみよう．明らかに，ナッシュ均衡 (L, rl') ではプレイヤー2は最適反応しているが，もう1つのナッシュ均衡 (R, ll') ではプレイヤー2は最適反応していない．したがって，(L, rl') はナッシュ均衡として適切であるが，しかし (R, ll') はナッシュ均衡として不適切であり，そして排除されるべきものである．結局，図8.4(b)の完全情報ゲームにおいては，ナッシュ均衡は (L, rl') と (R, ll') の2つであったが，前者のみが適切なものであるという結論になるわけである．

以上，図8.4(b)のゲームを取り上げ，完全情報ゲームでは単にナッシュ均衡を求めるだけでなく，それが適切か否か検討すべきであることを述べた．一般に完全情報ゲームに限らず，あらゆる非協力ゲームにおいて，ナッシュ均衡のなかから適切なものだけをとりだすことを，ナッシュ均衡の精緻化（refinement）という．精緻化されたナッシュ均衡概念にはさまざまなものがあるが，代表的なものとしてサブゲーム完全均衡，摂動完全均衡，逐次的均衡などがある．ここで完全情報ゲームに適用した精緻化されたナッシュ均衡概念は，実はサブゲーム完全均衡（正確にはサブゲーム完全ナッシュ均衡）とよばれるものである．サブゲーム完全という意味は，図8.4(b)で説明するならば次のとおりである．

図8.4(b)のゲーム全体に対して，情報集合 $\{t_2\}$ 以降のゲームツリーをサブゲー

ムといい，同様に情報集合 $\{t_3\}$ 以降のゲームツリーもやはりサブゲームという．ゲーム全体だけでなく，サブゲームのすべてにおいて，プレイヤーたちが最適反応しているとき，ナッシュ均衡はサブゲーム完全（subgame perfect）という性質を有するという．通常のナッシュ均衡はゲーム全体における各プレイヤーの最適反応は要求していたが，サブゲームにおける最適反応は要求していなかった．サブゲーム完全（ナッシュ）均衡は，ゲーム全体のみならず，すべてのサブゲームについても，各プレイヤーの最適反応を要求しているのである．

結局，完全情報ゲームの均衡概念は，サブゲーム完全（ナッシュ）均衡である．それでは，完全情報ゲームにおいて，サブゲーム完全（ナッシュ）均衡を求める方法を，図8.5を例に述べておく．これは，後ろ向き推論法と呼ばれる方法であり，図8.5のような2人ゲームでは2段階のステップで行われ，最終的には，サブゲーム完全（ナッシュ）均衡 (R, rl') が求められることになる．

［ステップ1］ プレイヤー2に関して，すべての情報集合における最適反応を求める．図8.5の場合，情報集合 $\{t_2\}$ では，l の場合の利得6と r の場合の利得7を比較して r が最適である．また，情報集合 $\{t_3\}$ では，l' の場合の利得4と r' の場合の利得3を比較して l' が最適である．そこで，r の枝および l' の枝を太線にする．念のために，l の枝および r' の枝を消去すると，図8.6のようになる．

［ステップ2］ ステップ1によって，プレイヤー2の最適反応が確定しているので，もはや問題はプレイヤー1が単独で意思決定を行えばよい．実際，図8.6に示されているとおり，プレイヤー1は L をとれば利得7を獲得し，R をとれば利得8を獲得するから，R をとることが最適である．そこで，R の枝を太線にすると，図8.7のようになる．

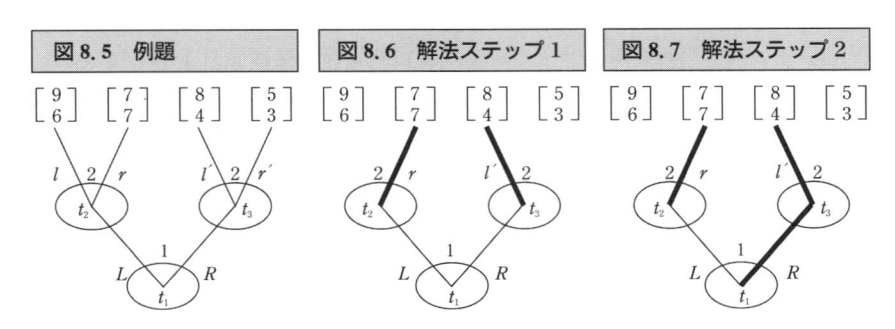

図8.5　例題

図8.6　解法ステップ1

図8.7　解法ステップ2

8.5 ゲーム理論の応用

8.5.1 ゲーム理論と寡占市場

　ゲーム理論を応用した経済モデルは数多い．特に，ゲームと寡占とは密接な関係にある．第4章で述べたように，ある財の生産・供給が少数の企業によって行われることを寡占といい，特に企業数が2のときを複占という．寡占企業は，通常は互いに非協力的関係にあり，それぞれ独立に相手の戦略を読みあいながら，自分の戦略を意思決定する．したがって，寡占市場は1つの非協力ゲームであり，特に複占市場は非協力2人ゲームである．ここでは代表的な複占市場モデルを，あらためてゲーム理論の立場から解釈してみよう．

　まず，クールノー複占モデルを，ゲーム理論の立場から解釈しよう[3]．これは，2つの企業が同時に生産量を決定するタイプの複占市場モデルである．ここでは，次の6項目から構成される単純なクールノー複占モデルを想定する．

(1) 複占企業1, 2がある財の生産量 x_1, x_2 を決定しようとしている．ただし，企業1, 2は同時に生産量を決定する．
(2) 財の価格は $p = 80 - 4(x_1 + x_2)$ とする．
(3) 企業1の収入は $R_1 = px_1$，企業2の収入は $R_2 = px_2$ である．
(4) 企業1の費用は $C_1 = 8x_1$，企業2の費用は $C_2 = 8x_2$ である．
(5) 企業1は生産量として，$x_1 = 4.5$ または $x_1 = 6.0$ のいずれかを決定しなければならないものとする．
(6) 企業2は生産量として，$x_2 = 4.5$ または $x_2 = 6.0$ のいずれかを決定しなければならないものとする．

このとき，"利潤＝収入－費用"であるから，企業1の利潤関数 π_1 は，

$$\begin{aligned}\pi_1 &= R_1 - C_1 = px_1 - 8x_1 \\ &= \{80 - 4(x_1 + x_2)\}x_1 - 8x_1 = 72x_1 - 4x_1^2 - 4x_1 x_2\end{aligned}$$

であり，同様に企業2の利潤関数 π_2 は，

---

[3] クールノー・モデルは第4章4.5節においては，不完全競争の1つの状態として分析されている．

表 8.9 クールノー複占ゲーム

		プレイヤー2	
		$x_2=4.5$	$x_2=6.0$
プレイヤー1	$x_1=4.5$	(162, 162)	(135, 180)
	$x_1=6.0$	(180, 135)	(144, 144)

$$\pi_2 = 72x_2 - 4x_2^2 - 4x_1 x_2$$

である．そこで，これらの利潤関数に各企業の生産量を代入して計算すると，ここでのクールノー複占モデルは，表8.9の標準型ゲームとして表現することができる．このゲームの均衡は各自で求めよ（練習問題8.5）．

次に，シュタッケルベルク複占モデルを，ゲーム理論の立場から解釈してみよう．上述のクールノー複占モデルでは，企業1と企業2は同時に意思決定を行った．これに対して，シュタッケルベルク複占モデルでは，2つの企業の意思決定に先手・後手の順番がある．ここでは，次の6項目から構成される単純なシュタッケルベルク複占モデルを想定する．

(1) 複占企業1, 2がある財の生産量 x_1, x_2 を決定しようとしている．ただし，まず企業1が生産量 x_1 を決定し，そして次に，この x_1 を知ったうえで企業2が生産量 x_2 を決定する．
(2) 財の価格は $p = 80 - 4(x_1 + x_2)$ とする．
(3) 企業1の収入は $R_1 = px_1$，企業2の収入は $R_2 = px_2$ である．
(4) 企業1の費用は $C_1 = 8x_1$，企業2の費用は $C_2 = 8x_2$ である．
(5) 企業1は生産量として，$x_1 = 6.0$ または $x_1 = 9.0$ のいずれかを決定しなければならないものとする．
(6) 企業2は生産量として，$x_2 = 4.5$ または $x_2 = 6.0$ のいずれかを決定しなければならないものとする．

このとき，クールノー複占モデルの場合と同様，企業1, 2の利潤関数 π_1, π_2 は，それぞれ，

図8.8 シュタッケルベルク複占ゲーム

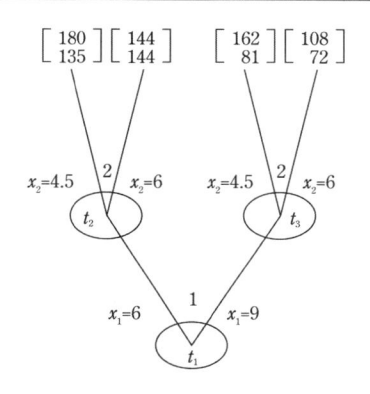

$$\begin{bmatrix} 180 \\ 135 \end{bmatrix} \begin{bmatrix} 144 \\ 144 \end{bmatrix} \quad \begin{bmatrix} 162 \\ 81 \end{bmatrix} \begin{bmatrix} 108 \\ 72 \end{bmatrix}$$

$x_2=4.5$ ／2＼ $x_2=6$　　$x_2=4.5$ ／2＼ $x_2=6$
　　　　t_2　　　　　　　　　t_3

　　　　$x_1=6$　　1　　$x_1=9$
　　　　　　　　　t_1

$$\pi_1 = 72x_1 - 4x_1^2 - 4x_1x_2$$
$$\pi_2 = 72x_2 - 4x_2^2 - 4x_1x_2$$

である．そこで，これらの利潤関数に各企業の生産量を代入して計算すると，ここでのシュタッケルベルク複占モデルは，図8.8の展開型ゲームとして表現することができる．図8.8から明らかなように，シュタッケルベルク複占モデルは，1つの完全情報ゲームである．このゲームの均衡も各自で求めよ（練習問題8.6）．

8.5.2　ゲーム理論と参入阻止

　最後に，参入阻止問題について，ゲーム理論の立場から説明してみよう．いま，ある産業では，既存企業による価格カルテルが形成されているが，他の企業によって新規参入される可能性があると想定する．まず，参入企業が実際に参入するか否かを決定し，そして次に，既存企業が参入企業に対抗すべく価格引き下げによって戦うか否かを決定するものとしよう．

　このような状況において，まず，利得を以下のように定める．参入企業が実際に参入することを思いとどまった場合は，参入企業は2の利得を獲得し，既存企業は10の利得を獲得する．参入企業が実際に参入すると決め，既存企業が価格引き下げを行って戦うときは，参入企業も既存企業もともに利得は0とす

表 8.10　参入阻止ゲームⅠ

		プレイヤー2	
		戦う	戦わない
プレイヤー1	参入しない	(2, 10)	(2, 10)
	参入する	(0, 0)	(4, 2)

図 8.9　参入阻止ゲームⅠ

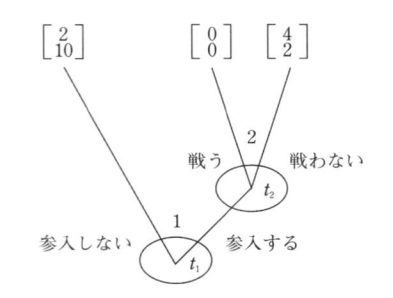

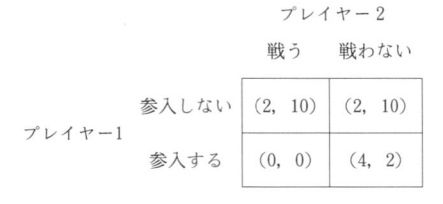

$\begin{bmatrix}2\\10\end{bmatrix}$　　$\begin{bmatrix}0\\0\end{bmatrix}$　$\begin{bmatrix}4\\2\end{bmatrix}$

　　　　　　　　　　2
　　　　　　　戦う　　戦わない
　　　　　　　　　　t_2
　　　　　　1
　参入しない　　参入する
　　　　　t_1

る．また，参入企業が実際に参入すると決め，既存企業が価格引き下げを行わず戦わないときは，参入企業の利得は4，既存企業の利得は2とする．以上をゲームとして表現すれば，標準型では表8.10のように，展開型では図8.9のように，それぞれ表される．これを参入阻止ゲームⅠとよぶことにする．

表8.10から，この参入阻止ゲームⅠのナッシュ均衡は，（参入しない，戦う）および（参入する，戦わない）の2つになる．したがって，一見すると，最初のナッシュ均衡によって，参入阻止が成功することもありうると思える．しかしながら，この参入阻止ゲームⅠは明らかに完全情報ゲームである．そこで，図8.9を用いてサブゲーム完全（ナッシュ）均衡を求めると，それは（参入する，戦わない）の1つになる．つまり，（参入しない，戦う）という組み合わせは，ナッシュ均衡ではあるが，サブゲーム完全（ナッシュ）均衡ではなく，このゲームの解として不適格であり，排除されなければならない．このゲームの解として適格なのは，サブゲーム完全（ナッシュ）均衡である（参入する，戦わない）であり，結局，参入阻止ゲームⅠでは参入企業は実際に参入し，既存企業は参入阻止に失敗することになる．

さて，次に，もう1つの参入阻止ゲームとして，今度は以下のように利得を定めることにしよう．参入企業が実際に参入することを思いとどまった場合は，以前と同様，参入企業は2の利得を獲得し，既存企業は10の利得を獲得する．参入企業が実際に参入すると決め，既存企業が価格引き下げを行って戦うときは，今度は数値を変えて，参入企業の利得は0，既存企業の利得は4とする．また，参入企業が参入することを決め，既存企業が価格引き下げを行わず戦わ

第8章 ゲームの理論　　225

表8.11　参入阻止ゲームⅡ

		プレイヤー2	
		戦う	戦わない
プレイヤー1	参入しない	(2, 10)	(2, 10)
	参入する	(0, 4)	(4, 2)

図8.10　参入阻止ゲームⅡ

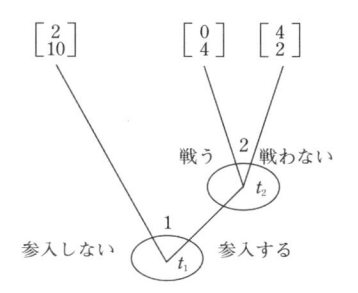

$\begin{bmatrix}2\\10\end{bmatrix}$　　$\begin{bmatrix}0\\4\end{bmatrix}$　$\begin{bmatrix}4\\2\end{bmatrix}$

　　　　　　　戦う ╲2╱ 戦わない
　　　　　　　　　　　t_2
　　　　　　　　1
　　　参入しない　　　　　参入する
　　　　　　　　t_1

ないときは，以前と同様，参入企業の利得は4，既存企業の利得は2とする．以上をゲームとして表現すれば，標準型では表8.11のように，展開型では図8.10のように，それぞれ表される．これを参入阻止ゲームⅡとよぶことにする．

　今度は，この参入阻止ゲームⅡの解は明快である．表8.11から，ナッシュ均衡は（参入しない，戦う）のただ1つになる．しかも，このナッシュ均衡は，図8.10から明らかなように，サブゲーム完全（ナッシュ）均衡でもある．したがって，（参入しない，戦う）という組み合わせは，今度はゲームの解として適格であり，既存企業は参入阻止に成功する．

　2つの参入阻止ゲームの結果を比較してみよう．（参入しない，戦う）という組み合わせは，いずれのゲームでもナッシュ均衡であった．このナッシュ均衡では，既存企業は参入するならば抗戦すると脅しをかけ，そして参入企業はその脅しを信じて参入を思いとどまる．しかしながら，このナッシュ均衡は，参入阻止ゲームⅠではサブゲーム完全でなく参入を許してしまい，そして参入阻止ゲームⅡではサブゲーム完全であり参入を許さない．つまり，ナッシュ均衡がサブゲーム完全であるかないかは，既存企業の脅しに信憑性があるかないかを表し，そして，参入阻止が可能か不可能かを表しているのである．

練習問題

問題8.1 次の非ゼロ和2人ゲームは弱虫ゲームとよばれるゲームである.
(1) ナッシュ均衡を求めなさい.
(2) 得られたナッシュ均衡がパレート最適か否かを判定しなさい. パレート最適のときは○, そうでないときは×を記しなさい.

		プレイヤー2	
		1	2
プレイヤー1	1	(−3, −3)	(2, 0)
	2	(0, 2)	(1, 1)

問題8.2 次の非ゼロ和2人ゲームはナッシュパズルとよばれるゲームである.
(1) ナッシュ均衡を求めなさい.
(2) 得られたナッシュ均衡がパレート最適か否かを判定しなさい. パレート最適のときは○, そうでないときは×を記しなさい.

		プレイヤー2	
		1	2
プレイヤー1	1	(0, 1)	(−2, 0)
	2	(0, −1)	(−1, 0)

問題8.3 以下の文章を読み設問に答えなさい.
(1) 空欄①〜⑥に適切な数字・記号等を入れなさい.
(2) 空欄(a), (b)に適切な文章を入れなさい.

非ゼロ和2人ゲームにおいて, 戦略の組 (i^*, j^*) は,

$$a_{i^*,j^*} \geqq a_{ij^*} \quad (i=1,2,\cdots,m) \qquad b_{i^*,j^*} \geqq b_{i^*,j} \quad (j=1,2,\cdots,n)$$

をみたすときナッシュ均衡であるという. 第1式は, プレイヤー2の戦略 j を j^* に固定して, プレイヤー1の戦略 i のみを動かすとき, i^* においてプレイヤー1の利得 a_{ij^*} が最大になるということを意味する. 第2式は, プレイヤー ① の戦略 ② を ③ に固定して, プレイヤー ④ の戦略 ⑤ のみを動かすとき, ⑥ においてプレイヤー2の利得 $b_{i^*,j}$ が最大になるということを意味する. したがって, これらをまとめると, ナッシュ均衡の意味するところは, 端的には次のように述べることができる.
(a) _____.

それでは, このようなナッシュ均衡が, なぜゲーム理論において合理的な均衡概念として用いられるかを考えよう. その理由は, 端的に述べるならば次のとおりである.
(b) _____.

問題8.4 以下の展開型ゲームに対して設問に答えなさい．
(1) このゲームを標準化しなさい．
(2) このゲームのナッシュ均衡を求めなさい．

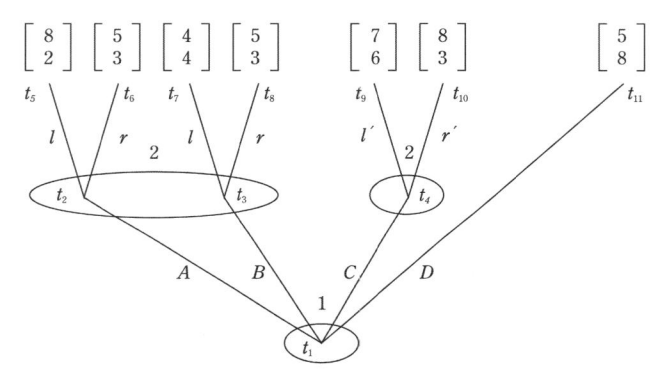

$$\begin{bmatrix} 8 \\ 2 \end{bmatrix} \begin{bmatrix} 5 \\ 3 \end{bmatrix} \begin{bmatrix} 4 \\ 4 \end{bmatrix} \begin{bmatrix} 5 \\ 3 \end{bmatrix} \quad \begin{bmatrix} 7 \\ 6 \end{bmatrix} \begin{bmatrix} 8 \\ 3 \end{bmatrix} \quad \begin{bmatrix} 5 \\ 8 \end{bmatrix}$$

問題8.5 表8.9のクールノー・ゲームを解き，各企業の均衡生産量を求めなさい．

問題8.6 図8.8のシュタッケルベルク・ゲームを解き，各企業の均衡生産量を求めなさい．

参 考 文 献

近年，ゲーム理論関係の書物は数多く出版されている．今後の学習のために，国内で出版されているものを中心に，いくつか紹介しておく．

初学者には，それほど数学を使用していないものがよいであろう．たとえば，次の[1]，[2]などがある．

[1] Dixit, A. and B. Nalebuff (1991) *Thinking Strategically: The Competitive Edge in Business, Politics and Everyday Life,* W. W. Norton（菅野隆・島津祐一訳（1991）『戦略的思考とは何か』TBSブリタニカ）．

[2] McMillan, J. (1992) *Games, Strategies and Managers,* Oxford University Press（伊藤秀史・林田修訳（1995）『経営戦略のゲーム理論』有斐閣）．

学部中級には，まず，ロングセラーのテキストとして，たとえば，次の[3]，[4]，[5]などを薦める．

[3] Bacharach, M. (1976) *Economics and the Theory of Games,* Macmillan（鈴木光男・是枝正啓訳（1981）『経済学のためのゲーム理論』東洋経済新報社）．

[4] 小山昭雄（1980）『ゲームの理論入門』日本経済新聞社．

[5] 鈴木光男 (1981)『ゲーム理論入門』共立出版.

また，ゲーム理論と情報経済学を学習するために，次の[6]，[7]，[8]などを薦める.

[6] Gibbons, R. (1992) *Game Theory for Applied Economists*, Princeton University Press（福岡正夫・須田伸一訳（1995）『経済学のためのゲーム理論入門』創文社）.
[7] Kreps, D. M. (1990) *Game Theory and Economic Modelling*, Clarendon Press（高森寛・大住栄治・長橋透訳（2000）『ゲーム理論と経済学』東洋経済新報社）.
[8] Rasmusen, E. (1989) *Games and Information : An Introduction to Game Theory*, Basil Blackwell（細江守紀・村田省三・有定愛展訳（1990-91）『ゲームと情報の経済分析Ⅰ・Ⅱ』九州大学出版会）.

学部上級には，たとえば，次の[9]，[10]などを薦める．いくぶんボリュームはあるが，いずれも名著である．

[9] 岡田章 (1996)『ゲーム理論』有斐閣.
[10] 鈴木光男 (1994)『新ゲーム理論』勁草書房.

また，本章では取り扱わなかったが，協力ゲームの専門書として[11]がある．他方，非協力ゲームの専門書としては[12]がある．

[11] 鈴木光男・武藤滋夫 (1985)『協力ゲームの理論』東京大学出版会.
[12] 細江守紀編 (1989)『非協力ゲームの経済分析』勁草書房.

なお，ゲーム理論の古典は，本文中でも紹介した[13]である．

[13] von Neumann, J. and O. Morgenstern (1944) *The Theory of Games and Economic Behavior*, Princeton University Press（銀林浩・橋本和美・宮本敏雄監訳（1972-73）『ゲームの理論と経済行動Ⅰ・Ⅱ・Ⅲ・Ⅳ・Ⅴ』東京図書）.

最後になったが，次の[14]はゲーム理論を学習するすべての人が一読すべき書物であろう．ゲーム理論の概要や歴史を知るうえでもきわめて有益である．

[14] 鈴木光男 (1999)『ゲーム理論の世界』勁草書房.

第9章　国際貿易

9.1　はじめに

　ミクロ経済学の分析ツール（tool）を用いると国際貿易という経済現象も容易に分析できる．これまでみてきた個々の経済主体の行動もしくはそのパターン（pattern）は，大まかには，どの国においてもほぼ同様なものであると考えられる．このように考えると，現実の国際貿易はなぜ行われ，またその貿易パターンはどのように決定されるかという自然な疑問が浮かび上がる．ここでは，国際貿易という現実の経済現象を，ミクロ経済学の分析ツールを用いて，どのように理論的にとらえることができるかについて考える．したがって，本章の目的がミクロ経済学の国際貿易への応用を紹介するところにあると理解してもいっこうにかまわない．

　以下での内容は，次のようなものである．まず，9.2節では，なぜ国際貿易が行われるかという疑問に対する純粋な経済学的理由付けについて考える．次に，9.3節では，どのように国際貿易が行われるか，すなわち国際貿易パターンはどのように決定されるかという古くからの問題についての従来の基本的な議論を紹介する．最後に，9.4節では，自由貿易に対する障壁となる種々の要因のなかで，最も典型的な輸入関税と輸出補助金をとりあげ，これらが経済厚生に及ぼす影響を分析する．

9.2　国際貿易とは？

9.2.1　暮らしのなかの国際貿易

　日常生活を営む際に必要とする財やサービスは，数え切れないほど多い．ま

た人々の趣味や趣向も多様化し，さまざまな新しい財やサービスも続々と発売されている．幸いなことに，これらはほとんど，コンビニエンスストア，スーパーマーケットや市場などから，必要なときはいつでも購入できるようになっている．このような経済の仕組みから得られる経済的利益については，いままでみてきたミクロ経済学の分析ツールを用いて容易に議論することができる．

ところで，コンビニエンスストアやスーパーマーケットなどの店頭に並んでいる品物を眺めると，日本製品から数多くの外国の製品にいたるまで，豊富な品揃えになっているし，また，日本製品といっても原料が外国産になっているものもあり，外国と経済活動のかかわりが深くなっていることを肌で感じることができる．このような経済のグローバル化の波は，今後，ますます激しくなっていくことと予測されるが，これはまた，国内経済の大きな変化を強いられることにもなりうる．

経済のグローバル化の過程のなかで，各国においては，どのようなものが輸出財となり，どのようなものが輸入財となるかという貿易パターンも変わっていくものと考えられる．表9.1は，最近の日本の製品輸入比率の推移を示したものである．ここで，製品輸入比率とは，総輸入に占める工業製品の輸入の割合をいう．表9.1が示すように，製品輸入比率は年々着実に上昇してきたが，特に1985年以後の円高の影響も重なって，1999年度には60％以上となり，最近は，一次産品を輸入し工産品を輸出する国という従来の日本のイメージとは大きく異なる実状となってきている．

以上のように現実の経済は，外国との経済活動のかかわりが深くなっており，前章までの議論において想定していた経済よりはるかに複雑で難解なものとな

表9.1 日本の製品輸入比率の推移

年度	製品輸入比率 ％	年度	製品輸入比率 ％
1970年度	29.5	1985年度	31.5
1975年度	20.4	1990年度	49.8
1980年度	23.1	1995年度	59.9
		1999年度	61.4

（出所）大蔵省「貿易統計」により作成．

っている．広辞苑によると，貿易とは，①各地の物品を交換すること，交易，②国際間の財・サービスの交換，国際間で商品を輸出入する取引，国際間の商業，をいう．ところで，経済学的観点からすると，この定義のなかには，むしろさまざまな点で異なる地域もしくは国間の財・サービスの交換という意味をより強く強調してもよい．というのは，財・サービスを交換する地域，または国々の経済は，生産技術，文化・慣習などの制度，および経済政策などによってそれぞれ異なる特性をもつものになっていると理解してよいからである．

国々を1つ1つの経済単位と考えると，国際経済とは，上述したようになんらかの意味で異なる地域，もしくは国間の財・サービスの動き，ないしその流れとしてとらえることができる．国々を経済単位として考えるとしても，現実には，それらの経済活動の規模からすると，さまざまな国が存在する．これらの国々は，国際経済全体の経済活動に比べて，経済活動の規模が十分に大きく，自国の経済活動が国際経済に影響を及ぼす国と，経済活動の規模が十分に小さく，自国の経済活動が国際経済にどのような影響も及ぼさない国に大別することができる．国際経済学の分野では，前者を「大国」，後者を「小国」という．どのような国が経済単位となるかによって，国際経済もまた大きく異なるものとなりうる．

国際経済をこのように単純化させると，これまでみてきたミクロ経済学の分析ツールを用いて，国際貿易を容易に分析することができる．9.2.2項と9.2.3項では，このように単純化された枠組みのなかで，なぜ国々は貿易を行うかという国際貿易の本質にかかわる問題について考える．

9.2.2　自由貿易の利益 I：部分均衡分析

ある国Aが，ある1つの財，たとえばパソコンの自由貿易を行う場合と貿易を行わない場合とを比較し，自由貿易に参加することが自国の利益をもたらしうるかについて考える．ここで，自由貿易における「自由」とは，貿易に影響を及ぼすどのような制約も存在しないという意味で使われた言葉である．

まず，A国が外国とパソコンの貿易を行わない場合を考える．A国の国内のパソコン市場は競争的なものであるとし，パソコンの国内需要と供給はそれぞれ，図9.1における曲線DDとSSによって表されるものであるとする．ここで，図9.1の縦軸はパソコン（1台当たり）の価格pを，また横軸はパソコ

ンの需要量 x^D と供給量 x^S を同時に示すものである．貿易を行わない場合における国内のパソコンの市場（均衡）価格は国内の需要と供給が一致する価格 p^0 で決定され，そのときの国内におけるパソコンの取引量は x^0 となる．それゆえ，この場合，パソコンの取引によって得られる国内の総余剰は，三角形 AEp^0 の面積として示される消費者余剰と，三角形 p^0EB の面積として示される生産者余剰の合計，すなわち三角形 AEB の面積として示されるものである．

$$\text{自由貿易を行わない場合の総余剰}=\text{三角形 }AEB\text{ の面積} \quad (9.1)$$

次に，A国が外国とパソコンの自由貿易を行う場合を考える．説明を単純化するため，A国が「小国」であるとし，パソコンの生産地がどこであろうとも品質の差はないもの（同質財）とする．そして，国際市場で決定されるパソコンの国際価格 p^* が国内価格 p^0 より低いケースを考えると，このケースでは，A国の消費者は，実際に，図9.1における線分 BG と G から右側への横軸に平行な直線で示されるパソコンの供給曲線に直面することになる．したがって，A国が外国とパソコンの自由貿易を行う場合においては，このケースでは，国内で取引されるパソコンの市場価格は需要と供給を一致させる価格 p^* に決定され，このときのパソコンの取引量は x^{D*} となる．ただし，このなかで，国内からのパソコンの供給量は x^{S*} であり，外国からのパソコンの供給量，すなわち輸入量は $x^{D*}-x^{S*}$ である．それゆえ，このケースでは，パソコンの自

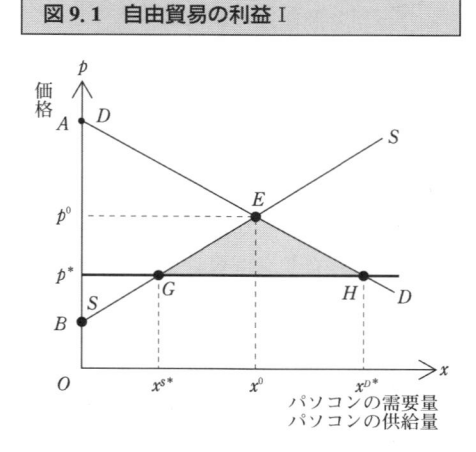

図9.1　自由貿易の利益 I

由貿易によって得られる総余剰は，三角形 AHp^* の面積として示される消費者余剰と，三角形 p^*GB の面積として示される生産者余剰の合計，すなわち四角形 $AHGB$ の面積として示されるものとなる．したがって，これはまた，次のように書き直すことができる．

　　自由貿易を行う場合の総余剰
$$=三角形 AEB の面積 + 三角形 EHG の面積 \qquad (9.2)$$

　総余剰（9.1）と（9.2）を比較すると，自由貿易を行わない場合におけるパソコンの国内価格が国際価格より高いケースでは，自由貿易を行うことによる総余剰の増加分は三角形 EHG の面積として示されるものとなる．なお，逆に，自由貿易を行わない場合におけるパソコンの国内価格が国際価格より低いケースでも，自由貿易を行うことによる総余剰の増加分がつねに正となることは，いままでと同様な手法を用いて容易に導くことができるので，ここでは練習問題として残しておくことにする．したがって，自由貿易を行わない場合におけるパソコンの国内価格と国際価格が同じではないかぎり，自由貿易を行うことによる利益はつねに正となる．

　自由貿易の利益が存在するということは，自国の経済全体において利益があるということであって，必ずしも自国のすべての経済主体にとって利益があるということではない．具体的に，貿易を行わない場合におけるパソコンの国内価格が国際価格より高いケースでは，自由貿易を行う場合と行わない場合における消費者余剰を比較してみると，自由貿易を行う場合には，p^0 から p^* へと価格が低下し，x^0 から x^{D*} へと需要量は増加する．それゆえ，この場合には，自由貿易を行わない場合に比べて，消費者余剰はつねに増加し，その増加分は台形 p^0EHp^* の面積として示されるものとなる．なお，自由貿易を行わない場合におけるパソコンの国内価格が国際価格より低いケースでは，自由貿易を行う場合には，貿易を行わない場合に比べて，消費者余剰は減少する．

　一方，自由貿易を行う場合と行わない場合における生産者余剰を比較してみると，自由貿易を行う場合には，p^0 から p^* へと価格が低下し，x^0 から x^{S*} へと国内からの供給量が減少する．それゆえ，この場合には，自由貿易を行わない場合に比べて，生産者余剰はつねに減少し，その減少分は台形 p^0EGp^* の面積として示されるものとなる．なお，自由貿易を行わない場合におけるパソコ

ンの国内価格が国際価格より低いケースでは，自由貿易を行う場合には，貿易を行わない場合に比べて，生産者余剰は増加する．

これらのことは，貿易を行わない場合に，国際水準からみて非効率的な生産を行う，すなわち国際価格より高い価格でしか供給できない生産技術をもつ生産者の得られる余剰が，自由貿易を行う場合には，消費者に移転されることを意味したり（国内価格が国際価格より高いケース），自由な貿易を行わない場合には，国際水準からみて高い余剰を享受してきた消費者から生産者へ余剰が移転されることを意味する（国内価格が国際価格より低いケース）．それゆえ，自由貿易に参加すると，国内価格が国際価格と一致しないかぎり，自国にとっては，総余剰は増加するが，経済主体間には余剰の移転が生ずることになる．現実の経済においてたびたび「輸入自由化」をめぐって意見の対立が激しくなり調整が難しくなるのは，多くの場合このようなことに起因する．

いずれにせよ，自由貿易を行うことによって，パソコンの国内価格が国際価格より高いケースには，国際水準からみてパソコンの非効率的な生産に用いる資源はより効率的な他の財の生産にまわされることになり，またパソコンの国内価格が国際価格より低い場合には，国際水準からみて他の財の非効率的な生産に用いる資源はより効率的なパソコンの生産にまわされることになる．したがって，このような観点からすると，自由貿易のもつ意義は，それによって国内ではより効率的な資源配分が自動的に実現されるところにある．

9.2.3 自由貿易の利益 II： 一般均衡分析

9.2.2項では，1つの財，すなわちパソコンだけに注目し，自由貿易の利益について考えた．ここでは，より一般的なケースとして，複数の財を同時に考慮に入れる場合の自由貿易の利益を考える．具体的に，最も単純なケースとして，9.2.2項での議論と同様に A 国の国内市場が競争的なものであり，X 財と Y 財の2つの財，たとえばパソコンとオレンジだけが取引される場合をとりあげることにする．なお，以下では，すべての国が経済厚生の水準を表す無差別曲線（もしくは効用関数）をもつとする[1]．

---

1) 国際貿易に関する議論においては，経済単位が国となるので，一国全体の総効用の概念がよく用いられる．ここでの一国の（社会的）無差別曲線は，個々人の無差別曲線の概念と同様に，一国全体の国民の総効用が同一なものとなる財の消費量の組みの集まりをいう．（社会的）無差別曲線

まず，A 国が外国と貿易を行わない場合を考える．A 国の国内で決定されるパソコン（1 台当たり）の価格を p_x^0，オレンジ（1 トン当たり）の価格を p_y^0 とし，国内における X 財の（Y 財に対する）相対価格 $p^0 (=p_x^0/p_y^0)$ を図 9.2(a) における直線 l の傾きの絶対値として表されるものであるとすると，この場合における均衡点は，図 9.2(a) における点 T となる．ここで，図 9.2(a) における曲線 $T_y T_x$ は A 国の生産可能性曲線を，また曲線 U^0 は A 国の経済厚生の水準を表す無差別曲線をそれぞれ，示すものである．

点 T は，限界変形率（Marginal Rate of Transformation, MRT）と X 財の相対価格 p^0 が一致し，生産者にとっては最も効率的な生産が行われる生産量の組みを示す，最適な生産点であり，かつ p^0 と限界代替率（Marginal Rate of Substitution, MRS）が一致し，消費者にとっては最も効用を高める消費量の組みを示す，最適な消費点でもある[2]．さらに，点 T は，すべての財の需要量と供給量が一致するという需給均衡条件をもみたす点である．それゆえ，点 T は，次のような条件を同時にみたし，生産者と消費者にとってはともに，それ以上経済行動を変化するインセンティブ（incentive）が存在しない均衡点となる．

貿易を行わない場合の均衡条件：
$$MRT = p^0 (=p_x^0/p_y^0) = MRS \quad (生産と消費の最適性条件)$$
$$x^S = x^D = x^0, \ y^S = y^D = y^0 \quad (需給均衡条件)$$

ここで，x^S，y^S はそれぞれ，貿易を行わない場合における X 財と Y 財の供給量であり，x^D，y^D はそれぞれ，この場合における X 財と Y 財の需要量である．それゆえ，この場合には，パソコンとオレンジの消費量と生産量の組みは (x^0, y^0) となり，経済厚生は U^0 となる．

の概念，その意義，および限界については，Samuelson（1956）と大畑弥七（1995, 42〜45 ページ）を参照されたい．

2) 限界変形率とは，第 1 財（パソコン）の生産量を追加的に 1 単位生産するために犠牲にしなければならない第 2 財（オレンジ）の単位数，すなわち第 2 財の量で測った第 1 財の生産における機会費用をいい，$MRT_{21}(MRT_{12}=1/MRT_{21})$ を第 2 財の第 1 財に対する限界変形率とよぶ．また，限界代替率とは，第 1 財（パソコン）の消費量を追加的に 1 単位消費するために犠牲にしなければならない第 2 財（オレンジ）の単位数，すなわち第 2 財の量で測った第 1 財の消費における機会費用をいい，$MRS_{21}(MRS_{12}=1/MRS_{21})$ を第 2 財の第 1 財に対する限界代替率とよぶ．第 9 章の議論においては，つねに，オレンジの量で測ったパソコンの消費もしくは生産における機会費用のみを考えるので，記号を簡単にするため，下添え字は省略し，表記することにする．

図9.2 自由貿易の利益 II

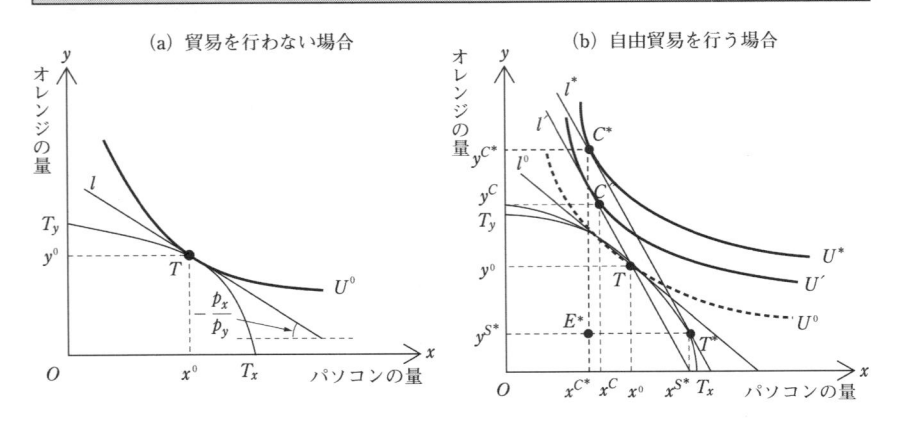

(a) 貿易を行わない場合

(b) 自由貿易を行う場合

次に，A 国が外国と自由貿易を行う場合を考える．より具体的には，A 国は「小国」であり，国間の貸し借りは行わなく，各国はつねに国際収支がバランスされるよう行動を行う場合を考える．国際市場で決定される X 財の相対価格 $p^* = (p_x^*/p_y^*)$ を図9.2(b)における直線 l^*（もしくは l^*）の傾きの絶対値として表されるものであるとし（パソコンの国際価格：p_x^*，オレンジの国際価格：p_y^*）とし，国際市場における X 財の相対価格 p^* が国内市場における X 財の相対価格 p^0 より高いケースを取り上げることにする．なお，これは，国際価格に比べてパソコンの国内価格が相対的に安く，オレンジの国内価格が相対的に高くなっていることを示すケースであり，それゆえ A 国にとっては，パソコンは輸出財となり，オレンジは輸入財となるケースである．

この場合における均衡状態は，図9.2(b)を用いて示すことができる．図9.2(b)における点 T^* は，限界変形率 MRT と X 財の相対価格 p^* が一致するので，A 国の国内における最適な生産点である．これに対して，点 C^* は，p^* と限界代替率 MRS が一致するので，自由貿易を行う場合における最適な消費点である．ところで，点 T^* と点 C^* は，A 国にとっては，国際市場における X 財の相対価格が p^* であるときに，l^* として表される A 国の予算線（もしくは交易線ともよばれる）上の2つの点である．それゆえ，これら2つの点として示される X 財と Y 財の量の2つの組みの価値額は同じものとなるので，点 T^* として示される国内における最適な生産量の組みを，自由貿易を行うことによ

って点 C^* として示される最適な消費量に置き換えることができる．そして，生産者と消費者がこれらの2つの点として示される生産や消費行動を行う場合には，貿易収支のバランスも保たれる．したがって，この場合における均衡条件は，次のような条件を同時にみたすものとしてまとめることができる．

自由貿易を行う場合の均衡条件：
$$MRT = p^*(=p_x^*/p_y^*) = MRS \quad (生産と消費の最適性条件)$$
$$p_x^*(x^{S^*}-x^{C^*}) + p_y^*(y^{S^*}-y^{C^*}) = 0 \quad (貿易均衡条件)$$

ここで，x^{S^*}, y^{S^*} はそれぞれ，A国が自由貿易を行う場合における X 財と Y 財の国内の生産量であり，x^{C^*}, y^{C^*} はそれぞれ，この場合における X 財と Y 財の消費量である．

外国と自由貿易を行う場合の均衡状態は，図9.2(b)における三角形 $C^*T^*E^*$ として示されるものとなる．すなわち，これはパソコンとオレンジの最適消費量の組みが (x^{C^*}, y^{C^*})，国内の最適生産量の組みが (x^{S^*}, y^{S^*}) となり，オレンジの輸入量は $y^{C^*}-y^{S^*}$，パソコンの輸出量は $x^{S^*}-x^{C^*}$ となることを示すものであり，このような意味で，三角形 $C^*T^*E^*$ を貿易三角形ともいう．それゆえ，外国と自由貿易を行う場合の経済厚生は U^* となる．

貿易を行わない場合と自由貿易を行う場合における経済厚生を比較すると，ただちに自由貿易の利益が導かれる．図9.2(b)で示される自由貿易を行うことによる経済厚生の増加分 U^*-U^0 は，国内市場と国際市場における X 財の相対価格が一致しないかぎり，正となる．ところで，この経済厚生の増加分は，具体的には，図9.2(b)で示されるような2つの経済厚生の増加分の和として考えることができる．その1つは，最適な消費点が T から C' に移動することによる利益 $U'-U^0$ である．これは，貿易を行わない場合における国内の最適な生産量の組 (x^0, y^0) を用いて，相対価格 p^* のもとで，純粋に貿易（もしくは交換）のみを行い，(x^0, y^0) の価値額，$p_x^*x^0+p_y^*y^0$，と同額である点 C' で表される消費量の組み (x^C, y^C) の価値額，$p_x^*x^C+p_y^*y^C$，に変えることによって得られる利益という意味で，「交換による利益」とよばれる．もう1つは，最適消費点が C' から C^* に移動することによる利益 U^*-U' である．これは，自由貿易が行われ，貿易を行わない場合に比べて，国際市場において相対価格の高い財へ生産を切り替え（特化し），国内の生産量の組みの価値額を，

$p_x^* x^0 + p_y^* y^0$ から $p_x^* x^{S*} + p_y^* y^{S*}$ へ高めることによって得られる利益という意味で，「特化による利益」とよばれる．したがって，自由貿易に参加することによって得られる利益 $U^* - U^0$ とは，これらの2つの利益の和として示されるものとなる．

　以上では，自由に貿易を行う場合における財の間での相対価格が貿易を行わない場合におけるそれと同一ではないかぎり，つねに「小国」が自由貿易に参加することによって得られる利益は正であることが示された．ここで，「大国」は「小国」と異なり，自ら貿易に参加することによって国際価格は変化する．それゆえ，「大国」の場合には，国際市場での相対価格を「大国」が貿易に参加し変化する「最終的」相対価格に置き換えることによって，上で用いた手法をそのまま利用し，分析することができる[3]．また，ここでは，$p^* > p^0$ であるケースだけを取り上げたが，$p^* > p^0$ であるケースにおいても，上と同様な手法を用いて，自由貿易によって経済厚生が増加することを導くことができる．しかしながら，ここでは，これらの問題は練習問題として残しておくことにする．

　ところで，具体的にどのような国が「特化による利益」を得るのか，ひいては貿易パターンはどのような要因によって決定されるかという問題は，国際貿易の本質を理解する際に最も基本的でかつ重要な問題となる．それゆえ，これについては，さらに節を改めて考えることにする．

9.3　国際貿易の純粋理論：貿易パターンの決定要因

　現実の国際経済をみると，主に自動車や鉄鋼などを輸出し，石油や鉄鉱石などを輸入する国があり，また牛肉やオレンジなどを輸出し，機械や船舶などを輸入する国もある．このような各国間のさまざまな貿易パターンは一体どのように決定されるのか．これは，古くからの経済学の重要な問題の1つである．

---

[3] ここで使われている「最終的」という言葉は，「購入を行うときの」という意味が含まれている．これは，「小国」の場合と「大国」の場合とを区別しないで，これらの場合を一般的にとらえるための共通の言葉使いであると理解してよい．具体的に，「大国」は「小国」と異なって，プライス・メーカーであるので，自らの経済行動によって価格は変わる．それゆえ，「最終的」価格とは，「大国」の経済行動によって変化した価格のことである．

以下では，これについてのリカード（D. Ricardo）とヘクシャー・オリーン（E. Heckscher, and B. Ohlin）の基本的考え方を紹介する．

9.3.1 リカード・モデル：比較生産費説

19世紀の経済学者，リカードは，各国間で貿易パターンが異なるのは国によって生産技術（生産費の構造）が異なるからであるとし，このことを比較優位という概念を用いて示している．ここで，生産に比較優位をもつということは「他人もしくは他国より低い機会費用で生産できること」を意味するが，リカード以降，このような比較優位の概念は，国際貿易の原理を示す際に用いる最も基本的なものとなっている．

リカード・モデルでは，世界には2つの国AとBだけが存在し，それぞれの国が1種類の生産要素，たとえば労働のみを用いて2種類の財XとYを生産する単純な場合を考える[4]．そして各国におけるそれぞれの財の生産技術は，固定的投入係数として表されるものであるとする．ここで，固定的投入係数は，労働の投入係数，すなわち財1単位を生産するために必要な労働量が生産量にかかわりなく一定であることを意味するものである．以下では，表9.2のような固定的投入係数の数値例を用いてリカードの考え方を説明していくことにする．表9.2は，A国は，X財とY財を1単位生産するのに，それぞれ2単位ずつの労働を投入する生産技術をもち，B国は，X財を1単位生産するのに4単位の労働を，またY財を1単位生産するのに3単位の労働をそれぞれ投入する生産技術をもつことを表すものである．それゆえ，ここでは，どのような財の生産においても，A国がB国より低い（財1単位当たりの）生産費で生

表9.2 数値例：リカード・モデル

	X財	Y財	X財の相対的生産費	Y財の相対的生産費	総労働賦存量
A国	2	2	$\left(\frac{2}{2}\right)=1$	$\left(\frac{2}{2}\right)=1$	100
B国	4	3	$\frac{4}{3}$	$\frac{3}{4}$	240

---

4) リカード自身の正確な議論については，Ricardo (1817)（小泉信三訳 (1928)）を参照されたい．

産できる技術をもっているという意味で，A国が両財の生産においてともに絶対優位をもつものであるが，A国はB国と比べてY財よりX財の相対的生産費が低く，B国はA国と比べてX財よりY財の相対的生産費が低いことから，A国はX財の生産に，またB国はY財の生産にそれぞれ比較優位をもつものである．ここで，X財の相対的生産費とは，X財を1単位生産するために必要な労働量をY財を1単位生産するために必要な労働量で割った値であり，生産可能性曲線の傾きの絶対値，すなわちY財の量で測ったX財の生産における機会費用と同一なものである．リカード・モデルでは，これらの財の相対的生産費が国によって違うことが貿易を生じさせる要因となることを示している．以下では，このようなリカードの考え方を具体的にみていくことにする．

A国に存在する総労働量を100単位，B国に存在する総労働量を240単位であるとすると，A，B両国の生産可能性曲線はそれぞれ，次の等式をみたすX財とY財の生産量の組みの集まりとして示されるものとなる．

$$2x_A + 2y_A = 100 \tag{9.3}$$

$$4x_B + 3y_B = 240 \tag{9.4}$$

ここで，x_A，y_A はそれぞれ，A国で生産されるX財，Y財の量を表し，x_B，y_B はそれぞれ，B国で生産されるX財，Y財の量を表す．これらを図示すると，(9.3)の関係式で示されるA国の生産可能性曲線は図9.3(a)における線分 df となり，(9.4)の関係式で示されるB国の生産可能性曲線は図9.3(b)における線分 hg となる．ここで，実際に各国において生産可能性曲線上のどの点で生産が行われるかは，それぞれの国が各財に労働量をどのように振り分けるかによって異なる．それゆえ，リカード・モデルにおいては，生産可能性曲線の傾きの絶対値として示されるX財の相対価格は，各国の総労働量にかかわりなく，相対的生産費にしたがって，A国では $\left(\frac{2}{2}\right) = 1$ に，B国では $\frac{4}{3}$ に決定される．このことは，以下で示すリカードの考え方を理解する際に重要なポイントとなる．

まず，貿易を行わない場合を考える．この場合には，両国ともに，国内で生産した量を上回る量を消費することはできないので，最も高い経済厚生をもたらす実現可能な消費量の組みは生産可能性曲線上の組みに限られる．それゆえ，図9.3の(a)と(b)においてのように，A国の経済厚生の水準を表す無差別曲線を

図9.3 リカード・モデル

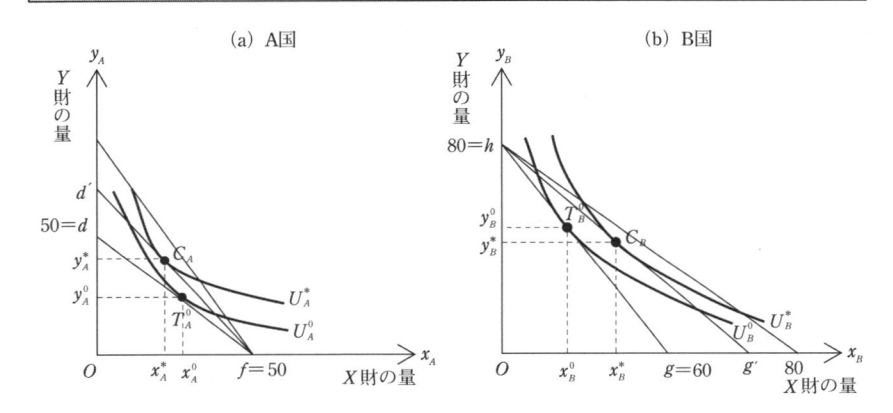

U_A^0, U_A^* で示し，B国の社会的厚生の水準を表す無差別曲線を U_B^0, U_B^* で示すと，貿易が行われない場合における両国の最適な消費点はそれぞれ，点 T_A^0 と点 T_B^0 になり，経済厚生もそれぞれ，U_A^0 と U_B^0 になる．

次に，自由貿易が行われる場合を考える．この場合には，国際市場で決定される X 財の相対価格が，図9.3(a)の線分 $d'f$ の傾きの絶対値，もしくは図9.3(b)の線分 hg' の傾きの絶対値として示されるものであれば，比較優位の原理によって，A国が X 財の生産に，またB国が Y 財の生産にそれぞれ完全特化して自由貿易を行い，両国は互いに正の利益を得ることができる．なぜならば，このような国際市場での X 財の相対価格は，貿易を行わない場合におけるA国の相対価格より高く，B国の相対価格より低いからである．図9.3で示されるように，自由貿易が行われる場合における両国の最適な消費点はそれぞれ，点 C_A と点 C_B になり，(x_A^*, y_A^*) と (x_B^*, y_B^*) を消費するA国とB国の経済厚生はそれぞれ，U_A^* と U_B^* になる．

自由貿易が行われる場合と貿易が行われない場合における経済厚生の差をもって自由貿易の利益を定義すると，A国にとっての自由貿易の利益は $U_A^* - U_A^0$ となり，B国にとっての自由貿易の利益は $U_B^* - U_B^0$ となる．無論，各国にとっての自由貿易の利益の大きさは，国際市場で決定される両財の均衡相対価格によって異なる．一般に，これは，貿易を行わない場合において決定されるA国内での X 財の相対価格1とB国内での X 財の相対価格 $\frac{4}{3}$ の間で決

定されるものである．というのは，もし均衡相対価格が 1 より小さいならば，どの国も X 財の生産は行わないので，需給均衡条件が成り立たなくなり，貿易均衡にはなりえないし，逆に均衡相対価格が 4/3 より大きいならば，どの国も Y 財の生産は行わないので，需給均衡条件が成り立たなくなり，貿易の均衡状態にはなりえないからである．

このように決定される均衡相対価格のもとで，各国はそれぞれ，比較優位をもつ財の生産に特化し，特化する財の生産を増加させる．ただし，均衡相対価格が 1 か $\frac{4}{3}$ で決定される場合においては不完全特化されることを排除することはできないが，このような場合においてもどのような国も比較優位をもたない財の生産に特化することはない．したがって，生産の特化によって増加する財の自由な交換，すなわち自由貿易から両国はともに貿易利益を得ることになる．具体的に，図 9.3 における A 国と B 国の貿易量はそれぞれ，次のようになる．

X 財：
　　A 国から B 国への輸出量 $= 50 - x_A^* = x_B^* =$ B 国の A 国からの輸入量
Y 財：
　　B 国から A 国への輸出量 $= 30 - y_B^* = y_A^* =$ A 国の B 国からの輸入量

以上のように，両国が表 9.2 で示される生産技術をもつ場合には，A 国は X 財の輸出国であると同時に Y 財の輸入国となり，B 国は Y 財の輸出国であると同時に X 財の輸入国となる．このようにリカード・モデルにおいては，貿易パターンは，（1 種類しか存在しない）生産要素である労働の総量ではなく，両国における生産技術（比較生産費）の違い，もしくは両国の生産可能性曲線の形の違いによって決定されるものである．このような意味で，リカードの考え方は比較生産費説とよばれる．

9.3.2　ヘクシャー‐オリーン・モデル

前項でのリカード・モデルは，2 つの国だけが存在し，それぞれの国が，1 種類の生産要素，たとえば労働のみを用いて，2 種類の財を生産する場合の貿易モデルであった．これに対して，20 世紀前半，スウェーデンの経済学者であるヘクシャーとオリーンによって提示されたヘクシャー‐オリーン・モデルで

は，リカード・モデルと同様に，世界には2つの国だけが存在し，それぞれの国が2種類の財を生産する場合を考えるが，リカード・モデルと異なって，両国が同じ生産技術（生産関数）をもち，2種類の生産要素，たとえば労働と資本を用いて，それぞれの財の生産を行う場合を考える[5]．このモデルは，第2次世界大戦後には，サミュエルソン（P. Samuelson）やジョーンズ（R. Jones）など多くの経済学者の貢献によってさらに洗練された一般均衡モデルに展開され[6]，今日，国際貿易理論において最も基本的なモデルとなっている．

リカード・モデルでは，貿易の原動力を国際間の生産技術の相違に求めているのに対して，ヘクシャー‐オリーン・モデルでは，それを国際間の生産要素の賦存状態の相違に求めている．以下では，国際貿易の原理についてのこのようなヘクシャー‐オリーンの基本的考え方を順次紹介していく．そのために，2つの国AとBにおける2つの財XとYについての生産技術がともに，表9.3の数値例のような，簡単な固定的投入係数をもって同様に示されるものであるとし，説明をはじめることにする．ここで，表9.3の第1行の最初の2つの数字2と1はそれぞれ，両国にとってX財1単位を生産するために必要な資本と労働の単位数を示しており，第2行の最初の2つの数字1と1はそれぞれ，両国にとってY財1単位を生産するために必要な資本と労働の単位数を示している．それゆえ，X財の生産における，労働投入量1単位当たりの資本投入量，すなわち資本・労働比率は2であり，Y財の生産における資本・労働比率

表9.3　数値例：ヘクシャー‐オリーン・モデル

	資本投入量	労働投入量	資本・労働比率
X財	2	1	$\frac{2}{1}=2$
Y財	1	1	$\frac{1}{1}=1$

---

5) より正確には，新しい命題を発表したのはヘクシャーであったが，その後オリーンによって集大成された．具体的には，Hecksher (1919, Reprinted in Ellis and Metzler (1949)) とOhlin (1929, Reprinted in Ellis and Metzler (1949)) を参照せよ．

6) Samuelson (1948, 1949, Reprinted in Cares and Johnson (1968)) とJones (1965) を参照せよ．

は1である．したがって，表9.3の数値例は，Y財よりX財が資本を相対的に多く投入して生産されるという意味で，X財を資本集約的な財とし，X財よりY財が労働を相対的に多く投入して生産されるという意味で，Y財を労働集約的な財とする生産技術を示すものである[7]．

ヘクシャー‐オリーン・モデルにおいては，生産要素は国内では自由に移動できるが，国外へは移動できないと仮定し議論を進めているので，両財の生産量はそれぞれの国における生産要素の賦存量の制約を受ける．ある国における資本の賦存量を$\bar{K}$，労働の賦存量を$\bar{L}$であるとすると，この国において生産可能なX財とY財の生産量の組みの集まりは，これらの生産要素の賦存量の制約から，次のような2つの条件を同時にみたすものでなければならない．

$$（資本制約条件）\quad 2x+y \leqq \bar{K} \qquad (9.5)$$
$$（労働制約条件）\quad x+y \leqq \bar{L} \qquad (9.6)$$

ここで，xとyはそれぞれ，X財とY財の生産量を示す．以下では，このような状況のもとで，ヘクシャー‐オリーン・モデルから導かれる基本的結果をまとめた定理のなかで，主にリプチンスキー（T. M. Rybczynski）の定理とヘクシャー‐オリーンの定理などをとりあげ，ヘクシャー‐オリーンの基本的考え方を紹介することにする．

リプチンスキーの定理　具体的に，各国における生産要素の賦存状態と生産との関係についてのヘクシャー‐オリーンの考え方をみるために，次のような2つのケースを考える．

まず，資本の賦存量を$\bar{K}=60$単位，労働の賦存量を$\bar{L}=40$単位であるケースAを考える．ケースAにおいては，生産可能性曲線は，資本制約（9.5）と労働制約（9.6）を同時にみたす生産量の組み(x, y)のなかで最も効率的な生産を行う場合の生産量の組みの集まり，すなわち図9.4における境界線aTb'として示されるものとなる．それゆえ，図9.4での線分aT_Aを除く三角形bT_Aaの点で示されるX財とY財の生産量の組みを生産する場合はつねに資本が不足し，また線分T_Ab'を除く三角形$T_Aa'b'$の点で示されるX財とY財の

---

[7] より一般的な生産関数を用いた議論に興味のある人は，伊藤元重・大山道広（1985, 83〜120ページ）と木村福成（1985, 47〜84ページ）を参照されたい．

図9.4 リプチンスキーの定理

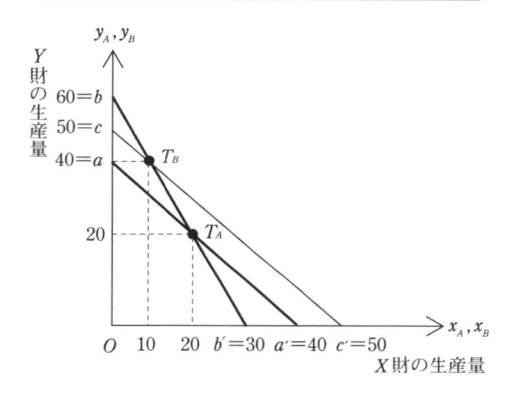

```
        y_A, y_B
Y        ↑
財   60=b
の   50=c
生   40=a ●T_B
産       
量   20        ●T_A
              
         O  10  20  b'=30 a'=40 c'=50  → x_A, x_B
                        X財の生産量
```

生産量の組みを生産する場合はつねに労働が不足するので，このような生産技術の場合には，点 T_A においてのみ，存在する生産要素がすべて利用，すなわち完全雇用されることになる．

次に，資本の賦存量はケースAと同じく $\bar{K}=60$ 単位であるが，労働の賦存量だけが10単位多い $\bar{L}=50$ 単位であるケースBを考える．同様な方法で，ケースBにおける生産可能性曲線は，資本制約（9.5）と労働制約（9.6）を同時にみたす生産量の組み (x, y) のなかで最も効率的な生産を行う場合の生産量の組みの集まり，すなわち図9.4における境界線 cT_Bb' として示されるものとなる．それゆえ，図9.4での線分 cT_B を除く三角形 bT_Bc の点で示される X 財と Y 財の生産量の組みを生産する場合はつねに資本が不足し，また線分 T_Bb' を除く三角形 $T_Bb'c'$ の点で示される X 財と Y 財の生産量の組みを生産する場合はつねに労働が不足するので，このような生産技術の場合には，点 T_B においてのみ，存在する生産要素がすべて利用，すなわち完全雇用されることになる．

これらの２つのケースAとBにおける生産を比較すると，ヘクシャー - オリーン・モデルにおける生産要素の賦存状態と生産との関係が容易に示される．図9.4で示した両ケースにおける生産可能性曲線は，ケースBにおいてが，ケースAにおいてより，すなわち労働の相対的賦存量がより多いケースにおいて，Y 財（労働集約的な財）の方へより突き出した形になっている．また，いいかえると，生産可能性曲線は，ケースAにおいてが，ケースBにおいてより，

すなわち資本の相対的賦存量がより多いケースにおいて，X 財（資本集約的な財）の方へより突き出した形になる．したがって，図9.4 における点 T_A と T_B をそれぞれの場合の（完全雇用）生産点であるとすると，両財の相対価格が変化しない場合には，ある生産要素の賦存量が増えると，その生産要素を集約的に利用する財の生産は増加し，その他の財の生産は減少することになる．これは，このことを次のような定理としてまとめたイギリスの経済学者であるリプチンスキーの名を受けて，リプチンスキーの定理とよばれる結果であり，ヘクシャー‐オリーン・モデルにおける生産要素の賦存状況と生産との基本的関係を明らかにするものである．

リプチンスキーの定理：
　　財の価格が一定ならば，ある生産要素の賦存量が増加すると，それを集約的に用いる財の生産量は増加し，他の財の生産量は減少する．

ヘクシャー‐オリーンの定理　　ヘクシャー‐オリーン・モデルは，各国の生産技術は同じであるが，生産要素の賦存状態が異なる状況を想定している．ここでは，説明を簡単にするため，上述したケースAがA国の状況を表し，ケースBがB国の状況を表す2国モデルを用いて，貿易を行わない場合と自由貿易を行う場合とを比較し，国際貿易パターンがどのように決定されるかについて考える．ただし，これらの数値例においては，A国の要素賦存比率 $\bar{K}_A/\bar{L}_A$ が $\frac{3}{2}$ であり，B国の要素賦存比率 $\bar{K}_B/\bar{L}_B$ が $\frac{6}{5}$ であるので，つねに $(\bar{K}_A/\bar{L}_A) > (\bar{K}_B/\bar{L}_B)$ となる．それゆえ，このモデルにおいてはA国とB国が同じ生産技術をもつ状況を考えているといっても，まったく同様な国を考えるという意味ではなく，A国はB国より相対的に資本が豊富な国であり，またB国がA国より相対的に労働が豊富な国であるという意味で異なる国を考える．

まず，貿易を行わない場合を考える．両国の国内で決定される X 財の相対価格をそれぞれ，図9.5の(a)と(b)で示した直線 l_A, l_B の傾きの絶対値で表されるものであるとすると，点 T_A と T_B はそれぞれ，貿易を行わない場合におけるA国とB国の生産点となる．ただし，図9.5の(a)と(b)のように，両国がともに X 財と Y 財を生産するケース，すなわち不完全特化のケースにおいては，

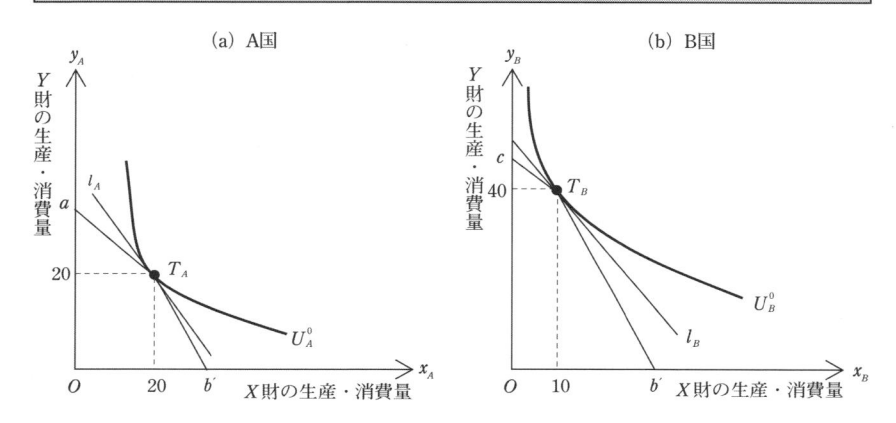

図9.5 ヘクシャー・オリーン・モデルⅠ（貿易を行わない場合）

(a) A国　　　　　　　　　　　　(b) B国

直線 l_A, l_B の傾きはつねに，X財の生産における資本・労働比率，すなわち線分 cT_B（＝線分 aT_A）の傾きの絶対値と Y 財の生産における資本・労働比率，すなわち線分 $T_B b'$（＝線分 $T_A b'$）の傾きの絶対値との間の値にある．というのは，それらのケースでないとすると，すなわち各国の両財の相対価格が両国の資本・労働比率より大きいか，または小さいとすると，各国はもっぱら X 財もしくは Y 財のみの生産に特化するからである．また，図9.5 の(a)と(b)のように，各国の経済厚生の水準を表す無差別曲線がそれぞれ，U_A^0, U_B^0 で示されるとすると，点 T_A と点 T_B はそれぞれ A 国と B 国の消費点になる．それゆえ，点 T_A と点 T_B はそれぞれ，貿易を行わない場合の A 国と B 国の均衡点である．特に，両国の需要パターンが同一なもので，かつ強い偏向のないものであるとすると，資本集約的な財である X 財の均衡相対価格は，A 国においてより，相対的に資本の賦存量の少ない B 国において，高くならざるをえない．

　次に，自由貿易を行う場合を考える．自由貿易が行われ，図9.6 の(a)と(b)のように，直線 l^* の傾きの絶対値として表される国際市場における X 財の相対価格が，貿易を行わない場合の A 国における X 財の相対価格と B 国における X 財の相対価格との間の値に決定されるならば，点 T_A と点 T_B はそれぞれ，自由貿易を行う場合の A 国と B 国の生産点となる．また，これらの生産点では，A 国は X 財に，また B 国は Y 財にそれぞれ比較優位をもつことになるの

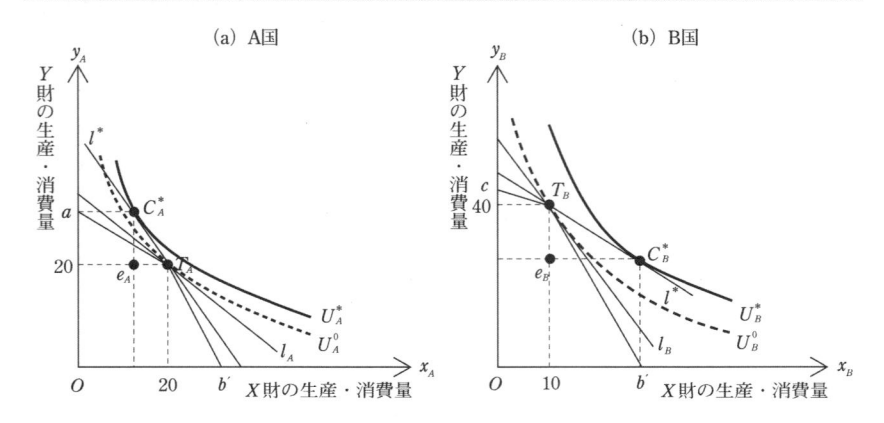

図 9.6 ヘクシャー・オリーン・モデル II（自由貿易を行う場合）

(a) A国　　　　　　　　　　(b) B国

で，自由貿易が行われる場合には，相対的に資本の賦存量の多い A 国は資本集約的な財である X 財を B 国に，また相対的に労働の賦存量の多い B 国は労働集約的な財である Y 財を A 国にそれぞれ輸出する貿易パターンとなる．それゆえ，貿易均衡条件がみたされる点 C_A^* と点 C_B^* がそれぞれ，A 国と B 国の消費点となる．したがって，自由な貿易が行われる場合の均衡状態はそれぞれ，図9.6 の(a)と(b)における貿易三角形 $T_A C_A^* e_A$ と $T_B C_B^* e_B$ によって示される．

このように，自由貿易を行う場合においては，各国は相対的に生産要素の賦存量の豊富な財の生産に比較優位をもち，そのような財を輸出する，という結果を導き出すことができる．このことから，次のような結果はヘクシャー - オリーンの定理とよばれるものであり，ヘクシャー - オリーンの国際貿易についての最も基本的な考え方を示すものである．

　ヘクシャー - オリーンの定理：
　　各国は，自国に相対的に豊富に存在する生産要素を集約的に用いる財を輸出する．

以上のように，ヘクシャー - オリーン・モデルにおいては，リカードとは異なり，各国間における生産要素の賦存状態の相違によって，国際貿易が生じ，またその貿易パターンも決定される．ヘクシャー - オリーンの定理からすると，

各国においては，貿易を行うことによって，それぞれの輸出財の生産に集約的に用いる生産要素の需要が増大し，その生産要素の国内価格が上昇することになる[8]．ところで，これは再び，財の国内価格に反映されることになるので，貿易を続けて行うことによって，各国間の財の価格差が縮小し，また生産要素の価格差も縮まることになる．このことは，ここでの議論のように，各国間に直接的な生産要素の移動が存在しない場合でも，自由貿易を行うと，生産要素の移動が存在する場合と同様に，生産要素間の相対価格の変化が引き起こされ，結局のところは，各国間に要素価格の均等化が達成されることを意味する[9]．

以上のような，ヘクシャー‐オリーン・モデルから導かれる種々の結果は，技術的に，現実の国際経済において検証し難いものである[10]．しかしながら，これらは，非常に豊富な含意をもち，直感的に理解しやすいものであるし，また生産要素の賦存状態の相違が国際貿易パターンの相違を説明する1つの要因になりうることについては十分に経験的な妥当性ももっているので，これらについては，さまざまな角度から，数多くの研究が行われている．

9.4 貿易政策の厚生分析：関税と輸出補助金

9.4.1 貿易政策とは

いままでの議論においては，国際経済において自由貿易の利益が存在することが強調されたが，現実には，各国間にまたは各経済主体間に利害関係も重な

---

8) たとえば，労働集約的な Y 財の価格が上昇すると，Y 財の生産が拡大されるので，生産要素は X 財の生産から Y 財の生産へ移動する．その際には，Y 財が X 財より労働集約的であるから，労働の需要は高まり，資本はそれほどでもなくなる．したがって，賃金は上昇し，資本サービス価格は下落する．このことがストルパー‐サミュエルソン（Stolper-Samuelson）の定理とよばれる結果の内容である．
9) これは，要素価格均等化定理とよばれる結果の内容であり，ヘクシャー‐オリーンの国際貿易についての考え方のエッセンスに触れるものである．
10) ヘクシャー‐オリーンの基本的考え方の現実適応性については多くの実証研究が行われている．そのなかで，レオンチェフ（W. W. Leontief）は，実際にアメリカの産業連関表を利用してその検証にあたった結果，アメリカは資本集約的な財を輸入し労働集約的な財を輸出していたことを明らかにした．これはヘクシャー‐オリーンの定理の内容とは逆の結果であったため，レオンチェフの逆説とよばれる．これはヘクシャー‐オリーン・モデルにおいて前提としている種々の仮定，すなわちすべての国に対する効用関数，生産関数，生産要素などの同一性，もしくは同質性，逆転されない要素集約度などの仮定が現実にみたされない場合に生じうることが知られている．

り，自由貿易を行うことはなかなか難しくなっている．第2次世界大戦後は，GATT（関税および貿易に関する一般協定）体制のもとで，自由貿易の促進と経済復興に国際的努力を行ってきた．しかし，GATTは，国際機関ではなく，暫定的な組織として運営されてきたため，より強固な基盤をもつ機関の設立についての認識が高まり，1995年1月から，その働きは国際貿易機関（WTO）に発展的に引き継がれることになった．2000年以降には，新しい多国間交渉（新ラウンド）の進め方が決まることにもなっており，第2次世界大戦以降，自由貿易の促進に向けての努力は絶えず行われている．

それにもかかわらず，現実には，依然としてさまざまな貿易障壁が存在する．これは，最も伝統的な関税障壁と，輸出補助金，輸入数量制限（quota），および輸出自主規制などから民間商慣行にいたるまでの幅広い貿易障壁を含む，非関税障壁もしくは非関税措置に大別することができる[11]．これらの貿易障壁は，そもそも自国の経済もしくは産業を一時的に保護し，発展させようとする試みから生まれたものであり，多くの国はこれらを貿易政策として用いている．

以下では，それらのなかで，貿易政策の最も伝統的で単純な政策として関税賦課と輸出補助金の給付だけをとりあげ，それらが経済厚生に及ぼす影響について考える．関税とは，通常，国境を通過する財に対して課せられる税金のことであるが，これは，GATT体制下での関税交渉の結果，ほとんどすべての分野において税率が大幅に引き下げられている．これに対して，輸出補助金の給付は，GATT体制では鉱工業製品に対してはまったく禁止されているが，農業などのその他の分野においては，いまだに行われている．

これらの貿易政策は，どのような国が実施するかによって自国や貿易相手国の経済に及ぼす影響は異なる．ここでは，貿易政策を実施する国が「小国」である場合と「大国」である場合に区分し，また，説明の簡単化のため，どのような国であっても国内市場は完全競争市場であるとし，貿易政策の経済厚生に及ぼす影響を考える．なお，関税の形態は，一般に，輸入商品の価格に比例して賦課する従価関税と，輸入商品の取引量に比例して賦課する従量関税があり，また輸出補助金の形態も同様に区分することができる．しかしながら，ここでは，従価関税・補助金のケースだけをとりあげることにする．

---

11) 貿易障壁についてのより具体的な分類は，Deardorff and Stern（1998）を参照されたい．

9.4.2 関税賦課の厚生分析

ここでは，政府が輸入財1単位当たりに輸入価格の一定率 t を関税として賦課する状況を想定して，「小国」と「大国」における輸入関税の賦課が自国の経済厚生に与える影響について考える．政府が輸入関税を賦課する目的は，主に輸入を制限し，一時的に国内産業を保護するところにある．部分均衡分析において，ある国がある財の輸入を行うのは，その財の国内価格が国際価格より高いときである．したがって，以下では，パソコンの国際価格 p^* が国内価格 p^0 より低い状況をとりあげ，議論を進めることにする．

「小国」の場合　9.2.2項でとりあげた部分均衡分析の手法を用いて，「小国」における関税賦課の影響を考える．ある1つの財，たとえば，パソコンの貿易は，図9.7のように示すことができる．ここで，図9.7の横軸では「小国」のパソコンの需要量もしくは供給量を同時に示し，また縦軸ではパソコン（1台当たり）の国内もしくは国際価格を同時に示す．なお，パソコンは生産地に関係なく同質財であるとする．図9.7が示すように，「小国」のパソコンの需要曲線を DD，供給曲線を SS とすると，パソコンの国際価格 p^* が，「小国」の国内価格 p^0 より低いので，どのような関税も賦課されないケースでは，「小国」のパソコンの需要量は x^{D^*}，また国内からの供給量は x^{S^*} となり，パソコンの

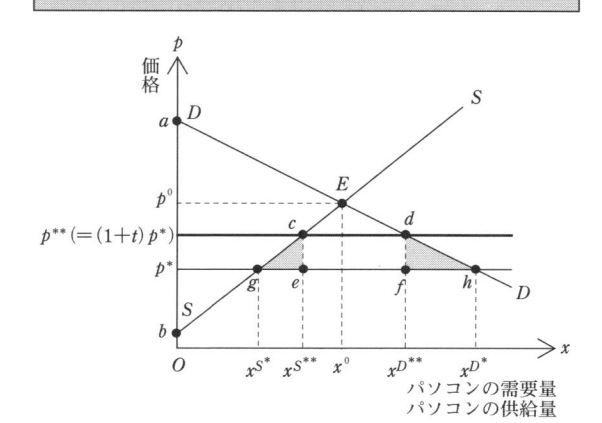

図9.7　関税賦課（「小国」の場合）

輸入量は $x^{D*}-x^{S*}$ となる．したがって，このケースにおける総余剰は，三角形 ahp^* の面積で示される消費者余剰と三角形 p^*gb の面積で示される生産者余剰の合計になる．

　　輸入関税を賦課しないケースにおける総余剰
　　　　＝三角形 aEb の面積＋三角形 Ehg の面積　　　　　(9.7)

これに対して，「小国」が自ら輸入パソコンに対して従価関税率 t を課すケースでは，パソコンの輸入価格は，関税が賦課されないケースにおける国際価格 p^* から $p^{**}=(1+t)p^*$ へと高くなる．それゆえ「小国」のパソコンの需要量は x^{D**}，また国内からの供給量は x^{S**} となり，パソコンの輸入量は $x^{D**}-x^{S**}$ となる．したがって，関税を賦課するケースにおける総余剰は，三角形 adp^{**} の面積で示される消費者余剰，三角形 $p^{**}cb$ の面積で示される生産者余剰，および四角形 $cdfe$ の面積として示される関税賦課による政府の税収額 $(x^{D**}-x^{S**})t$ の合計となる．

　　輸入関税を賦課するケースにおける総余剰
　　　　＝三角形 aEb の面積＋三角形 Edc の面積＋四角形 $cdfe$ の面積　(9.8)

総余剰 (9.7) と (9.8) を比較してみると，前者のケースにおける総余剰が，後者のケースにおける総余剰より，図9.7で示したシャドウをつけた2つの三角形の面積の和，すなわち三角形 ceg の面積と三角形 dhf の面積の和で示される部分だけ少なくなる．このことは，上述した状況においては，輸入品に対する従価関税率 t が正であるかぎり，つねに「小国」は関税を賦課しないケースに比べて総余剰の損失を被り，関税賦課によって減少される（消費者）余剰の一部だけが生産者や政府に移転されることを意味する．

「大国」の場合　　「小国」の場合と同様な国内状況のもとで，「大国」における輸入関税の賦課の自国の経済厚生に与える影響を考える．ここでは，パソコンは生産地に関係なく同質財であるとし，図9.8のように，「大国」のパソコンの需要曲線が DD，供給曲線が SS であるとする．ここで，図9.8の横軸では「大国」のパソコンの需要量もしくは供給量を同時に示し，縦軸ではパソコンの1台当たりの国内もしくは国際価格を同時に示す．

図9.8　関税賦課（「大国」の場合）

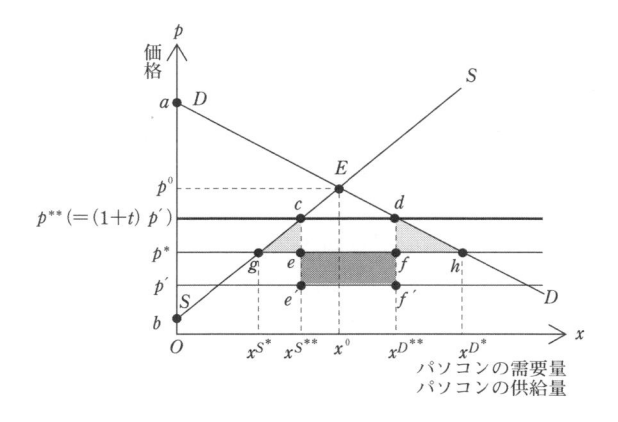

　図9.8で示すように，パソコンの1台当たりの国際価格 p^* が，貿易を行わないときにおける「大国」の国内価格 p^0 より低いので，関税が賦課されないケースでは，「大国」のパソコンの需要量は x^{D*} であり，国内の供給量は x^{S*} である．それゆえ，パソコンの輸入量は $x^{D*} - x^{S*}$ となる．したがって，このケースにおける総余剰は，「小国」の場合における総余剰(9.7)と同様に，三角形 ahp^* の面積で示される消費者余剰と三角形 p^*gb の面積で示される生産者余剰の合計になる．

　これに対して，「大国」が輸入パソコンに対して従価関税率 t を課すケースでは，「小国」の場合と異なり，「大国」における関税の賦課は，国内のパソコンの需要量を減少させ，国際価格の低下を招くことになる．それゆえ，「大国」の場合における関税賦課の影響を考える際には，輸入関税を賦課することによる国内価格の上昇要因と国際価格の下落による国内価格の低下要因を同時に考慮に入れなければならない．実際，「大国」の場合は，「小国」の場合と異なって，関税率 t（＞0）をどのように決定するかによって総余剰の増加もありうる．図9.8のように，関税率が t であり，パソコンの国際価格が p' に，また国内価格が $p^{**} = (1+t)p'$ に決定されるときは，総余剰は三角形 adp^{**} の面積で示される消費者余剰，三角形 $p^{**}cb$ の面積で示される生産者余剰，および四角形 $cdf'e'$ の面積で示される政府の関税収入 $(x^{D**} - x^{S**})t$ との合計になる．

$$\begin{aligned}\text{「大国」が輸入関税を賦課するケースにおける総余剰}\\=\text{三角形}\,adp^{**}\,\text{の面積}+\text{三角形}\,p^{**}cb\,\text{の面積}\\+\text{四角形}\,cdf'e'\,\text{の面積}\end{aligned} \qquad (9.9)$$

「大国」が輸入関税を賦課するケースと賦課しないケースにおける総余剰(9.7)と(9.9)を比較してみると，台形 $cdhg$ の面積で示される余剰の損失が四角形 $cdf'e'$ の面積で示される政府の関税収入より大きいとき，すなわち三角形 ceg の面積＋三角形 dhf の面積 ＞ 四角形 $eff'e'$ の面積となるときは，「大国」が輸入関税を賦課することによって，自国の総余剰は減少する．これに対して，台形 $cdhg$ の面積で示される余剰の損失が四角形 $cdf'e'$ の面積で示される政府の関税収入より小さいときには，すなわち三角形 ceg の面積＋三角形 dhf の面積 ＜ 四角形 $eff'e'$ の面積となるときには，「大国」が輸入関税を賦課することによって，むしろ自国の総余剰は増加する．だだし，このような「大国」の輸入関税の賦課は，貿易相手国の経済厚生も変化させることにも注意を払う必要がある．なお，この場合には，「大国」が関税賦課を行うと国際価格は低下するので，つねに貿易相手国の消費者余剰は高まることになる．

このように，「大国」の場合には，「小国」の場合と異なって，関税率 t の高さによっては，関税賦課を行っても総余剰が増加しうる．貿易を行わないケースにおける国内価格と関税賦課後に決定される国内価格とを一致させるような関税率，それゆえどのような輸入も行われない関税率を，禁止的関税率とよぶと，実際には，禁止的関税率と関税率ゼロの間には，「大国」にとって最も総余剰を大きくする最適関税率が存在するが[12]，これを求めることは，ここでは，練習問題として残しておくことにする．ただし，ここでの「最適」という意味は，「大国」にとって「最適」になるという意味であって，世界経済全体にとって「最適」になるという意味ではないことについては注意を要する．

9.4.3　輸出補助金の厚生分析

ここでは，9.4.2項の議論と異なり，逆に，政府が輸出業者（国内生産者）

---

[12] 最適関税率が存在することについてのもう少し厳密な議論を勉強したい人は，Krugman and Obstfeld（2000）を参照されたい．ここでは，線形の需要関数，供給関数を用いて簡単な方法で具体的に最適関税率を求めている．

に対して輸出財1単位当たりに輸出価格の一定率 s を補助金として給付する状態を想定し，「小国」と「大国」における輸出補助金の給付が自国の経済厚生に与える影響について考える．政府が輸出補助金を給付する目的は，主に輸出をより促進・奨励させるところにある．部分均衡分析において，ある国がある財の輸出を行うのは，その財の国内価格が国際価格より低いときである．したがって，以下では，パソコンの国際価格 p^* が国内価格 p^0 より高い状況をとりあげ，議論を進めることにする．

「小国」の場合　9.4.2項における「小国」の場合と同様に，ある1つの財，たとえばパソコンのみの貿易を行う状況を考える．「小国」である A 国のパソコンの国内市場は完全競争市場であるとし，パソコンの国内需要と供給はそれぞれ，図9.9における曲線 DD と SS で示されるものであるとする．ここで，図9.9の横軸は「小国」のパソコンの需要量もしくは供給量を同時に示し，縦軸はパソコン（1台当たり）の国内もしくは国際価格を同時に示す軸である．なお，説明を簡単にするため，パソコンは生産国に関係なく同質財であるとする．

まず，輸出補助金の給付を行わないケースにおいても，パソコンの国内価格より国際価格が高いので，輸出業者はパソコンの輸出を行う．それゆえ，A 国のパソコンの生産量は x^{S^*}，また国内の需要量は x^{D^*} となり，輸出量は $x^{S^*}-$

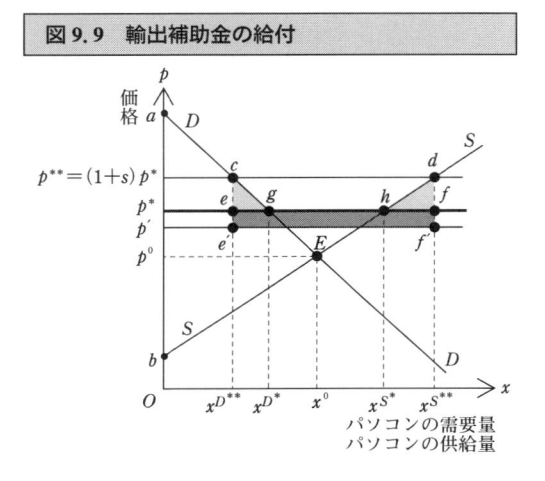

図9.9　輸出補助金の給付

x^{D*} となる．したがって，このケースにおける総余剰は，三角形 agp^* の面積で示される消費者余剰と三角形 p^*hb の面積で示される生産者余剰の合計になり，次のようなものとなる．

$$\text{輸出補助金の給付を行わないケースにおける総余剰}$$
$$=\text{三角形} aEb \text{の面積}+\text{三角形} ghE \text{の面積} \quad (9.10)$$

次に，「小国」が輸出パソコンの 1 台当たりに輸出価格の一定率 s を補助金として給付するケースでは，輸出補助金の給付を行わないケースに比べると，輸出業者にとってはパソコンを輸出することによってより多くの収入が得られる．それゆえ，国内市場への供給は減少し，輸出量は増加する．ここでは「小国」の場合を考えているので，輸出量を増やしても国際価格 p^* は変化しない．したがって，パソコンの国内価格が $p^{**}=(1+s)p^*$ より低いときにはパソコンを輸出にまわすことになるので，輸出補助金の給付を行うケースにおけるパソコンの国内価格は p^{**} となる．

パソコンの国内価格 p^{**} のもとでは，輸出補助金の給付を行わないケースに比べて，国内の需要量は x^{D**}，国内の生産量は x^{S**} となり，輸出量は $x^{S**}-x^{D**}$ となる．それゆえ，輸出補助金の給付を行うケースにおける総余剰は，三角形 acp^{**} の面積で表される消費者余剰，三角形 $p^{**}bd$ で示される生産者余剰，および四角形 $cdfe$ の面積として表される輸出補助金の給付による政府の総支出 $(x^{S**}-x^{D**})s$ の総和となる．ここで，政府の総支出は，誰かの税金でまかなわなければならないものであるので，このケースにおける総余剰は，次のように示される．

$$\text{輸出補助金の給付を行うケースにおける総余剰}$$
$$=\text{三角形} acp^{**} \text{の面積}+\text{三角形} p^{**}bd \text{の面積}$$
$$-\text{四角形} cdfe \text{の面積} \quad (9.11)$$

総余剰（9.10）と（9.11）を比較すると，「小国」における輸出補助金の給付が自国の経済厚生に与える影響が示される．輸出補助金の給付を行うケースにおいては，給付を行わないケースにおいてより，消費者余剰が減少する一方，生産者余剰は増加し，消費者から生産者へ余剰の移転が行われるが，また給付した輸出補助金も増税などによってまかなうことになる．それゆえ，むしろ，

輸出補助金の給付を行うケースにおいては，給付を行わないケースにおいてより，図9.9における三角形 cge の面積と三角形 dfh の面積の和で表わされる総余剰が少なくなる．したがって，「小国」においては，輸出補助金を給付すると，自国の経済厚生はつねに低下することになる．

「大国」の場合　　「小国」の場合と同様な国内状況のもとで，「大国」における輸出補助金の給付が自国の経済厚生に与える影響を考える．「大国」の場合においても，同様に国際価格 p^* が貿易を行わない状況における国内価格 p^0 より高いので，「大国」が輸出補助金の給付を行わないケースにおける自国の経済厚生は，総余剰（9.10）と同様なものである．しかしながら，「大国」が輸出補助金の給付を行うケースにおいては，自国の輸出量が変化し国際価格が変化するので，自国の経済厚生は，総余剰（9.11）とは大きく異なるものとなる．

「大国」が輸出パソコンの1台当たりに輸出価格の一定率 s を補助金として給付するケースでは，輸出補助金の給付を行わないケースに比べると，輸出業者にとっては，パソコンの輸出によってより多くの収入が得られる．それゆえ，国内市場への供給は減少し，輸出量は増加するので，パソコンの国際価格は低下することになる．図9.9で示すように，低下した国際価格を p' であるとすると，「小国」の場合と同様な国内価格 p^{**} が保証されるためには，このケースにおける輸出パソコン1台当たりの補助金（率）は s より高いものでなければならない．輸出補助金の給付によって国内価格 p^{**} が保証されるとき，このケースにおける総余剰は，次のようなものとなる．

$$\begin{aligned}&\text{輸出補助金の給付（} p^{**} \text{維持）を行うケースにおける総余剰}\\&\quad=\text{三角形 } acp^{**} \text{ の面積} + \text{三角形 } p^{**}bd \text{ の面積}\\&\quad\quad -\text{四角形 } cdf'e' \text{ の面積}\end{aligned} \quad (9.12)$$

総余剰（9.10）と（9.12）を比較すると，「大国」における輸出補助金の給付が自国の経済厚生に与える影響が示される．輸出補助金の給付を行うケースにおいては，給付を行わないケースにおいてより，消費者余剰が減少する一方，生産者余剰は増加し，消費者から生産者へ余剰の移転が行われるが，そのために給付した輸出補助金は増税などによってまかなわなければならない．それゆえ，むしろ，輸出補助金の給付を行うケースにおいては，給付を行わないケー

スにおいてより，図9.9における三角形 cge の面積，三角形 dfh の面積，および四角形 $eff'e'$ の面積の和で表される余剰が少なくなる．したがって，「大国」においては，輸入関税の賦課のときと異なり，輸出補助金を給付すると，自国の経済厚生はつねに低下することになる．ただし，「大国」のこのような輸出補助金の給付は，貿易相手国の経済厚生も変化させることにも注意を払う必要がある．なお，この場合には，「大国」が輸出補助金を給付すると国際価格は低下するので，関税賦課の場合と同様に，つねに貿易相手国の消費者余剰は高まることになる．

「大国」の場合は「小国」の場合と異なり，「大国」が輸出補助金を給付することによって，国際価格は低下する．それゆえ，消費者から生産者への余剰の移転を，「大国」が「小国」と同じものとするためには，「小国」より多くの輸出補助金を給付しなければならない．したがって，「大国」が輸出補助金を給付することによる「自国」の厚生損失は，「小国」以上に大きなものとなる．

練習問題

問題9.1 日本とアメリカの労働生産性が下の表のように与えられる場合，リカードの比較生産費説を前提とし，日本が自動車の生産に比較優位をもち，アメリカがパソコンに比較優位をもつようになるための X の値の範囲を求めなさい．

	自動車1台の生産に必要な労働の単位数	パソコン1台の生産に必要な労働の単位数
日　本	1	2
アメリカ	4	X

問題9.2 ある国のオレンジの国内市場の需要曲線と供給曲線がそれぞれ，次のように示されるものであるとする．

　　　　$D = 1000 - p$，$S = 2p - 200$
　　　D：オレンジの需要量（トン），S：オレンジの供給量（トン）
　　　p：オレンジ（1トン当たり）の価格

なお，この国は「小国」であり，国際市場におけるオレンジの価格は200であるとする．
(1) もしこの国がこれからオレンジの自由貿易を始めるとしたら，経済厚生（総余剰）はどのように変化するか，求めなさい．
(2) この国において，オレンジの輸入品に対して単位当たりの国際価格の25%を輸入関

税として賦課する場合において発生する経済厚生（総余剰）の損失を求めなさい．

問題9.3 （　　）のなかに妥当な用語を入れなさい．
(1) 比較優位説とは，各国が（　　）の低い財の生産に特化し，それを輸出すれば，（　　）が得られるとする考え方である．
(2) ヘクシャー‐オリーンの定理とは，各国は国内に豊富に存在する生産要素を（　　）に用いて生産される財に（　　）をもつとするものである．
(3) （　　）定理とは，ある財の価格上昇は，その財の生産に集約的に用いられる生産要素の価格を（　　）させ，集約的に用いられる生産要素の価格を（　　）させるとするものである．
(4) 「小国」は，つねに，自由貿易に参加すると（　　）が増加し，関税を賦課すると（　　）が減少する．

問題9.4 ある「小国」がある財の自由な貿易に参加しようとする場合を考える．この財の国内価格が国際価格を下回っているとき，自由な貿易に参加することによる経済的利益について解説しなさい．

参考文献

Deardorff, A. V. and R. M. Stern (1998) *Measure of Nontariff Barriers*, Ann Arbor: The University of Michigan Press.

Ellis, H. S. and L. A. Metzler (eds.) (1949) *Readings in the Theory of International Trade*, London: George Allen & Unwin.

Hecksher, E. (1919) "The Effects of Foreign Trade on the Distribution of Income," *Ekonomisk Tidskrift*, Vol. 21, pp. 497-512. Reprinted in Ellis and Metzler (1949).

伊藤元重・大山道広 (1985)『国際貿易』岩波書店．

Jones, R. (1965) "The Structure of Simple General Equilibrium Models," *Journal of Political Economy*, Vol.73(4), pp. 557-572.

木村福成 (2000)『国際経済学入門』日本評論社．

Krugman, P. R. and M. Obstfeld (2000) *International Economics―Theory and Policy―*, Addison-Wesley Publishing Company.

大畑弥七 (1995)『国際貿易論』成文堂．

Ohlin, B. (1929) "The Reparation Problem: A Discussion," *Economic Journal*, Vol. 39, pp. 172-178. Reprinted in Ellis and Metzler (1949).

Ricardo, D. (1817) *On the Principles of Political Economy and Taxation*, London（小泉信三訳 (1928)『経済学および課税の原理』岩波文庫）．

Samuelson, P. A. (1948, 1949) "International Trade and the Equalization of Factor Price," *Economic Journal*, Vol. 58, pp. 163-184. "International Factor Price Equalization Once Again," *Economic Journal*, Vol. 59, pp. 181-197. Reprinted in Cares, R. E. and H. G. Johnson (eds.) (1968) *Readings in International Economics*, R. D. Irwin.

Samuelson, P. A. (1956) "Social Indifference Curves," *Quarterly Journal of Economics*, Vol. 70, pp.1-22.

第10章　市場と規制

10.1　はじめに

　これまで，市場経済の仕組みや機能などをさまざまな角度から検討してきた．この章では，この市場システムを補完する政府の役割について考える．政府の市場への介入の仕組みやその影響を検討することにより，市場メカニズムの理解をさらに深めることができるであろう．

　われわれの経済は，いうまでもなく民間部門と政府部門とが併存する混合経済である．民間部門では市場における需要と供給の調整を通して経済活動が行われる．このとき価格機構が有効に働けば，効率的資源配分が実現する．だが，いくつかの理由で価格機構の働きを阻害し，資源配分の非効率を生むケースが存在する．その場合の解決に，政府の役割が期待される．さらに，価格機構が有効に機能しても，その結果，望ましい所得分配が実現する保障はない．そのため，政府による税制を通じた所得の再分配が必要となる．市場の活動はこのように政府によって影響を受けている．政府は市場でできないことを実行するとともに，多くの市場に介入し産業を規制している．だが，政府の機能も欠陥があり，必ずしも市場の失敗を解決せず，むしろ市場の機能を損なうおそれもある．

　その具体的な例として内外価格差の問題がある．これは，国内の物価水準が海外と比べて割高であり，同じ円を国内で使うと，海外で使った場合より低い価値しかなく，生活の豊かさが実現できない要因となる．さらに国際競争にさらされている企業は，国内の高物価はコスト高となるので，海外に活動拠点を求めて移動するから，国内の空洞化がすすむ．もし国内で自由な市場活動が保証されているなら，国内に安い商品が入ってきて，競争の力が機能するので，

国内産業も生産性を上げる努力を迫られる．市場競争の中で国内価格も下がって，いずれ内外価格差は解消するはずである．だが日本国内では，さまざまな規制によって保護されている産業や企業が多く，それらの財・サービス価格が割高になっている．これが内外価格差の要因ではないかといわれている．そのため，政府の市場介入の役割を詳しく検討する必要がある．

そこで，なぜ政府は市場に介入するのか，それはどのように行われているのか，そしてその評価はどうか，それを改革するにはどうすればよいか等の課題がある．この章では，これらの市場と政府の活動の関係が検討される．

10.2 政府の役割

序章で説明したように，政府の役割は市場でできないことを実行し，市場の補完をすることである．したがって，政府の役割は市場システムとの関係で決まることになる．市場の機能が十分にその役割を果たしているかぎり，政府は市場システムに介入すべきではない．しかし市場の機能がうまく働かない場合，すなわち市場の失敗があるときには，政府の役割がある．すでに，第4章，第6章で詳しくみたように，効率的資源配分が実現されない市場の失敗には，次のようなものがある．不完全競争，規模の経済（自然独占），外部効果，公共財．このほかにも情報の不完全性・不確実性などがある．さらに市場では公正な所得分配が実現しないかもしれない[1]．

政府はそれぞれの問題に対応して，解決することになる．まず，政府とはどのような主体であるかを考えよう．

10.2.1 政府とは何か

政府の行動を実証的に検討する．まず政府は市場とは異なる2つの特徴をもつ．第1に，政府は政治過程を通ずる集団的意思決定の組織である．政府の意思決定は，家計や企業のような個別の行動ではなく，集団の意思決定であり，政治過程をとおして実行される．その主な主体は，投票者（有権者），政治家，官僚，利益集団である．これらはそれぞれ異なった目的をもち，必ずしも全体

[1) 市場の失敗の例として，経済の安定性の問題があるが，これはマクロ経済学の課題であるので，ここでは取り扱わない．

の効率や他人の公平を高めようとしていない．有権者は自己の効用最大化，政治家は選挙の勝利，官僚は権限の拡大，利益集団は自らの利益の獲得をそれぞれ求めて行動する．それらの調整のプロセスが政治過程といえる．第2の特徴は，その行動には強制力をともなうことである．これに対し，市場による配分の決定は，賛成しないものは買い入れを拒否できる．また取引は自発的なので取引の結果は当事者のすべてを有利にする．このように市場は政治システムと比べると，人々の多様な価値観に対応できる柔軟なシステムである．

　政府がもつこの2つの性質は市場の失敗を処理するうえで有利な点である．だが政府は現実にその解決に成功するとは限らない．政府の市場介入政策が成功するための前提条件は基本的には2つある．第1に政府は望ましい政策を実行する意図をもつこと，第2に政府は政策に必要な情報をもつことである．

　第1の条件は実際の政府が利他的に行動するかという問題である．政治過程には政府がその目標を達成するのに失敗するいくつかの要因がある．第1に投票制は不安定要素があり，完全な社会的意思決定の方法ではない．第2に政治家は選挙に勝つため国民に人気のある政策をとり，必要でも不人気な政策はとらない．たとえば，減税はやりやすいが増税は難しい．このような近視眼的行動は長期的に不効率，不公正な配分をもたらす．第3に官僚制の非効率がある．官僚制は利潤動機を欠くので非効率な体質をもつ．第4に利益集団が強い政治力をもち，自らの既得権を拡大しようとする．最後に政治過程そのものにも大きな取引費用がかかる．それには社会的合意形成のための費用，政治的外部性，さらに利益団体のレント・シーキング活動がある．

　第2の情報の問題を考えよう．政府は事前の設計，計画の決定，実施，管理そして事後の評価のあらゆる段階で正確な情報を必要とする，これらの情報は一般に広く消費者や企業の間に分散している．それを収集し処理するには多くの時間と費用がかかる．さらに人々は自己に不利な情報は隠したり偽ったりするインセンティブをもつ．したがって政府の情報は不十分ないし不正確となるおそれが高い．この情報の制約は政府の政策が必ずしも成功しない重要な要因となる．以上のことから政府の利他的行動と十分な情報という2つの条件はみたされない可能性が大きい．その場合，政府の介入政策は必ず成功するとはいえない．つまり政府の機能にも重大な欠点があり，政府は失敗するおそれがある．

10.2.2 市場の機能

一般に，政府が市場を規制する場合は，市場がうまく機能せず失敗するときに限定される．市場メカニズムが機能するときは，政府の介入は必要とされず，それが十分働くための整備をするだけでよい．そこで，市場機能の役割の確認をしておこう．市場では価格がバロメーターやシグナルとして働き，社会の資源配分が人々の欲求にあうよう自動的に調整される．たとえば，人々がある財を前より多く欲するようになると，その財の注文は増えその価格は上昇する．メーカーはそれをみてより多く生産する．その財は市場に前より多く出まわり需要はみたされる．逆に人々が欲しなくなった財は注文が減りその価格は下がる．それによりメーカーは生産を減らし，少なくなった需要にあわせる．あらゆる財・サービスは，このようにしてたとえ需要の変化があっても，価格メカニズムをとおして自動的に調整されるのである．

さらに，メーカー同士の競争のため最小の費用で生産する圧力が働く．もし費用節約や設備の近代化を怠るなら，他のライバルや参入する企業との競争に敗れ，市場から撤退せざるをえなくなる．そのため，長期的に消費者の欲するものを，最も効率の良い最小費用で生産するものだけが生き残る．このような経済の淘汰のメカニズムにより，競争の有効性と市場の効率性が保障されるのである．したがって市場が機能する場合，政府は市場に介入する必要はない．もし介入するなら社会的損失が生ずることになる．

10.2.3 規制の非効率

競争市場において，参入規制や価格規制が設定されると，非効率や不公平の問題が生ずる．これを簡単な図を使って示すことができる．

はじめに「参入規制」を考えよう．政府は多くの分野で競争市場であるのに，過当競争を防ぐという理由で需給調整を行っている．これは供給が増えないよう参入制限し，供給量を統制するのである．図10.1は，例としてタクシー事業の市場が示されているとしよう．自由な市場均衡点は需要曲線DD，供給曲線SSの交点Eである．いま政府が参入規制により供給量を$\bar{x}$に制限したとすると，$\bar{x}x^*$の人為的な供給制限が生ずるので，価格は$\bar{p}$へと上昇する．企業側にはシャドウ部分$\bar{p}ABp_0$の超過利潤が発生する．これを生産性の向上にではなく規制を求める政治活動にも使うことができる．これをレント・シーキング

図10.1 数量規制

図10.2 価格規制

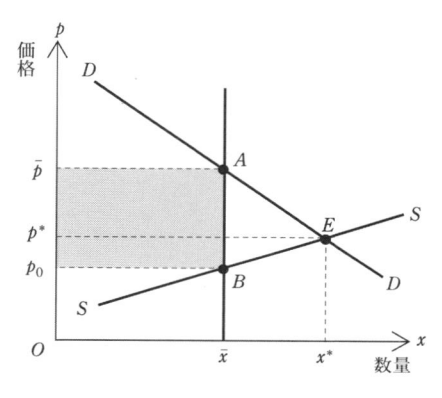

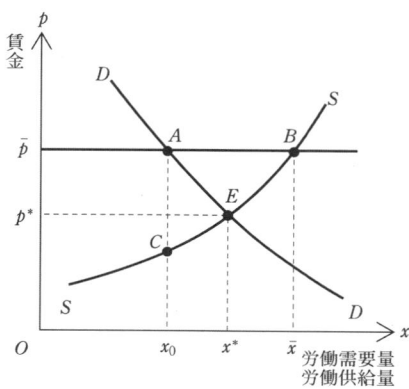

という．さらに社会は面積 ABE の余剰を失っている．このように人為的に資源の希少性を作り出すとレントがうまれ，非効率と不公平の問題が発生する．

次に，「価格規制」を考えよう．例として図10.2に，ある労働の市場を示す．自由市場のとき，点 E で賃金 p^* と雇用量 x^* が決まる．もし政府が労働者を保護する目的で最低賃金制を実施したとする．政府により，賃金契約をある水準 $\bar{p}$ より下がらないように設定されたとき，市場の労働供給量は $\bar{x}$ まで拡大する．一方，需要量は x_0 まで減る．結果として，AB の供給過剰が発生する．その量だけ失業しているので，政府は今度は失業対策が必要になる．価格規制も上の数量規制と同様に，余剰の減少（面積 ACE）という社会的無駄を生む．

上とは逆に，均衡価格より低い価格が設定されると，市場では超過需要が生ずる．たとえばある地域で，アパートの家賃を低水準に規制する法律が成立したとする．このとき，アパートの超過需要が生ずる．低価格でアパートに住んでいる人と入れない人の間で不公平の問題がある．そしてアパートの持ち主は自由取引のとき得られたレントが失われる．そのため投資意欲を失い供給不足はますます拡大することになる．

そこで，政府が同じアパートの市場で，「二重価格制」を設定したとしよう．図10.3を使ってその経済的効果を考えよう．まず，自由な取引が認められるときは，生産量と消費量は，需要曲線 DD と供給曲線 SS の交点 E で決まる．このときの市場価格は p^* であり，余剰は面積 AEC である．さて，政府は，ア

図10.3　二重価格制

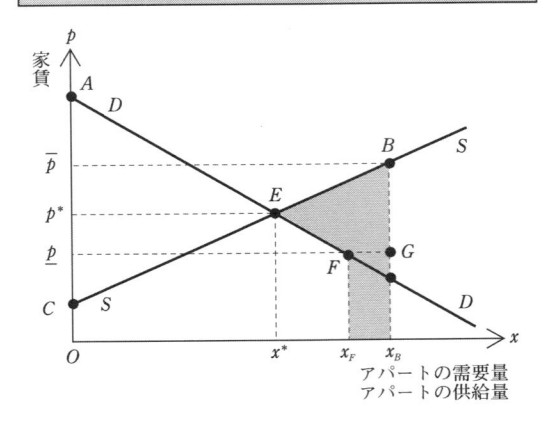

パート家主の所得確保のため，市場価格より高い価格 $\bar{p}$ でアパートをすべて借り上げるとする．価格の上昇により，アパートの供給量は拡大し，家主の生産者余剰は $\bar{p}BC$ に拡大する．この政策は価格支持とよばれる．一方，政府は増加したアパートを貸さねばならない．そこで借家人を増やすため，より低い価格 $\underline{p}$ で貸し出すとしよう．価格が低下しているために，消費者余剰は自由取引の場合と比べて，四角形 $p^{*}EF\underline{p}$ だけ増加する．貸し手も借り手も前より有利になったようにみえる．だが，この二重価格制を維持するには，売り値と買い値の差額分の財政負担が必要になる．それは $\bar{p}BG\underline{p}$ の大きさになる．

この財政負担を考慮すると，経済全体では，領域 $EBGx_Bx_FF$ だけの厚生の損失が発生していることがわかる．さらに，政府がこの政策の財源として市場に課税するときも，資源配分の歪みが生ずる．（これは第3章の3.4.1項で説明されている．）

以上のことから，競争市場になんらかの人為的な規制を実施すると厚生損失という弊害が生ずることがわかる．したがって政府の市場への規制が正当化されるためには，このような弊害よりも重要な規制の根拠が存在しなければならないことになる．そこで，次に従来から主張されてきた規制の理論的な根拠を検討しよう．

10.2.4 規制の経済的根拠

これまで政府の規制の根拠とされてきたのは市場の失敗である．すでに第3章で説明したように，市場メカニズムが十分に機能するためにはいくつかの条件が必要である．それがみたされないとき市場は望ましい結果をもたらさない．その場合に市場を補完する役割として政府介入の根拠が与えられる．具体的には，①競争の不完全性と自然独占，②外部性と公共財，③情報偏在や不確実性，さらに，④所得分配の格差の拡大などである．

(1) 競争の不完全性

実際の市場では一部に価格支配力をもつ企業(産業)が生ずる．この企業は生産量を減らし価格を引き上げ，独占利潤を獲得するよう行動する．そのため市場は非効率でしかも不公平な結果をもたらす．これに対する政府の対応は，競争政策と規制政策の2つのタイプに区別される．「競争政策」は，本来競争的であることが望ましい市場の場合に適用される．これは企業間の競争を促進し不公平な取引の禁止等を実施する独占禁止政策である．

一方，「規制政策」は競争が技術的に不可能となるか，あるいは望ましくない場合に，独占の悪影響を防ぐためにとられる．政府は企業の行動に直接介入し，それを社会的に受容される方向に導く．その方法は，価格の決定や変更の許認可，市場への参入退出の規制，財・サービスの質の基準設定等である．

(2) 公共財と外部性

通常の財は，消費に関して競合性および排除性がある．ところが，この2つの性質が成立しない財があり，それを公共財という．第6章でみたように公共財の場合，非競合性と非排除性のため，資源の最適配分は達成されない[2]．それは，その消費の対価を請求できないからである．まず，競合性がないから，誰かが供給すれば，誰もが同じ量だけ消費できる．さらに，誰も消費から排除されない．排除しようとしてもそのためのコストが大きく，実行できない．そのとき消費者は自らの需要の大きさを正直に顕示せず，対価を払わず利用するのが合理的である．これは「フリーライダー問題」という．誰もが，コストを

---

[2] 公共財の性質（非排除性，非競合性）についての詳しい説明は，第6章の6.4節を参照せよ．

負担しないため，この公共財は，市場では供給されなくなり，社会の最適水準は達成されない．この場合，政府が税金によって供給することが求められる．具体的な例は，国防，司法，警察，消防サービスなどである．

一般に，ある経済主体の活動が，市場を通さず他の主体の厚生に直接に影響を与えるとき，それを外部性とよぶ．経済活動にともなう環境汚染，騒音，混雑等は外部不経済である．この場合，市場原理がはたらくための基本である所有権が成立できない．そのため，これらの影響を排除できないことが問題である．この非排除性のため，市場では最適な取引は実現せず，政府によるその影響を小さくする規制が必要である．公害規制，土地利用規制はこうした観点から行われる．

一方，正の影響を与える場合は外部経済といい，市場では十分な供給が実現しないおそれがある．義務教育や研究開発の促進のように，政府による援助が必要である．また，最近では「ネットワークの外部性」が注目されている．通信やインターネットのように，加入者が増えるほど，参加者の利益が逓増的に拡大する．これは需要側に生ずる外部経済である．この場合，ネットワークの初期投資を促進する政策が望ましい．

(3) 情報の非対称性

市場では，買い手がその財について十分な情報をもちえない場合がある．特に，耐久消費財，不動産，金融，医療，教育等の分野では，消費者が財・サービスの質，性能，安全性等について，正確で詳しい知識をもつことはむずかしい．このとき，売り手と買い手の間で情報の非対称性が存在するため，市場機構はうまく機能せず市場は失敗する．逆選択やモラルハザードはその例である．このような場合，「弱者」である消費者が不利益をこうむらないために政府の介入が必要である．例として，製品の安全性を事前に確保するための検査・検定制度や，医療等，専門的なサービスの質を担保するための独占的な資格を認める資格制度がある．

(4) 所得分配の公平

そのほかにも，多くの規制の根拠が主張される．特に重要なのは，所得分配の公平化の公的介入である．市場での所得の形成は，各主体が保有する資産と

その市場価格からなる．初期の資産保有量が個人間で極端に差があれば，市場取引の結果，各個人の所得の差が縮小するとは限らず，逆に拡大する可能性もある．その場合，政府は税や補助金などの政策を使って，所得分配の公平化に努めることが要請される．特に，経済全体での所得再分配の仕組みである最低生活水準の保障や累進的な所得税は，社会的安全装置として重要な機能を果たしている．

実際には以上のほかにも，社会的価値判断をともなう規制の根拠が主張されている．麻薬・銃砲などの「非価値財」の禁止，さらに伝統文化など「価値財」の保護，これらの介入は市場だけに委ねることのリスクが大きいためである．さらに，経済弱者の救済，地域格差の軽減などを配慮した公的介入がある．たとえば農産物の輸入制限や中小企業保護等である．また，通信や交通に対して，ユニバーサル・サービスの確保のための規制もある．この場合，これらの規制の根拠は社会的価値判断の問題がともなうため，多くの人の十分な合意が必要である．

以上のように，さまざまな理由から，市場に対する政府の介入がなされている．この公的介入を広義の規制[3]と定義する．以下で検討することは，これらの政府の規制がその目的を達成するために資源配分を大きく歪ませることがないか，また規制が分配上の悪影響をもたらさないか，さらに規制の手段としてより効率的な代替的方法がないかといった問題である．

10.2.5 経済的規制と社会的規制

以上は市場の失敗を基礎として政府の規制の根拠を考えた．だが実際の規制の分析には[4]，規制の目的別に経済的規制と社会的規制とに区別して論じた方が便利である．そうすることで規制の特徴が把握しやすくなるからである．

---

3) 規制とは，政府がある政策目的をもって民間の市場経済活動に介入することである．その例は政府の許認可等の形による市場活動の規制である．わが国の例では，その数は約1万件あり，しかも増加傾向にある．これらの規制される分野を産業別にみると，製造業のウエイトは比較的小さいが，非製造業ではそのウエイトは高い．特に公益事業，金融，建設，運輸等はほとんどの分野で規制を受けている．これ以外に行政指導を含めると実際の規制の程度はもっと高いと考えられる．

4) わが国の規制の実態については詳しい報告書がある．経済改革研究会『研究会報告（平岩レポート）』1993年．欧米については，規制緩和・民営化研究会『欧米の規制緩和と民営化』1994年．さらに，最近の動向については，総理府から『規制緩和白書』が毎年出版されているので参考になる．

「経済的規制」は，効率や公平の達成を目的として課される．それには自然独占規制や競争政策がある．そこでは，市場の価格や生産量を直接，政府が設定したり，誘導する規制方法が中心である．料金認可制や参入免許制がこの例である．そのため「量的規制」という．これは次節で検討する．

一方，「社会的規制」は消費者や労働者の安全性や健康の確保，環境保全の促進等を目的とする．それらには，財・サービスの安全性や質の規制，市場の情報の規制，環境悪化を防ぐ公害規制等がある．これらの規制方法は事業内容の質的な側面を規制するので，「質的規制」という．具体的な例は，検査・検定制度，資格制度，営業活動の制限などである．実際の規制は経済と社会両面の目的を含む場合があり厳密に区別することはむずかしいことが多い．たとえば，安全性の向上のためとして，車検制度を厳しくすると，自動車整備会社の利益は拡大する．このとき社会的規制はレントの擁護としての経済的規制と同じ効果をもつのである．資格制度も同じ性格をもっている．これらの問題は10.4節で取り上げる．

10.3 経済的規制の理論

10.3.1 不完全競争市場の弊害

市場の競争は望ましい結果をもたらすが，実際には企業間の協調や競争制限行動により，私的独占やカルテル等の参入障壁が生じて競争が不十分になる場合がある．このとき企業は価格支配力をもつことになる．この問題はすでに，第4章で詳しく検討されている．ここで，もう一度確認しておこう．独占企業の行動を図10.4を使って示す．不完全競争市場の企業は完全競争と異なり右下がりの需要曲線 DD に直面する．企業は生産量を増やすと価格が下がるのでその限界収入はそのときの価格より低くなる．つまり限界収入曲線 MR は需要曲線 DD より下に位置する．企業の利潤最大条件は限界収入と限界費用が一致することだから，企業は図の x_M で生産し p_M の価格をつけ超過利潤 $ABCp_M$ を得る．

一方，社会的に望ましい均衡は，価格が限界費用に等しくなる p^* のとき，つまり曲線 MC と曲線 DD との交点 E である．このとき社会的余剰は最大となる．これに対し，不完全競争下の企業は上述したように生産を制限して価格

図10.4 独占の弊害

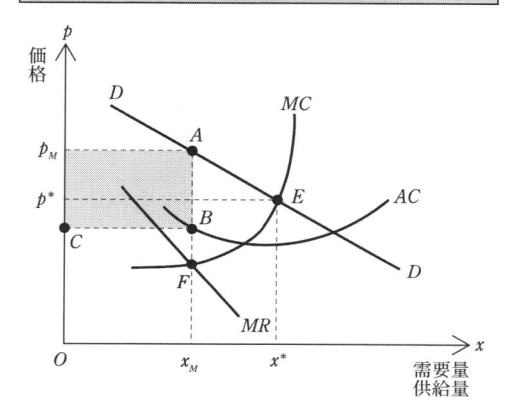

を引き上げ，独占利潤を得ている．これは資源配分のうえから AEF の大きさの余剰が失われることになる．つまり資源配分上の損失が生ずる．

さらにこれらの企業は競争の圧力がないため費用節約の努力を怠るようになる．企業の曲線 MC，AC は，最も効率的な費用水準よりも高くなる．これは生産を x_M 以下に減らし，価格を p_M 以上に引き上げる要因となる．これを「X非効率」とよぶ．競争の欠如はさらにサービスや品質の改善努力の低下，そして将来の投資をも減らすことにもつながる．

一方，参入障壁に守られた企業は独占利潤を得られるので，それをその社員や株主等へ配る．これは分配上の不公平をもたらすことになる．以上のように，競争が不十分で独占・寡占・カルテルのような不完全市場が生ずると，経済効率の低下や消費者の利益の減少という弊害が生ずるのである．

これに対して政府は2つのアプローチで市場に介入する．まず，政府は企業間の競争を促進し，参入障壁を低めて競争的市場を導くような「競争政策」を行う．その根拠となるのが「独占禁止法」である．政府はそれに基づき独占支配能力を阻止するために合併や結合を規制し，また，カルテルやボイコットなどの共同行為を規制する．さらに，公正な競争の秩序を守るために不公正取引を規制している．たとえば過大な景品付き販売や不当表示の取り締まりである．これらの反独占の競争促進政策は原則としてすべての産業に普遍的に適用されるので「間接規制」という．

だが独占を維持する方が社会的に効率的で望ましい場合がある．それは以下で検討する「自然独占」のケースである．政府はこの性質をもつ企業に独占権を与えて経済的効果を実現し，独占の弊害は「直接規制」によって防ごうとする．この規制アプローチは特定の産業の事業法のもとに実行される．具体的には許認可等の手段で企業や個人の行動に直接介入する．この直接規制は市場メカニズムを制約するので効率のロス，競争制限レントの発生などの問題を引き起こす．そのため自然独占の根拠やその規制の成果については厳密に検討される必要がある．以下ではこの問題を詳しく取り上げる．

10.3.2 自然独占

独占の原因で重要なのは「規模の利益」である．電話，電気，ガス，水道等の巨大な生産規模を必要とするネットワーク型産業では規模の利益が大きい．これらの産業では生産を拡大するほど平均費用は逓減していく．この市場では複数企業が同時に生産するより1社が独占的に生産する方が効率が良くなる．図10.5で説明する．平均費用曲線 AC が右下がりのとき，生産量 x_1 を1企業で生産すると，総費用は $ABOx_1$ である．それを2つの企業で二分して生産すると，1つの企業の費用は EOx_2F だから2企業あわせて EOx_1G になる．これは2企業に分けて生産する方が独占生産より $EBAG$ だけ総費用が大きくなることを意味する．このように平均費用が逓減するときは生産をどのように分け

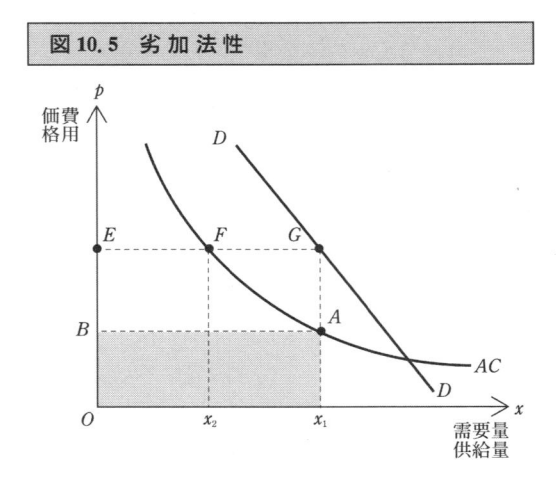

図10.5 劣加法性

ても独占的生産の方が効率的になる．記号で示すと費用関数 $C(x)$ を使って

$$C(x_1+x_2) < C(x_1)+C(x_2)$$

と表せる．この性質を「劣加法性」という．平均費用逓減は固定費用が大きいときほど広い範囲で低下する．特に生産を行うのに当初大規模な設備が必要なとき生産設備は不分割的という．この多額の固定費が規模の利益を生み，費用関数は劣加法的となる．これを自然独占と定義している．

自然独占であっても私的な行動を許すと上述した独占の弊害が生ずる．特に公益産業（電気，交通，電話）の場合，弾力性の低い必需財であるから消費者にとって重要な問題である．さらに，参入を自由にすると，競争の結果1つしか残れないから退出する企業が生じ，その設備が無駄になる．そこで政府が1つの企業に独占生産や価格を認め他企業の参入を止めるかわりに，適正価格や安定供給を図るよう規制を設けて独占の弊害を取り除く．一方，上下水道や地下鉄の例のように政府が公営事業として直接運営する場合もある．特に，事業の平均費用は広範囲に低下するが，市場需要曲線よりつねに上に位置するとき，いかなる生産量でも赤字になる．その場合，民間では運営できないため，公的援助をともなう経営にならざるをえないのである．

10.3.3 公益産業の価格政策

自然独占である公益産業の価格をどのように規制すべきか．これについてはいくつかの考え方がある．

(1) 限界費用価格

限界費用価格は社会的余剰を最大にする．だが平均費用が逓減するとき限界費用はその下に位置するので図10.6に示されているように点 E での限界費用価格 p^* は $GFEp^*$ の損失を生ずる．そのため企業にこの価格を設定させると損失をカバーするための補助金が必要である．だがこの方法には，次のような問題がある．①損失がつねに補填されるならば企業は経営努力を怠り，X非効率が生ずる．②補助金をまかなうための課税が，資源配分を歪め社会的に損失が生まれる．③この補填が一般財源からまかなわれるならこの事業に関係ない人も費用を負担する．これは受益者負担の原則に反する．

図 10.6 公益産業の価格

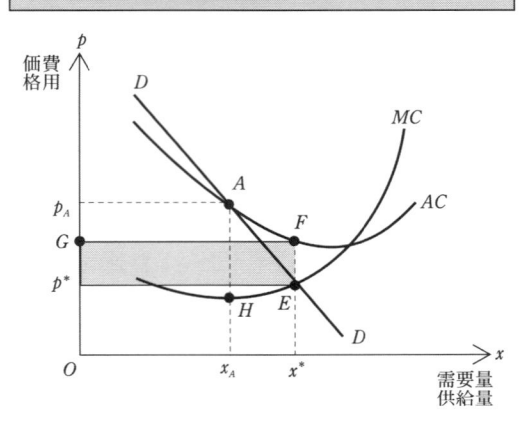

(2) 平均費用価格

平均費用に等しい価格を設定すると独立採算性が保たれ，また受益者負担も成立する．図10.6では，点 A で決まる p_A が平均費用価格である．このとき供給量は x^* より少ない x_A になる．そのため社会的余剰は AEH だけ少なくなる．だが，平均費用価格は収支均衡の条件のもとで社会的余剰を最大にするので，「次善（セカンドベスト）価格」といわれる．

(3) 二部料金

収支均衡をもたらす価格は他にも考えられる．よく利用されるものに「二部料金制」がある．電気，電話等にみられるように料金を2つに分けるものである．基本料金は供給を受ける権利への支払いとし，一方，従量料金は需要量に応じて支払うものとする．図10.6で，従量料金を限界費用価格 p^* にすると赤字がでるが，それを基本料金として買い手から徴収すると最適な供給量 x^* が達成され，しかも企業は収支均衡できる．だが基本料金の大きさだけ買い手の消費者余剰は減る．この場合の問題点は，消費者余剰の大きさが基本料金より小さい人は，たとえ限界費用を払うことができても消費から排除されることである．

二部料金の例は公益事業だけでなく，遊園地（ディズニーランド）やスポーツクラブ等でも用いられている．

図 10.7 ピークロード価格

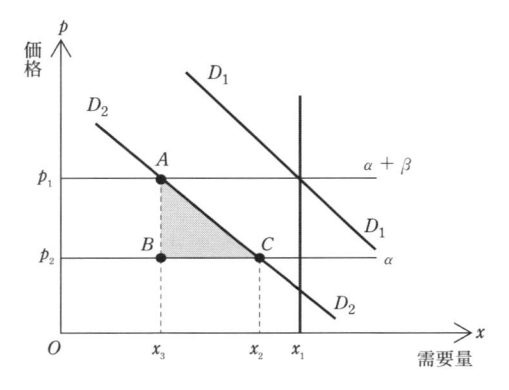

(4) ピークロード価格

電気,電話,交通機関は時間や季節によって大きな需要の変動がある.しかもそれらのサービスを貯蔵できないため需要の多いピーク時は混雑し,一方需要が少ないオフ期は設備が余って無駄が生ずる.このような場合,社会的余剰を最大にするにはピークとオフとで価格を変更する必要がある.これを「ピークロード価格」という.

図10.7ではピーク需要曲線 D_1D_1 とオフ需要曲線 D_2D_2 が示されている.既存設備での限界費用を α,設備費用を β とする.ピーク時の限界費用は設備の拡大が必要なので $\alpha+\beta$ となる.そこで最適な価格は $p_1=\alpha+\beta$ であり,供給量は x_1 である.オフ期は設備拡張は不要なので,価格は $p_2=\alpha$,供給量は x_2 でよい.この場合,設備拡大費用はすべてピーク需要者が負担することになる.また,オフとピークの需要が相互に代替関係にあるとき,料金の相違からピーク期からオフ期へと需要が移り,需要の平準化と遊休設備の縮小がすすむ.

だが,もしピークロード価格ではなく,両期とも同じ p_1 で料金設定すると,オフ期の設備過剰は x_1x_3 へ広がり,しかも図の ABC の消費者余剰の損失が生ずる.このように,需要の差にあわせて異なる価格を設定するピークロード価格は効率を高める.この料金制度は公益事業だけでなく,観光地のホテルや航空券のオフシーズン割引など広く利用されている.

10.3.4 範囲の経済と価格体系

公益産業では,多くの異なるサービスを同時に供給している.たとえば,電話では市内と市外その他のサービスがある.郵便は書留や速達,さらに電力では産業用と家庭用とに分ける.鉄道も各路線別に分けられる.これはこのようなサービスを別々に生産するより,ともに生産する方が効率的となるからである.これを「範囲の経済」とよぶ.この関係を記号で示そう.いま2つの異なるサービスを X, Y とし,それらの量をそれぞれ x, y とする.両サービスを1企業で生産する費用を $C(x, y)$,それを別々に生産する費用を $C(x)$, $C(y)$ とすると,範囲の経済が成立するとき,

$$C(x, y) < C(x) + C(y)$$

の関係が成立する.範囲の経済の根拠は,企業内に複数の財・サービスの生産に共通に利用される設備,技術,労働などが存在するからである.この範囲の経済の例は公益産業だけではなく多くの分野でみられる.時計の企業が事務機器を生産したり,食品会社が医薬品に進出する例がある.複数の財・サービスを生産する産業の場合には,「自然独占」の定義は変わる.自然独占が成立するには,規模の経済だけでなく,この範囲の経済の存在が必要になる.

以上のように複数のサービスを供給している独占産業はそれらの価格体系をどのように設定すべきだろうか.特に公益産業では共通費用の比重が大きいので,それを各サービス価格にどう分配するかが問題になる.それにはいくつかの考え方がある.

(1) ラムゼイ価格

収支均衡のもとで社会的余剰を最大にする次善価格は「ラムゼイ価格」とよばれる.それは各サービスの供給量を限界費用価格からできるだけ乖離しないようにして各価格を引き上げることになる.価格の弾力性が低い財ほど価格を限界費用から上げても供給量は大きく動かないから,弾力性の低い財ほど価格は限界費用から上に乖離して設定される.逆に弾力的な財は,価格を限界費用の近くに設定することになる.この場合,弾力性の低い財は必需財的性質をもつから,その支出割合が高い低所得者に不利になる.そのため,ラムゼイ価格は「分配の公正」の点から問題があるといわれる.

(2) 完全配賦費用価格

　これは，規制産業で実際に広く使われる料金方式である．すべての財・サービスで使用した総費用を計算し総括原価とする．一定の基準を設けそれに基づいてこの原価を各サービスに配賦して，その個別原価を設定する．したがってこの価格は各サービスが負担すべき費用がすべてカバーされている．これを「完全配賦費用価格」とよぶ．この方式は実際に計測できるので実用的である．だがこれにも次のような問題がある．①ラムゼイ価格と異なり，資源配分で重要な指標となる限界費用や需要要因が配慮されていないので，効率性がそこなわれるおそれがある．②費用負担の決定方式に恣意性が入りやすく，利害関係者に対立が生ずることがある．

10.3.5　コンテスタブル市場の理論

　最近の新しい独占の考え方として「コンテスタブル市場」の理論がある．その理論では，たとえ独占であっても参入が自由であれば，そこで成立する価格は自由な市場で決まる価格と同じになると主張する．参入が自由なとき，もし既存企業が高い利潤をあげているなら，新規企業がその利潤を求めて参入する．この企業は独占企業より安い価格をつけてすみやかに参入し，利潤を稼ぐと退出できるとする．参入が容易になるには，退出するとき回収できない費用すなわち「サンクコスト」が小さければよい．このとき既存の独占企業は独占利潤を得る価格を設定できない．この理論は自然独占であっても，サンクコストが小さいとき政府の参入規制は必要ないという含意をもつ．そのため規制緩和を支持する論拠となった．アメリカでは航空，通信，トラック輸送，金融などで実際の規制緩和を正当化するためにこの理論が利用された．

　問題はこの理論の核となる仮定が現実の経済でみたされるかどうかである．たとえば「サンクコストが無視できる」という仮定は，規模の利益がある公益産業の費用構造のもとでは見いだしにくい．だがその可能性はある．たとえば規模の経済がコンピュータやオフィスビル等の設備の利用によって生ずるとする．企業はこれらを購入するかレントし，それをコンテスタブル市場に参入するために短期間使う．その後，これらの設備を他企業に再販あるいはリースすることができるとする．この場合設備に投下した資本は容易に回収できるから，そのサンクコストはゼロに近くなる．航空事業はその例とみなされた．

一方，規模の経済が特定化された資本の使用による場合，たとえば発電所・ダム等は資本の再販市場がないので高いサンクコストが生ずる．実際多くの公益事業では，これらのサンクコストが大きいケースが広くみられ，コンテスタブル市場とはみなされていない．しかし，最近の技術や制度変化によって大きいとみられていたサンクコストは低下している．航空産業では航空機のリースや中古市場の整備がサンクコストを減少させた．電話でもCATVの通信網を使って市内電話の参入が可能となる．結局，コンテスタブル市場の理論は自然独占でも政府の参入規制をできるだけなくし，潜在的な参入の可能性による競争圧力が重要であることを明らかにしたのである．

10.3.6　インセンティブ規制

　実際に実施されている公益事業の価格規制は「公正報酬率規制」である．これは総括原価に投下資本の報酬を含めて価格を算定する方式であり，基本的に平均費用価格である．この規制方式の問題点は過剰資本と非効率生産をもたらすことである．報酬率規制は企業の資本費用を容易に回収させるため，被規制企業は費用を最小化させる大きさ以上の過大な資本を雇用する．つまり規制が非効率をもたらすのである．これは「AJ効果」とよばれている．またこの方法では，政府が価格設定について企業の費用情報を正しく知ってその内容を吟味する必要がある．しかし企業はその費用情報を知られると価格引き上げは困難になり費用削減を要求されるため，正確な情報を通知するインセンティブはない．これが最大の問題点である．そこで公益事業に，できるだけ低い費用で効率的に生産するインセンティブを与える必要がある．そのためにいくつかのインセンティブ規制が考えられている．

(1)　価格上限規制（プライス・キャップ規制）
　サービスの価格に上限を設けるが，企業はそれ以下の価格は自由にできる．そのため企業はその範囲で利潤を確保できるようになり，費用削減が効率生産のインセンティブが促される．現在，多くの国の電力や通信事業で実施されている．

(2) 免許入札制

これは市場で一定期間独占者となる権利を競争的な入札で決定させる．このねらいは独占的な営業を認めることで規模の利益を実現させ，さらに入札競争により企業の価格を利潤ゼロとなる平均費用の水準に押し下げることである．その結果，政府は独占に直接介入しなくても効率的な生産を実現できる．具体的に通信，交通等で広く利用されている．また，公共調達，たとえば兵器，学校給食等では以前から利用されている．

(3) ヤードスティック競争

政府が企業の情報を直接知らなくても同様な活動をする他企業のデータを利用できる場合がある．それらを政策のヤードスティック（基準）として使い，間接的に企業間競争を促進できる．たとえば，電力，鉄道，バス事業は各地域内で独占であるが，全国には同様な企業が多くあり，そのデータを利用できるためこの規制が適用されている．

10.4 社会的規制の理論

10.4.1 社会的規制の根拠

人々は経済生活において多くの目的や目標をもって行動している．たとえば品質の良い財・サービスの入手，健康で安全な生活，快適な自然環境の保全，そして公正な社会の達成等である．その多くは市場の経済活動の中で達成される．たとえば，品質の良い安全な財・サービスは，消費者が市場での自由な最適選択の結果として実現する．また健康や安全はいろいろな保険に加入して確保する．

一方，人々が美しい快適な環境を望むなら，交渉や買収等の行動を通して自らの生活環境を守ろうとするであろう．このように市場は，効率という側面だけでなく社会的目的を実現するのに重要な役割を果たしている．

しかしこれらの市場の機能は十分でないかもしれない．しかも必要な条件がみたされないとき，市場は失敗する．そのため，効率や公正だけでなく望ましい社会的目標も達成されない．これが社会的規制の経済的根拠である．それには「情報の非対称性」と「外部性」そして「社会的不公正」の問題が重要であ

る．

　まず情報の非対称性とは，市場における買い手と売り手間の情報の偏在ないし格差の存在をいい，このとき市場の失敗が生ずる．そして消費者は自分で商品の価値を判断できないため，市場では最適な質や安全性は実現しない．その対象分野は広い．まず金融，保険，不動産取引等の経済的安全に関する分野，次に食品，薬品，医療など消費者の健康に関する分野，そして交通，建設，機械等の消費者の安全に関する分野である．

　次に，外部性は経済主体の行動が市場を経由せず第三者に与える影響のことをいう．それは社会に広く存在する例があり，市場の失敗の原因となる．これに対する関係者の交渉や取引を通ずる解決が不十分なとき，政府の介入が必要となる．その対象分野には環境に関連する多くの消費活動や産業行動が含まれる．

　さらに社会的価値判断の立場から，広い意味の社会的不公正の存在を根拠にする政府の市場介入がある．社会的弱者保護，地域格差是正，価値財の供給等である．これらの社会的規制の根拠は，人々の立場や価値判断によってその内容はかなり多様で，恣意性がある．そこで以下では特に情報の偏在と消費者の安全性という側面に焦点をおいて考察しよう．

10.4.2　情報偏在と市場の失敗

　市場にある財・サービスはそれぞれ安全性，品質，デザインなどの多様な特性をもっている．消費者がこれらの特性を観察し識別できるときは競争市場システムは機能する．市場では，消費者はそれぞれ異なる好みにあわせて最適な財の組み合わせを選ぶ．競争が十分なら企業はこれらの消費者のニーズに応えて，いろいろなタイプの商品を提供する．このように，市場は異なった人々の多様な欲求にみあうよう消費者の選択の自由と選好の多様性を実現できる．さらに，たとえこれらの条件が変化しても，市場は柔軟にそれに対応する．

　だが，消費者がこれらの情報を十分得られない場合がある．もともと財・サービスの質についての情報はその価格と比べて把握するのがむずかしい．そのため売り手は買い手よりも一般に優位な立場に立つ．この情報の非対称性をここでは「情報偏在」とよぶ．現代の社会では多様な商品が数多く作られ，しかも製品はますます高度で複雑となっている．また，広告や宣伝は巧妙となり流通

過程も複雑である．そのため買い手は市場の財・サービスの安全性や品質などの正確な知識や識別能力をもつことが困難となる．したがって，現代では情報偏在の可能性はますます増加する傾向がある．

　市場にこのような情報偏在があるとき，市場均衡は効率的な資源配分を達成できなくなる．いま，財の売り手が財の質を買い手よりよく知るとき，買い手は十分な情報がないままで，財の取引をせざるをえない．そのため，市場ではたとえ財の質が異なっていても，同じ質として同じ価格で取引されることになる．そのとき，売り手は質の悪いものを販売しようという動機が働き，平均の質は下がる．その結果，買い手は買い控えるので需要は下がり市場は縮小していく．最終的に市場は成立しないことになる．これは「逆選択」という現象であり中古品，不動産，金融，労働市場など情報偏在がある市場でよくみられる．

　一方，行動に関する情報偏在がある場合は，「モラルハザード」という市場の失敗が生ずる．たとえば，保険に加入した人は財のリスクが保証されるなら，注意深く使用しない．保険会社はこの行動を観察できないので，保険支払いが増え，保険料を引き上げざるをえなくなる．これは，注意深い加入者を遠ざけ，悪質な加入者だけが残ることになり，ますます保険事業はむずかしくなる．結局，市場は失敗する．この現象は逆選択と同じく，金融，労働，耐久財などの市場で発生する．

10.4.3　市場と情報

　このような逆選択やモラルハザードは市場の失敗をもたらす．しかし，それらはただちに公的介入の根拠にはならない．現実の市場は，情報偏在を自動的に解決する調整力をもっている．消費者はいろいろな手段を通じて必要な情報を得る機会をもつ，まず直接自分で商品知識を調べる．さらに実際に消費をして，経験によってその性質を知ることもできる．また第三者機関（消費者センターや業界団体）から買い手に有利な情報をもらえる．新聞，雑誌の記事を読むことによっても情報を増やすことができる．

　一方，売り手は自己の商品の質を買い手に知らせ信じさせようとする大きなインセンティブをもつ．その手段として広告，宣伝を積極的に行う．それにより買い手に財の情報を伝え，さらに人々の嗜好を変えようとする．さらに広告はその存在そのものが品質のシグナルとなる．人々はコストのかかる広告をす

る財は，それだけ良い財だとみなすようになる．また，評判も市場の重要な情報源として機能する．消費者は財の質や売り手の性質をその購入から知る．企業は繰り返し購入させるため，あるレベルの質を長期間にわたって保持する努力をしなければならない．この質の情報は長期間をかけて評判を形成し，それが財・サービスの質の情報を伝えるシグナルとなる．

　ブランドも評判と同じ役割を果たす．それは商品の質のイメージを商標やデザインと関連づけさせて消費者の信用を獲得しようとする方法である．またフランチャイズ制はサービスを標準化しその条件をみたすものにフランチャイズ（営業権）を与えるシステムである．消費者はどのフランチャイズ店でも統一化したサービスを受けられる．このような品質管理によって消費者に質のシグナルを伝えている．例として，マクドナルド，セブンイレブン等がある．

　長年の取引において形成されてきた商習慣，長期契約，継続的取引あるいは相対取引なども，情報偏在を回避する有効な方法である．一般に情報偏在の市場では，情報ギャップを利用して利己的な行動に走るインセンティブがあり，取引の信頼性は乏しい．だが長期的，継続的に取引関係を結べば，情報ギャップを利用した非効率取引は回避できる．

　以上のようなさまざまな方法を通じて市場の情報偏在が長期的に解消すれば，公的規制の必要はない．その場合，規制は市場メカニズムを制限し，消費者の選好の多様性を妨げることになるからである．

10.4.4　情報と公的規制

　市場の情報機能が不十分であり，しかもそれによる市場の失敗の結果が重大な場合には，政府の介入による解決が必要である．基本的に2つの方法に区別される．第1の方法は消費者が自分で正しい判断と決定ができることを保証させるため，市場の情報機能を高めることである．これには情報制限をなくして情報を標準化し，さらに不正確や虚偽の情報を規制することが含まれる．また政府は民間では過少になる公共財的性質をもつ情報を生産し，普及させる役割も果たす．たとえば安全性や健康に関する情報であり，政府により各種の公報，報告書，白書，統計データが公表されている．

　第2の方法は政府が市場を直接的に規制する．これは消費者の識別能力が乏しく，経験による判断もできず，さらに選択のミスが重大な影響を生む場合に

適用される．このとき，消費者に選択を任せるのは好ましくない．政府は市場取引に直接介入し私権の制限や強制を含む方法で問題を解決する．これには次に示すような多様な手段がある．

(1) 直接規制

最も直接的な公的規制は禁止，制限政策である．典型的なケースは麻薬や銃砲のような危険度が高く反社会的な行為を禁止することである．さらに交通・消防など危険災害予防のための規制がある．

(2) 資格制度

これは特定のサービスの質や安全性を確保する目的で，専門的な知識や能力を有するものを政府が認定して資格を与える制度である．例は医師，弁護士など多くの分野にわたる．これらの資格免許の有無は消費者にたやすく識別されるので無資格の医師や偽弁護士にだまされない．このように資格制度はサービスを作り出す供給者の最低限の能力を消費者に伝えることにより，その安全や質の最小限の水準を確保できるシステムである．

だが，資格制度は弊害もある．①資格試験の条件を厳しくすると資格者の質は向上するが，他方で新規参入は抑制され，サービス料金は引き上げられる．②資格制度は資格をとるための準備やトレーニングを過度に促進してしまう．③消費者のサービスに対する選択の自由や多様性が妨げられる．④資格制度そのものが既得権を生み，硬直化しやすい．

(3) 規格・基準の認証および検査制度

消費者は食品，薬品，自動車などの安全性や質を事前に正しく評価する能力をもたない．さらに，選択のミスは健康や生命に深刻な影響をもたらす．この場合，政府が情報を分析し専門的な判断を下す必要がある．そして一定の規格や基準を設定し，これに適合するとき認証を与える制度，あるいは検査を義務づける制度を設ける．これらは消費者のリスクを減少させ，それによる損害発生や保険費用を減少させる役割を果たす．

しかし，次のような弊害もある．①この制度の費用は行政費用だけでない．企業のコストを増し自由な企業活動を制約する．②規制は統一基準で行われる

ので消費者や企業は選択の情報の必要をなくす．それは質や安全性向上の努力や関心を失わせる．③規制は企業を競争や参入から保護するため，企業は行政依存の体質を深める．

(4) 自己認証制度

以上の欠点を克服するため，規制の一部を強制から自己認証へ移行することが提案される．これは企業や民間が規格や基準を設定し，その基準の合否を自ら行うシステムである．この場合，企業は自らの責任で安全対策を行うため需要のニーズに柔軟に対応し安全な製品を開発せざるをえない．それは質や安全性の向上を促し，さらに消費者は多様な選択の自由を得ることになる．

(5) 製造物責任制度

自由な市場では消費者保護のために製造物責任制度が要請される．これは政府がすべての製造物に対し強制的に欠陥の責任をそのメーカーにとらせる制度である．これにより企業は安全な商品を供給するインセンティブをもつので被害を予防することになる．

10.4.5 社会的規制の見直し

実際の社会的規制は理論どおりに実行されているわけではない．現在指摘されているいくつかの問題点を示そう．

第1に，基準や検査の社会的規制が，実際には参入規制などの経済規制に転用される場合がある．安全や防災基準が過度に厳しく設定されると，それが実質的な新規参入阻止になり既存の業者は超過利潤が得られる．たとえば消防法により海外で見られるセルフサービスの石油スタンドができなかった．人件費の高い日本には必要であろう．規制緩和措置により，実現したが，その際安全のための上乗せ規制が加えられた．そのコスト負担が大きく，安いスタンドは普及していない．結局この規制は既存の業者を守っているといえよう．

次に，参入規制のような経済的規制を利用して雇用者の労働環境や消費者の安全という社会的規制を達成しようとする場合がある．トラックやタクシー事業は安全という理由で参入規制をしている．だが他の方法でもその目的は達成される．安全性も，業者間の競争によって高まる．

また，従来から実行されてきた規制でも国際基準と異なる場合，海外から参入障壁とみなされる場合があり国際間の摩擦となる．例として，水道法では安全のために基準にあった水道器具の使用を義務づけている．これは性能ではなく仕様に基づいてなされるため，それにあわない外国製品は安価でデザインも良いのに輸入できないと批判された．これら以外にも基準や規格が時代にあわなくなり，合理的な生産方法や流通の導入を阻害し，コスト高になっている事例は数多くある．

以上のような問題は，結局製品コストの上昇や物価上昇をもたらし，さらに消費者の選択の制限となり国民全体に大きな犠牲を強いていることになる．これらに対してはただちに見直しを行って是正すべきである．そして社会的規制の内容をそれぞれ本来の目的にそった必要最小限なものにすること．そしてその運用は透明で公正に行うべきである．次節でこれらの問題をさらに検討する．

10.5 規制改革に向けて

10.5.1 規制の限界

これまでの分析は主に理論的な観点からなされてきた．だが実際の規制は理想的な条件のもとで行われるのでないから，政府の規制は社会的利益の増加につながらない可能性がある．これを「規制の失敗」とよぶ．この問題には理論的にもそれを支持する立場がある．

第1の根拠は政府が必要な情報を正確に得ることができない点にある．本来それらの情報は規制される側にある．規制により不利になるとき被規制者は政府に正しい情報を伝えるインセンティブはない．このように不十分な情報のもとでは，政府の規制は失敗するであろう．さらに政府が規制を決定し実行するとき，時間や行政のコストが必要である．これらの規制のコストが大きいとき，規制の役割は無条件に正当化できない．

さらに別の立場から規制の失敗が主張される．それは規制の「虜（とりこ）」理論といわれるものである．政府の規制は，規制される業界が求めて獲得するものでありその業界の利益になるよう計画され実行される．はじめ正当な規制の理由があったとしても，時間とともに規制当局と業界の間に癒着が生じる．規制はその必要が薄れても撤廃されず，業界の既得権を守る参入障壁として継

続する．一方，業界は団結により大きな利益を得られるので，彼らの規制への要望は強く，実現する．これに対し，消費者は個人として団結の利益は小さいので消費者の団結はできず，そのため消費者の利益となる規制の需要は弱く，実現しない．

　以上のように，政府も失敗をもたらすので，政府がつねに市場よりも良い結果をもたらす保障はない．そのため規制の弊害と市場による損失とが比べられなければならない．市場介入により生ずる問題が大きいとき，規制を緩和して市場の機能に任せる方が適切になる．これは市場が完全な手段というのではなく相対的に規制の弊害よりましだという意味である．

10.5.2　規制改革の必要性

　政府の市場介入の弊害が強く意識されるようになり，規制緩和や民営化の動きが始まったのは80年代前後のアメリカやイギリスであった．政府の介入を減らして小さな政府をめざし，そして経済の活力をもたらす手段として規制緩和はいまや世界的な広がりをみせている．日本で規制緩和の必要性は広く認識されている．その背景として次のような要因がある．

　第1に規制の根拠は経済状況とともに変わるが，一度導入したものは変更されにくい．たとえば技術革新により不必要，不適切となった規制が依然として存在する一方で，新しく必要とされる規制はすぐにはできない．

　第2に，規制のコストはきわめて大きい．規制は企業に超過利潤（レント）を生み，それをめざした非生産的なレント・シーキング活動が行われる．さらに規制産業には競争がないため低生産性企業が温存される．これは高物価として消費者の負担となる．多くの文献で，日本の規制産業の生産性が低くそれが内外価格差の原因となっていることが報告されている[5]．農業をはじめとして，規制の強い部門はすべて生産性がきわめて低い．規制が少ない製造業はそれより高い．このように生産性の低さと規制の間に強い相関関係がある．さらに生産性と価格水準を比べると，規制産業の価格はその低生産性を反映して高い．さらに規制の強い産業ほどその価格上昇率が大きい．したがって内外価格差も規制による影響を否定できない．

---

[5]　章末の参考文献，加藤（1994）中条（2000）等を参照せよ．

第3に貿易・資本移動の自由化にともない，経済のグローバリゼーションが急速に進展しており，各国固有の規制を国際的に調整する必要性が強くなっている．いまや世界中の企業が共通の市場での競争を展開している．そのため，各国の経済制度間の違いを調整し，共通の活動基盤を形成するため，二国間・多国間の国際協議が活発に行われている．このように国際関係からも規制の見直しを進めなければならない．

10.5.3　規制緩和の方法

次に，規制緩和をどう実現するかを考えよう．

経済的規制の場合は，次のような方法がある．①民間委託：資金調達は公的に行うが，財・サービスの提供は民間に委託する．例は，ごみ収集，学校給食を公務員がする代わりに民間業者に委託する．②有料化：サービスの利用者のニーズが多様化する場合，それに合わせてサービスの有料化をする．③民営化：事業そのものを公的所有から，民間所有の企業に変更する．

一方，社会的規制については，①基準や免許制度の見直し，②情報開示の促進，③民間への権限委譲などがある．

10.5.4　規制改革の意義

規制の見直しはどのような意義があるだろうか．参入や価格規制が緩和されると，まずこれまで超過利潤を得ていた企業の利潤は低下するが，他方で他の多くの企業にとって新しいビジネスチャンスが拡大する．自由な参入は競争を促進し，各企業の生産性の向上とともに価格低下がもたらされる．さらに技術革新が進展し消費者にとって多様な新商品サービスが提供される．このように消費者の利益は拡大する．一方，規制緩和は競争導入により，規制されていた低生産部門の効率化をもたらす．これは内外価格差を縮小させるだけでなく，中間サービスの価格低下となり多くの企業のコストの削減となる．このように規制緩和は企業にとっても利益は大きい．

だがそれまで保護されていた企業は既得権を奪われるため規制緩和に反対する．またその労働組合もそれに同調する．さらに，監督官庁は規制をやめると産業に対する権限を失うため，その緩和には消極的となる．規制産業に支持されている議員（政治家）もそれに意見をあわせるであろう．このように規制緩

和はすべてのグループが一様に利益を得るのではない．個別利益と社会全体の利益とが相反することがある．だがこの場合でも規制緩和と競争促進が経済を発展させる原動力となり，最終的には必ず国民全体が利益を得るという確信をもつことが必要である．そしてその立場に立って規制緩和を着実に進めるべきだと考える．

　規制緩和が進められると市場の競争が促進されるため，これまで以上に企業の創意，工夫，努力が必要とされる．また市場には多様な財・サービスが登場するので消費者はそれらを自分の判断で選択しなければならない．その場合，消費者は競争のメリットを生かすため政府の規制に頼るのを減らし，自ら能力や知識をもつことが重要である．すなわち，自己責任の意識の確立である．

　そのために政府がやるべきことは，消費者が自由で合理的な行動が可能となる環境を整備することである．まず，消費者のさまざまなリスクに対し保険をもうける．たとえば失業保険や製造物責任制度などである．また政府規制の透明性・公平性を維持するため，情報公開制度や行政手続法を設立すること，さらに公平な企業間競争を促進するため独禁法を厳格に運用することである．これらは消費者を保護するための社会的な安全装置，すなわち「セイフティネット」を構築することである．このように規制緩和は単に，既存の規制を緩和・撤廃させ，自由放任主義にするということではない．過剰な規制を見直すとともに，あらたに市場競争を確保するための公平なシステムを作ることが重要である．すなわち，必要なことは，社会的な安全装置を加えた最適な規制に置き換えるという「規制改革」である．

10.6　結　　論

　政府の規制は市場がうまくいかない場合にのみ適用される．だがその規制も弊害をもつのでたえず見直される必要がある．規制改革の目的はこれまでの経済システムに競争原理を導入し，多様な財・サービスの供給，技術革新，そして物価の低下を図ることにある．それにより経済の構造変化，国際社会との共栄がもたらされ，結果として消費者や企業のすべての人々に利益をもたらすことが期待できる．しかし，規制の変更は既得権を失う人々を生む．さらにこれまでの秩序やシステムの変化を好まず，規制の変化に消極的な人々を生むかも

しれない．だが規制緩和と規制改革は短期的には一部の人々に不利になるが，長期的には全体の人々が大きな利益を得られる．したがって，個別の利害をのりこえ，国民全体の利益が実現するよう理解を深めることが望まれる．

　この章では，市場と政府の役割について，おもに公的な規制という視点から考えてきた．この規制の問題は，最近のIT（情報技術）革命・デジタル革命の進展とともに，一層重要課題として認識されている．IT革命は情報コストの低下をもたらし，それが経済のあらゆる領域に浸透することにより，市場メカニズムの作用が深化，拡大することになった．この市場経済の新しい状況にあわなくなった制度や規制を改革する必要が高まっているのである．したがって，この章で議論した規制の問題は，ミクロ経済学が取り上げる応用問題として，格好の材料なのである．ここでの考察は，現在のわれわれの社会をより良いものにするための手がかりとなるであろう．

練習問題

問題10.1　図10.2の最低賃金制において，その厚生損失が大きくなる場合を，需要と供給の弾力性の概念を使って説明しなさい．

問題10.2　政府は，価格規制をしばしば所得再分配の手段として使う．たとえば，農産物の価格支持や，公共料金の抑制策などである．その理由を考えなさい．

問題10.3　図10.5の独占の非効率は価格規制により，ある程度軽減できる．第4章の4.3節を参照して答えなさい．

問題10.4　タクシーの経済的規制の根拠には，情報の不完全性があるといわれている．これについて説明しなさい．

問題10.5　「コメの輸入を自由化すると汚染米が入ってくるから危険である．だから輸入自由化に反対である．」この論理に対し，自由化の立場ならどう反論するか．答えなさい．

参考文献

中条潮（1995）『規制破壊』東洋経済新報社．
中条潮（2000）『公共料金2000』通商産業調査会．

加藤雅編（1994）『規制緩和の経済学』東洋経済新報社.
鶴田俊正（1997）『規制緩和-市場の活性化と独占禁止法』筑摩書房.
植草益（1991）『公的規制の経済学』筑摩書房.
植草益（1997）『社会的規制の経済学』NTT出版.
八代尚宏編（2000）『社会的規制の経済分析』日本経済新聞社.

練習問題の解答

序　章

問題0.1　貧困は絶対的な概念であり，ある程度の物質的な財やお金があれば解決できる．一方，希少性は，欲求と資源との主観的相対関係を表す概念である．その一般的な解決は困難である．

問題0.2　あらゆる財・サービスは希少性の法則がはたらくので，その機会費用をともなっている．したがって，一見ただにみえるランチも，誰かがその機会費用を払っている．つまり，ただの財はありえず，必ずその代償を必要とする．

問題0.3　消費者が直接，多くの生産者と交渉をし，その中から安く，良質の商品を提供する生産者を選ぶには莫大な手間と費用がかかる．一方，生産者にとっても自己の商品を高く買ってくれる消費者を探すのは，大変な費用が必要になる．この場合，流通業者が両者の間をとりもって，それらの費用や手間を省いてくれるのである．流通業者は消費者の希望を生産者に伝え，また生産者の情報を消費者に伝達する．それにより，市場の取引が成立するための取引費用を大幅に節約できる．流通事業は消費と生産を結ぶ，情報産業の性格ももっているのである．

問題0.4　社会主義経済と市場経済（すなわち資本主義）を分類する方法は，経済体制を考えることである．それは次の2つの要因に依存する．①意思決定の違い：誰が経済活動を決めているか．そして，②所有形態の違い：社会の資源を誰が所有しているか．

　まず，市場経済（資本主義）では，数多くの消費者と企業が個別に，独立的に経済活動を決定している．すなわち，消費，生産は分権的に実行されている．これに対し，社会主義では，重要な決定は中央当局が計画し，命令によって実行する．これは計画経済という．

　次に資本主義では，土地や資本などの多くの生産手段は私的に所有されている．それによって発生する利益は所有者に分配される．これに対し，社会主義では，政府があらゆる生産手段を公有し，私有は認められていない．したがって，所得分配も政府によってなされる．

　この違いは，情報構造と経済的インセンティブの相違をもたらす．市場経済における経済主体が必要な情報は，価格に関する情報のみである．一方，計画経済では適切な計

画を立案するため，消費や生産についての膨大な情報が必要となる．また市場経済では自らの行動は自己の利益につながるが，計画経済では，人々の経済活動が直接その人々の利益に結びつくことが少ないため，経済的なインセンティブが生じにくい．　社会主義（計画経済）が崩壊した理由は，①情報の不正確さのため計画がうまく機能しなくなった，②人々の経済発展へのインセンティブが失われた，といわれている．

第1章

問題1.1　(1)　無差別曲線が右下がりであることについて．ある財の組み $W' = (x', y')$ に対して，それより北東（右上）の領域Aにある組みは，たとえば，図1のような組み $W'' = (x'', y'')$ は少なくとも1つの財の量が $W' = (x', y')$ より多くなっているので，$W' = (x', y')$ と同じ効用水準すなわち無差別な組みはその領域にはない．

また $W' = (x', y')$ より南西（左下）の領域Bにある組みは，たとえば $W''' = (x''', y''')$ のような組みは少なくとも1つの財の量が $W' = (x', y')$ より少なくなっているので，同様にして $W' = (x', y')$ と同じ効用水準すなわち無差別な組みはその領域にはない．

以上のことから，$W' = (x', y')$ と無差別な組みは北西（左上）Cか南東（右下）Dにしかない．よってそれらの無差別の組みを結んでいけば曲線は右下がりとなる．

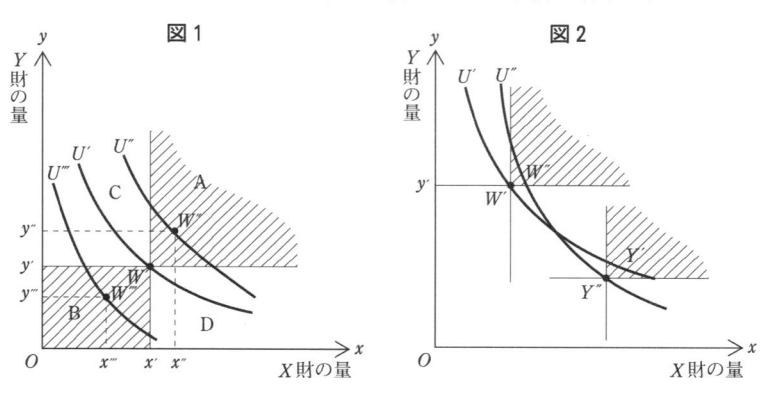

(2)　無差別曲線が交わらないことについて．図2のように2つの無差別曲線が交わっていたと仮定しよう．無差別曲線 U' 上の点 W' と U'' 上の点 W'' を比べると，(1)で示したように W'' の方が W' より効用が高い．一方，同じく無差別曲線 U' 上の点 Y' と U'' 上の点 Y'' を比べると，Y'' の方が Y' より効用が低い．これは矛盾である．この矛盾は無差別曲線が交わると仮定したことによる．したがってこの仮定は誤りであるから，無差別曲線が交わらないことになる．

(3)　原点より遠い無差別曲線ほど効用水準が高いことについて．原点より遠い無差別曲線上の点は北東の領域にあることから，ただちに導ける．

練習問題の解答

問題1.2 所得が I から ΔI だけ増えて $I+\Delta I$ になったとき，需要が x から Δx だけ増えて $x+\Delta x$ になったとすると，

$$x+\Delta x = \frac{2(I+\Delta I)}{p} = \frac{2I}{p}+\frac{2\Delta I}{p}$$

が成り立つ．これより

$$\Delta x = \frac{2\Delta I}{p}$$

となる．したがって，需要の所得弾力性は

$$\frac{\Delta x}{\Delta I}\frac{I}{x} = \frac{2\Delta I/p}{\Delta I}\frac{I}{2I/p} = 1$$

である．

問題1.3 2つの財 X, Y の価格を p_x, p_y とし，所得を I とする．いま2つの財に t %の消費税がかかったとすると，価格はそれぞれ $(1+0.01\times t)p_x$, $(1+0.01\times t)p_y$ となるから，予算線の式は2つの財の需要量 x, y に対して，

$$(1+0.01\times t)p_x x + (1+0.01\times t)p_y y = I$$

となる．これを書き換えれば

$$p_x x + p_y y = \frac{I}{1+0.01\times t}$$

となるが，これは予算が I から $I/(1+0.01\times t)$ に減少したときの予算線である．したがって，実質的な所得の減少は

$$I - I/(1+0.01\times t) = (0.01\times t/(1+0.01\times t))I$$

となるから，実質的に $(0.01\times t/(1+0.01\times t))\times 100$%の所得税が課せられたと同じことになる．

問題1.4 左側に10だけ平行にシフトしたときのあらたな需要曲線の式は，

$$p = -\frac{1}{2}x + 25$$

となる．いま価格が p から Δp だけ増えて $p+\Delta p$ になったとき，需要が x から Δx だけ増えて $x+\Delta x$ になったとすると，

$$p+\Delta p = -\frac{1}{2}(x+\Delta x) + 25$$

となる．これより

$$\Delta p = -\frac{1}{2}\Delta x$$

が求められる．そのとき弾力性が1であるならば，

$$-\frac{\Delta x}{\Delta p}\frac{p}{x} = \frac{\Delta x}{(-1/2)\Delta x}\frac{(-1/2)x+25}{x} = 1$$

とならなければならない．したがってこの式をみたす x は $x=25$ となる．

問題1.5 豊作貧乏という現象は，農産物の需要が価格に対して非弾力的な場合によくみうけられる．1.4.3項における図1.23において横軸をダイコンの量とし，縦軸を価格とする．この場合ダイコンが x' トン生産されたとき消費者が買ってもよいと思う価格は p' である．したがって，消費者が支払うあるいは農家が受け取る金額は面積 $p'Ox'E'$ である．そこでダイコンが豊作になって x'' トンに供給が増えたとしよう．そのときの消費者が買ってもよいと思う価格は p'' であるとすれば，農家が受け取る金額は面積 $p''Ox''E''$ となる．明らかに農家にとって生産量が x' のときの方が収入が多い．このような現象がおこるのは，消費者が日常的に消費しているダイコンが供給が増えて価格が下がったからといっても，消費をそれほど増やすことはないからである．

第2章

問題2.1 $\dfrac{8-5.5}{3-2} = 2.5, \dfrac{11-10}{5-4} = 1$

問題2.2 縦軸の単位を1000円単位で表示すると，

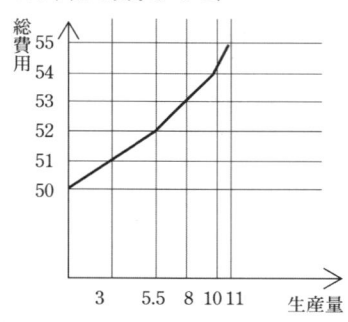

問題2.3

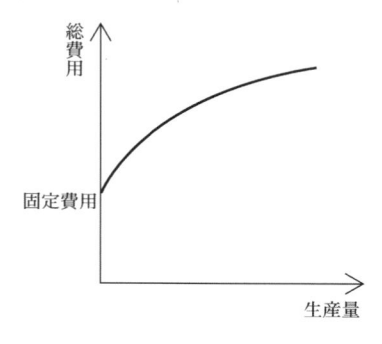

問題2.4

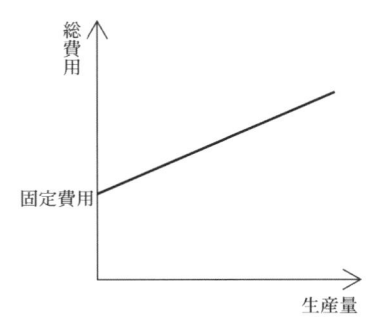

[図: 総費用曲線。縦軸「総費用」，横軸「生産量」。固定費用から右上がりの直線]

問題2.5

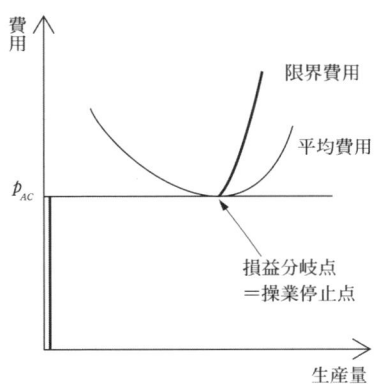

[図: 限界費用曲線と平均費用曲線。縦軸「費用」，横軸「生産量」。両曲線の交点が損益分岐点＝操業停止点で，価格 p_{AC} の水平線]

第3章

問題3.1 たとえば自動車産業については，企業ごとに製品（自動車）のデザインや性能が違うのが普通であるので，財の同質性がみたされていない例である．また，医療産業については，医療内容の正否を患者（需要者）が評価することが困難であるので，情報の完全性がみたされていない例である．

問題3.2 国家試験の難易度が高くなると合格者が少なくなり，医師数が少なくなるので医師の供給曲線が左にシフトし，均衡価格が高くなるので，医療報酬も増加する．難易度が低くなると逆の結果になる．

問題3.3 安定条件より，ワルラス的調整過程とマーシャル的調整過程では安定的，クモの巣過程では不安定．

問題3.4 クモの巣過程の安定条件を満たしており安定的である．前期の供給量を1とすると需要価格は7/2, 11/4, 25/8, となるので(b)が正しい．

問題3.5

(1) $p^*=20$，$D^*=S^*=40$，消費者余剰は800，生産者余剰は400，社会的厚生は1200．

(2) $p^*=30$，消費者余剰は450，生産者余剰は225，政府の税収は450．

(3) (2)の社会的厚生は450＋225＋450＝1125であるから，(1)の1200より，75だけ少ない．

第4章
問題4.1
(1) 消費者余剰は，$((3-2.4)\times 0.6)/2 = 0.18$ であり，生産者余剰は，$(2.4\times 0.6)/2 = 0.72$ である．
(2) 消費者余剰は，$((3-2.5)\times 0.5)/2 = 0.125$ であり，生産者余剰は，底がそれぞれ0.5と2.5で，高さが0.5の台形の面積に相当するから，$((0.5+2.5)\times 0.5)/2 = 0.75$ である．
(3) 死荷重は $(0.5 \times 0.1)/2 = 0.025$．

問題4.2
(1) 省略．
(2) 書籍では，発表直後のハードカバー版と，しばらく時期をおいて出されるより安価なペーパーバック版がある．これは遅れ（delay）とよばれる価格差別である．遅れは，劇場公開の新作映画とそのビデオ版においても利用される．その映画をすぐにでもみたいと思っている（留保価格の高い）消費者と，しばらく待ってかまわないと思っている（留保価格の低い）消費者を区別するための方策の1つである．特に情報財に関する価格差別に関しては，Shapiro and Varian (1999) が詳しい．

問題4.3
(1) A の反応関数は $6x_A + x_B = 3$ であり，B の反応関数は $6x_B + x_A = 3$ となる．この両式を連立して解けば，クールノー均衡 $x_A = 3/7 = x_B$ を得る．
(2) $x = x_B + x_A = (3/2) + (3/4) = 4/9$ であるから，$p = 3 - x = 3/4$．したがって，A の利潤は，$\pi_A = px_A - C = (3/4)\times(3/2) - (1/8) = 1$．B の利潤は，$\pi_B = px_B - C = (3/4)\times(3/2) - (1/8) = 7/16$．
(3) A の反応関数について計算する．$\Delta \pi_A = \Delta p_A (10 - 3\cdot \Delta p_A - 6p_A + p_B)$ であるから，$0 = \Delta \pi_A/\Delta p_A = 10 - 3\cdot \Delta p_A - 6p_A + p_B$．ここで，限界量 Δp_A を無視すれば，(4.12) を得る．B の反応関数 (4.13) も同様にして求められる．さらに，(4.13) を (4.12) に代入すれば，$p_B^* = 2$ を得る．このとき，(4.13) より，$p_A^* = 2$ となる．

第5章
問題5.1 5.2節を参照せよ．パレート効率の定義を，パレート優位な配分が存在しないことに関連づけることが論点となる．

問題5.2
(1) 限界代替率均等の条件 $\dfrac{y_A}{x_A} = \dfrac{y_B}{x_B}$ に，$x_B = \bar{x}_A + \bar{x}_B - x_A$ および $y_B = \bar{y}_A + \bar{y}_B - y_A$ を代入すると，契約曲線 $y_A = \dfrac{\bar{y}_A + \bar{y}_B}{\bar{x}_A + \bar{x}_B} x_A$ が得られる．

(2) 上で求めた契約曲線の x_A の係数が，エッジワースの箱の対角線の傾きであること

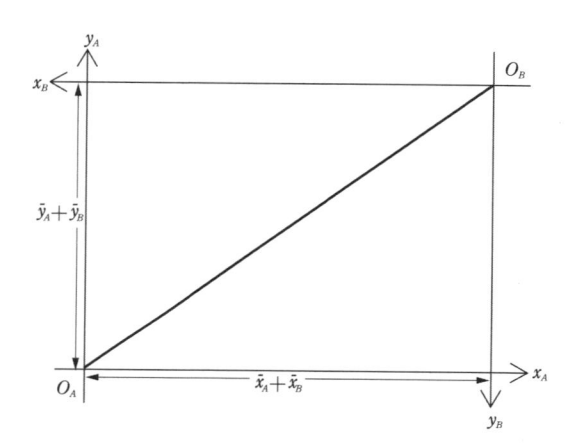

から，上図のように書ける．

(3) 価格体系を，(p_x, p_y) と表すと，初期配分における各人の予算線は，

$$I_i = p_x \bar{x}_i + p_y \bar{y}_i, \quad i = A, B$$

である．これを需要関数 $\dfrac{I_i}{p_x}, \dfrac{I_i}{p_y}$ のいずれかに代入すると，

$$\frac{p_y}{p_x} = \frac{\bar{x}_A + \bar{x}_B}{\bar{y}_A + \bar{y}_B}$$

を得る．この結果は，価格比率が所与であるとき契約曲線上の1点が決まることを意味する．

問題5.3 5.5節を参照せよ．論点は，限界変形率が限界代替率と等しくないときに，パレート優位な配分が存在することを示すことである．

第6章

問題6.1

(1) $x_c = 600$, $p_c = 200$.

(2) 168750と101250．

(3) 11250．

問題6.2

(1) ゼロ人．個人の限界便益は，個人の便益 $-0.1x^2 + 2x$ を微分したものであるので，$-0.2x + 2$ となる．ここで，x の値が正であるならば，個人の限界便益は花壇の限界費用2より必ず小さくなる．したがって，誰も自発的に花壇に花を植えようとはしない．

(2) 9本．公共財の最適供給条件は社会全体の限界便益の合計が限界費用と一致するということであった．ここで，社会全体の限界便益は，個人の限界便益 $-0.2x + 2$ を10倍したも

のであるので，$-2x+20$ となる．限界費用は 2 なので，$-2x+20=2$ を解いて $x=9$ となる．

問題6.3
(1) 2 頭放牧し，16 の利潤をあげる．
(2) 8 頭放牧し，64 の利潤をあげる．
(3) 自分で考えてみること．

問題6.4 正解は(3)．

問題6.5 地上波が届く範囲では，地上波によるテレビ放送は競合性も排除性もないので公共財であるといえる．ケーブルテレビは通常契約をしていないとみることができないので排除性をもっている．競合性はないのでケーブルテレビはクラブ財である．クラブ財はその財（サービス）を消費する人から料金を徴収することができるので，民間企業によっても供給が可能である．地上波によるテレビ放送は番組をみる人から料金を徴収することができないが，テレビコマーシャルを放送するスポンサー企業の広告料によって費用をまかなっているので，地上波によるテレビ放送は民間企業によっても供給が可能になっている．

第 7 章

問題7.1 期待所得は，

$$0.9 \times 100万円 + 0.1 \times 1万円 = 90万1000円$$

期待効用は，

$$0.9U(100万円) + 0.1U(1万円) = 0.9 \times 1000 + 0.1 \times 100 = 910$$

問題7.2 z 口加入するとすると，期待効用は

$$0.9\log(1000000 - 10000z) + 0.1\log(100000z - 10000z)$$

となるから，これを最大化すると，

$$0.9(-10000)/(1000000 - 10000z) + 0.1(100000 - 10000)/(100000z - 10000z) = 0$$

より，

$$z = 10$$

よって，10 口加入する．

問題7.3 二階微分を計算すれば，どちらも負となるので，どちらもリスク回避的である．

問題7.4 省略．

第 8 章
問題8.1
(1) (1, 2) または (2, 1)
(2) (1, 2) は○, (2, 1) は○

問題8.2
(1) (1, 1) または (2, 2)
(2) (1, 1) は○, (2, 2) は×

問題8.3
(1) ①1, ②i, ③i^*, ④2, ⑤j, ⑥j^*
(2) (a) 相手の戦略を固定して自分の戦略のみを動かしたときに自分の利得が最大になるということが, 2人のプレイヤーいずれにも同時に成立する.
(b) いったんナッシュ均衡が成立すると, いずれのプレイヤーも, 自分のとった戦略に後悔することはなく, 自分のとった戦略を変更するインセンティブをもたない.

問題8.4
(1)

プレイヤー1 / プレイヤー2

	ll'	lr'	rl'	rr'
A	(8, 2)	(8, 2)	(5, 3)	(5, 3)
B	(4, 4)	(4, 4)	(5, 3)	(5, 3)
C	(7, 6)	(8, 3)	(7, 6)	(8, 3)
D	(5, 8)	(5, 8)	(5, 8)	(5, 8)

(2) (C, rl')

問題8.5 表8.9のナッシュ均衡を求めればよい. $(x_1, x_2) = (6.0, 6.0)$

問題8.6 図8.8のサブゲーム完全均衡を求めればよい. $(x_1, x_2) = (9.0, 4.5)$

第 9 章
問題9.1 日本が自動車の生産に比較優位をもち, アメリカがパソコンに比較優位をもつようになるためには, 日本の自動車生産の機会費用 < アメリカの自動車生産の機会費用でなければならない. それゆえ, $2 < X/4$ でなければならない. したがって, $8 < X$.

問題9.2
(1) 経済厚生（総余剰）の増加分は, 需要曲線と供給曲線と国際価格（高さ）200の水平線に囲まれた部分の面積である. したがって,

$$\text{関税賦課ない場合の経済厚生（総余剰）の増加分} = (800-200) \times (400-200) \div 2$$
$$= 60{,}000 \quad \text{①}$$

(2) 輸入関税が25%であるので，輸入オレンジ（1トン当たり）の国内価格は250になる．それゆえ，

$$関税賦課後の経済厚生の増加分 = (750-300) \times (400-250) \div 2 + (750-300) \times 50$$
$$= 56{,}250 \quad ②$$

したがって，①－②が関税賦課による厚生損失となる．

$$関税賦課による厚生損失 = 3{,}750$$

問題9.3
(1) 比較生産費，経済的利益
(2) 集約的，比較優位
(3) ストルパー‐サミュエルソン，上昇，低下
(4) 総余剰，総余剰

問題9.4 ヒントは本文のなかで与えられている．

第10章

問題10.1 需要，あるいは供給の弾力性が大きいほど厚生損失は大きくなる．これは，図の需要か供給曲線の傾き（の絶対値）が小さいときである．すなわち，価格規制により，人々の行動が大きく変化するとき，死荷重は大きい．

問題10.2 その理由の1つは，価格規制が直接移転より行政費用が安く，しかも政治的効果が大きいからである．たとえば，電力料金や運賃などを抑制すると，少ない財政負担で多くの消費者の支持が得られる．また，農産物の価格支持のように，特定のグループへの価格政策は，そのグループからの強い政治的支持が得られる．もう1つの理由は，価格政策の方が直接的再分配手段よりも受益者の心理的抵抗が少ないことである．

問題10.3 価格差別，二部料金などを利用すればよい．

問題10.4 タクシー市場で運賃が自由化されたとする．町にいろいろな運賃のタクシーが走っていても，利用者はそれを識別するのは難しい．目の前に現れたタクシーを利用せざるをえない．これは消費者に情報の非対称性の問題を引き起こし，したがって市場の均衡は必ずしも望ましいものにならない．この市場の失敗が規制の根拠とされる．

問題10.5 コメの輸入が自由化すれば，競争により，安全な米を求める客を相手にした生産者が現れる．業者は安全なコメの「ブランド」を作るであろう．そのブランドを明示して輸入される限り，消費者はそれを容易に識別可能である．自由化によりコメの多様化や低廉化がすすんで消費者には便益が生まれる．ただし競争によっても実現できない安全性や衛生の検査は必要である．

索　引

ア　行

一次価格差別　119
一般均衡分析　81, 84, 93
一般均衡モデル　243
インセンティブ規制　278

エッジワースの箱　94, 139

カ　行

外部経済　163
外部性　163
　　技術的――　164
　　金銭的――　164
　　正の――　163
　　負の――　163
外部不経済　163
価格規制　265
価格支持政策　106
価格上限規制（プライス・キャップ規制）
　　278
価格・消費曲線　44
下級財　40
確実性直線　191
過剰能力　126
寡占　111, 127
GATT（関税および貿易に関する一般協定）
　　250

可変投入物　60
可変費用　60
関税　249
関税障壁　250
完全競争市場　75, 81
完全情報ゲーム　217
完全配賦費用価格　277

機会費用　6
規格・基準の認証　283
規制の限界　285
規制の失敗　285
規制の「虜（とりこ）」理論　285
規制の非効率　264
期待効用　179, 183, 184
期待効用定理　184
期待効用理論　183
期待収益　182
規範的経済学　21
逆選択　180, 196, 281
供給曲線　12
競合財　173
競争均衡　148
共有財産　174
共有地の悲劇　176
協力ゲーム　201
均衡価格　83
均衡数量　83
禁止的関税率　254

クモの巣過程　92
クラブ財　174
クールノー均衡　128
クールノー複占　221
クールノー・モデル　127

経済主体　10
経済的規制　270
契約曲線　103, 141
結果　181
結託　141
ゲーム　200
ゲームツリー　212
限界効用　29
限界効用逓減の法則　29
限界収入　75
限界生産力　59
限界代替率　34, 68, 235
　技術的――　69
限界費用　63
限界費用価格　273
限界費用曲線
　長期――　74
限界変形率　153, 235
検査制度　283

コア　141
恋人たちのジレンマ　202
公益産業　273
交易線　236
硬貨合わせゲーム　211
交換による利益　237
公共財　173
公正　151
厚生経済学の第1基本定理　148
厚生経済学の第2基本定理　152
公正報酬率規制　278
公平　150
効用　28
　基数的――　30
　序数的――　30

効用可能性曲線　103
効用関数　30
　基数的――　30
　序数的――　30
効用曲面　31, 68
効用フロンティア　144
効率的　99
国際経済　231
国際貿易　229
国際貿易機関（WTO）　250
コースの定理　170
固定的投入係数　239
固定投入物　60
固定費用　60
個別需要曲線　45
混合戦略　210
コンテスタブル市場　277

サ　行

最適関税率　254
作付け制限　107
サブゲーム完全均衡　219
差別化された価格競争　133
参入規制　264
参入・退出　77
サンク・コスト　77, 277, 278
三次価格差別　119

資格制度　283
死荷重（デッドウェイト・ロス）　106, 166
　独占の――　117
自己認証制度　284
市場供給関数　80
市場均衡　12
市場均衡点　83
市場需要曲線　47
市場の失敗　157
自然独占　272
実証経済学　20
質的規制　270

索　引

私的財　173
私的費用　164
資本集約的な財　244, 245
資本・労働比率　243
社会的規制　270
　　――の根拠　279
社会的厚生　99
社会的費用　164
収穫一定　59
収穫逓減　58, 59
収穫逓増　59
従価関税　250
囚人のジレンマ　136, 207
収入　57
収入曲線　75
自由貿易　231, 232
従量関税　250
従量税　103
シュタッケルベルク・モデル　132
シュタッケルベルク複占　222
需要関数　46
需要曲線　11
需要の価格弾力性　48
需要の所得弾力性　48
準公共財　174
純粋交換経済　94
純粋戦略　210
上級財　39
小国　231
消費者余剰　97, 118, 232
情報集合　213
情報の完全性　179
情報の非対称性　180, 195, 268
情報偏在　280
初期賦存量　142
初期保有量　95, 142
所得効果　43
所得・消費曲線　38
所得分配の公平　268
新ラウンド　250

ストルパー・サミュエルソンの定理　249
生産可能性曲線　5, 235, 240
生産関数　57, 58
生産者余剰　98, 232
生産フロンティア　153
生産要素の賦存量　244, 248
正常財　39
製造物責任制度　284
製品輸入比率　230
セイフティネット　288
政府とは何か　262
政府の役割　262
ゼロ和2人ゲーム　204
セント・ペテルスブルグの逆説　182

操業停止点　80
双行列　203
総効用　28
相対価格　235
相対的生産費　240
総費用　61
総費用関数
　　短期――　73
総費用曲線　61
　　短期――　73
　　長期――　73
総余剰　232
損益分岐点　79

タ　行

大国　231
代替効果　42
代替財　92
　　（粗）――　92
ただ乗り　175

中級財　39
中古車市場　195
中立財　39
超過供給　83

超過需要　83
超過負担　106

手番　211
展開型ゲーム　211

等期待収益直線　191
投入要素量　58
等費用曲線　70
等量曲線　68
独占　111
独占企業の最適産出　111
独占禁止法　271
独占的競争　111, 125
独占の効率性分析　116
特化による利益　238

ナ　行

内部化する　167
ナッシュ均衡　128, 204
　――の精緻化　219
ナッシュパズル　226

二次価格差別　119
二部料金制　123, 274

ネットワークの外部性　268

ハ　行

排除性　173
配分　139
パレート効率的　140
パレート最適　102, 209
パレート優位　140
範囲の経済　276

比較静学　85
比較生産費説　239, 242
比較優位　239, 240, 248

非関税障壁　250
非競合性　173
非協力ゲーム　202
ピークロード価格　275
非ゼロ和2人ゲーム　202
非排除性　173
費用　57
標準化　215
標準型ゲーム　202

フォン・ノイマン-モルゲンシュテルン効用関
　　数　184
不確実性の経済学　179
不完全競争　111
不完全競争市場の弊害　270
不完全情報ゲーム　217
複占　111
部分均衡分析　81, 84
プロスペクト　181

平均　63
平均可変費用　66
平均費用　63
平均費用価格　274
平均費用曲線
　短期――　73
　長期――　74
ヘクシャー‐オリーンの定理　244, 246, 249
ヘクシャー‐オリーン・モデル　242, 244,
　　246, 248, 249
ベルトラン・モデル　131
便益　97

貿易三角形　237, 248
貿易障壁　250
貿易政策　249, 250
貿易利益　242
包絡線　73
補完財　86, 92
　（粗）――　93
保険　179, 181, 192

保険プレミアム　189, 191

マ　行

埋没費用　77
マーシャル安定　87
マーシャル的調整過程　87

無差別曲線　32, 68, 234, 241

免許入札制　278

モラルハザード　180, 197, 281

ヤ　行

ヤードスティック競争　279

輸出補助金　229, 249, 250, 254, 256, 257
輸入関税　229, 252

要素価格均等化定理　249
予算線（予算制約線）　27, 236
弱虫ゲーム　226

ラ　行

ラーナーの独占度指標　114
ラムゼイ価格　276

リカード・モデル　239, 240
利潤　57
利潤最大化　56
リスク愛好的　186
リスク回避的　186
リスク中立的　186
リスク・プレミアム　189
利得行列　129
リプチンスキーの定理　244, 246
留保価格　118
量的規制　270

劣加法性　273
劣等財　39
レモンの原理　196

労働集約的な財　244, 245

ワ　行

ワルラス安定　88
ワルラス的調整過程　87

編者略歴

江副憲昭(えぞえ　のりあき)
西南学院大学経済学部教授
主要著作
『入門現代経済学』(共著)勁草書房，1995年．
『市場と規制の経済理論』中央経済社，1994年．
『現代ミクロ経済学：その基礎と応用』(共編著)中央経済社，1991年．
『現代経済学要論』中央経済社，1986年．

是枝正啓(これえだ　まさひろ)
長崎大学経済学部教授
主要著作
『ミクロ・エコノミックス』(共著)九州大学出版会，1999年．
『経済学のためのゲーム理論』(共訳)東洋経済新報社，1972年．
「クールノー型複占における Balanced Temptation Equilibrium の存在と一意性」(西日本理論経済学会編『現代経済学研究』に所収)，1997年．

現代経済学のコア
ミクロ経済学

2001年6月5日　第1版第1刷発行
2004年1月10日　第1版第4刷発行

編著者　江副憲昭
　　　　是枝正啓
発行者　井村寿人
発行所　株式会社　勁草書房
112-0005 東京都文京区水道2-1-1　振替 00150-2-175253
(編集)電話 03-3815-5277／FAX 03-3814-6968
(営業)電話 03-3814-6861／FAX 03-3814-6854
日本フィニッシュ・東京美術紙工

©EZOE Noriaki, KOREEDA Masahiro 2001

ISBN4-326-54774-X　Printed in Japan

JCLS <㈳日本著作出版権管理システム委託出版物>
本書の無断複写は著作権法上での例外を除き禁じられています。
複写される場合は、そのつど事前に㈳日本著作出版権管理システム
(電話03-3817-5670，FAX03-3815-8199)の許諾を得てください。

＊落丁本・乱丁本はお取替いたします。
http://www.keisoshobo.co.jp

今泉博国・駄田井正・藪田雅弘・細江守紀　監修
現代経済学のコア
A5判／並製／平均320頁

　現代経済学の今日的成果を取り入れた標準的教科書シリーズ．大学間の活発な交流をつうじた教育効果のある共通テキストをめざすとともに，大学でのカリキュラムの系統性に対応して，1・2年次，2・3年次，2・3・4年次，3・4年次および大学院むけにと分類し，そのレベルにあったテキストづくりをおこなう．

1・2年次
* 武野秀樹・新谷正彦・駄田井正編『経済学概論』3,045円
* 藤田渉・福澤勝彦・秋本耕二・中村博和編『経済数学』3,360円
* 永星浩一・福山博文編『情報解析と経済』3,045円

2・3年次
* 時政勗・三輪俊和・高瀬光夫編『マクロ経済学』3,045円
* 江副憲昭・是枝正啓編『ミクロ経済学』3,045円
　新谷正彦・佐伯親良・内山敏典編『計量経済学』
　大矢野栄次・長島正治編『国際経済学』
* 水谷守男・古川清・内野順雄編『財政』2,835円
* 内田滋・西脇廣治『金融』2,835円

2・3・4年次
* 駄田井正・大住圭介・藪田雅弘編『現代マクロ経済学』3,045円
* 細江守紀・今泉博国・慶田收編『現代ミクロ経済学』3,045円
　緒方隆・須賀晃一・三浦功編『公共経済学』

3・4年次および大学院
　時政勗・藪田雅弘・今泉博国・有吉範敏編『環境経済学』
　大住圭介・川畑興求・筒井修二編『経済成長と動学』
　細江守紀・村田省三・西原宏編『情報とゲームの経済学』

＊は既刊，表示価格は2004年1月現在，消費税は含まれています．